本教材获得云南省一流学科建设项目"跨境数字经济"、云南省哲学社会科学创新团队"面向南亚东南亚跨境数字经济"（2024CX05）、云南省教育厅重点实验室项目"产业数字金融与跨境经济合作"和云南省省院省校教育合作人文社会科学研究重点项目"中老铁路沿线物流链-产业链-供应链深度融合研究"（SYSX202422）的资助。

Cross-Border Logistics and Supply Chain
Management Teaching Cases

跨境物流_与供应链管理

李春雪 张必清 樊传章 主编

经济管理出版社
ECONOMY & MANAGEMENT PUBLISHING HOUSE

图书在版编目（CIP）数据

跨境物流与供应链管理：教学案例／李春雪，张必清，樊传章主编. -- 北京：经济管理出版社，2025.

ISBN 978-7-5243-0214-8

Ⅰ. F252.1

中国国家版本馆 CIP 数据核字第 20258SK508 号

组稿编辑：任爱清
责任编辑：任爱清
责任印制：张莉琼
责任校对：陈　颖

出版发行：经济管理出版社
　　　　　（北京市海淀区北蜂窝 8 号中雅大厦 A 座 11 层　100038）
网　　址：www.E-mp.com.cn
电　　话：（010）51915602
印　　刷：唐山昊达印刷有限公司
经　　销：新华书店
开　　本：720mm×1000mm/16
印　　张：14.5
字　　数：292 千字
版　　次：2025 年 5 月第 1 版　　2025 年 5 月第 1 次印刷
书　　号：ISBN 978-7-5243-0214-8
定　　价：88.00 元

主　编：李春雪　张必清　樊传章
副主编：张　颖　蒋　睿　柯艳果　徐天琴
　　　　董　佳　王禹惟
参　编：肖　磊　曾　伟　李琼芬　鲍　鲲

前　言

在全球化和数字化的双重驱动下，跨境电商蓬勃发展，传统物流与供应链模式已难以满足新型贸易的复杂需求。技术革新推动了供应链管理向数字化与智能化的深度转型，为企业优化运营、降低成本提供了新契机。在这一背景下，学习和研究跨境物流与供应链管理成为亟须之举，不仅有助于学生理解理论与实践的结合点，还能通过案例分析提升其解决实际问题的能力，使学生能够把握行业前沿动态与创新实践，为未来职场发展奠定坚实基础。

本教材是校企合作的结晶，旨在结合学术理论与企业实践，培养具备国际视野和数字化能力的复合型专业人才，全面提升学生在跨境贸易与供应链管理领域的综合能力。本书共分为四章：

第一章为跨境电商与数字化供应链创新。探讨了跨境电商在数字化供应链中的创新实践，聚焦 Shopee、希音（Shein）、阿里巴巴等跨境电商巨头的运营模式，深入分析其柔性供应链、支付体系及物流网络布局的成功经验，揭示其在全球市场中的竞争策略。

第二章为跨境物流通道与基础设施。聚焦于中老铁路、中欧班列、磨憨口岸等关键跨境物流通道，通过区域合作及通关便利化等案例展示基础设施在跨境物流中的核心作用，探讨物流网络对经济发展的推动意义。

第三章为传统行业的供应链创新。针对传统行业供应链转型中的典型案例，如永辉超市、无印良品及云南鲜切花产业等，分析其在供应链整合、绿色发展及知识产权保护中的创新实践，为传统行业实现供应链优化提供参考。

第四章为供应链数字化与智慧化探索。涵盖联合利华、马士基及京东等企业的案例，深入解读区块链技术、智慧仓储及绿色供应链等新兴技术在供应链管理中的应用，探讨如何通过技术赋能实现供应链的高效与可持续发展。

教材精选多个领域的典型案例，涵盖数字化转型、区块链技术、柔性供应链等热点话题，为每个案例提供思政结合点和启发性思考问题，兼顾理论与实践，助力高效教学实施。本书适合作为相关课程的教材或教学参考，用于拓宽学生知识视野，培养跨学科思维，促进个人成长。

在编写本书过程中，我们广泛参考了国内外文献与资料，向相关作者表达诚挚感谢。同时，特别感谢刘林老师的专业指导，以及吕灵华、刘濠源、骆晶晶、谭清建、吴心龙、熊诗强、罗敢、沈君、孙志静、周智春等同学在资料整理和案例分析中的重要支持；感谢中国（云南）自由贸易试验区、美捷集团等提供的宝贵意见与资料。他们的辛勤努力为本书的顺利完成奠定了坚实基础。

　　本书主要面向经济管理类学生，适用于物流管理、国际贸易、国际商务等专业的本科生和研究生，同时可供其他领域学习者及社会读者参考。因编者水平有限，书中难免有不足之处，恳请读者批评指正。

李春雪等

2025 年 2 月

目　　录

第一章　跨境电商与数字化供应链创新

案例1　虾皮Shopee：东南亚电商市场的创新者与挑战者

📚 案例内容

摘要： 本章深入分析了Shopee在东南亚电商市场的发展轨迹，包括市场定位、核心战略、物流体系构建、支付系统创新等。文章还探讨了Shopee的未来发展方向，包括市场转型、技术创新、合规挑战和宏观环境的不确定性。Shopee的成功不仅体现在快速增长的用户基础和品牌影响力，还体现在对本地化需求的深刻洞察和创新商业模式的实施。展望未来，Shopee需要在维持增长的同时，解决市场转型中的各种挑战，以实现可持续发展。

关键词： 跨境电商；Shopee；跨境物流；跨境支付

Shopee（虾皮）成立于2015年，是一家主要面向东南亚和我国台湾地区市场的本土化电商平台。凭借强大的物流体系和支付技术，Shopee为用户提供便捷、安全、高效的线上购物服务。[①] 经过8年的快速发展，Shopee取得了显著成就。根据知名移动数据分析平台data.ai的统计，2022年第一季度，Shopee在全球购物类应用中下载量排名第一，充分显示其市场领导地位。不仅如此，2021年，Shopee在巴西市场表现突出，其购物类应用在用户使用时长和下载量方面均排名第一，第四季度订单量突破近1.4亿元，同比增长近400%，展现出强劲增长态势。[②]

---

① 任玙，廖惠. 红海时代跨境电商平台发展模式探索——以Shopee平台为例［J］. 企业科技与发展，2021（5）：122-124.

② 雨果跨境网 https://www.cifnews.com/article/124392。

Shopee 的品牌建设也取得了卓越成就，2022 年跻身 YouGov 全球最佳品牌排行榜第 5 位，并成为前十名中唯一的电商品牌，彰显了其在全球范围内的品牌影响力。[①] 图 1-1 展示了在 2024 年 Shopee 在"双十一"购物节中的业绩，Shopee 跨境强势类目销售额增长了 8 倍，首次参与的跨境新卖家在多个品类中的销售额增长速度更是达到 10 倍，进一步巩固了市场地位。

图 1-1　Shopee 业绩展示

资料来源：Shopee 官网。

为了助力卖家实现跨境业务增长，Shopee 构建了一站式跨境出海解决方案，包括 SLS 物流服务、中文/多语种互译功能、支付保障以及中国卖家中心等基础服务。同时，Shopee 还提供流量支持、孵化帮助等运营服务，并整合优质第三方资源，为卖家提供全面支持，推动实现全球化扩张梦想。[②]

一、东南亚市场—— 一片巨大的蓝海

Shopee 在成立之初，就将东南亚定位为主要目标市场。这一选择源于东南亚独特的地理和经济优势，使其成为我国与沿线国家开展贸易合作的重要区域，为商业活动提供了良好的基础。

从需求侧来看，东南亚拥有 6.78 亿人口，其中 30 岁以下人口占比接近 50%。德勤的研究显示，该地区 21~40 岁的青壮年群体对数字生活需求旺盛，数字支付逐渐成为他们连接多场景应用的核心工具。[③] 此外，中产阶级的持续壮大进一步提升了居民的可支配收入，带动消费支出的增加，推动了区域内电商市场的繁荣发展。

从供给侧分析来看，东南亚的经济发展既带来了机遇，也伴随挑战。当前，该地区的本土初创企业处于快速成长的初级阶段，虽然充满了创新活力，但整体

①　搜狐网 https：//www.sohu.com。
②　Shopee 官方网站 https：//shopee.cn。
③　德勤报告：互联网行业—东盟与南亚的璀璨数字生活："后浪来袭！"

市场体系尚未完全成熟，存在诸多需要完善之处。这一现状为跨境电商企业提供了独特的拓展机会。企业可以较容易地进入市场，尝试多种创新商业模式和经营策略，挖掘当地消费者的实际需求。与此同时，市场体系的不完善也意味着存在大量尚未开发的空白领域和潜在需求，为跨境电商企业创造了广阔的增长空间。

　　东南亚市场的这些特性，使其成为跨境电商企业实验和发展的理想舞台，为 Shopee 的成功提供了强有力的支持。根据 *e-Conomy SEA* 2019 报告，东南亚地区（SEA）电商市场的商品交易总额（Gross Merchandise Volume，GMV）情况如图 1-2 所示，东南亚六国的电商市场在 2015~2019 年都有显著增长，并且预计到 2025 年，这一增长趋势将继续且快速扩张。

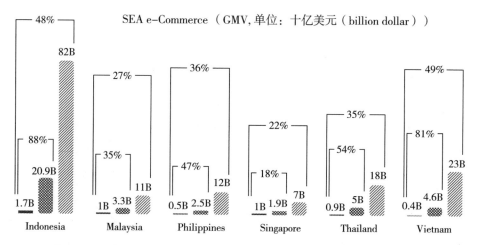

图 1-2　东南亚电商经济蓬勃发展

资料来源：《e-Conomy SEA 2019》报告。

二、东南亚市场的"风起云涌"

　　在 Shopee（虾皮）成立之前，东南亚市场已经成为多家跨境电商平台争夺的焦点，其中 Lazada 的表现尤为突出。早在 2015 年，Lazada 的活跃用户数已超过 1000 万，平台交易总额（GMV）突破 10 亿美元，确立了其在东南亚市场的主导地位，成为当时最炙手可热的跨境电商平台之一。

　　2016 年，阿里巴巴战略性收购 Lazada，并追加 20 亿美元投资，为其注入强大的资本支持。这一举措不仅推动了 Lazada 在东南亚市场的快速扩张，也进一步巩固了市场领导地位。在阿里巴巴的技术与经验支持下，Lazada 结合本土化运营策略，在东南亚市场的影响力不断提升。到 2019 年，Lazada 在年中大型促销活动中取得了非凡成绩，跨境业务订单量较上年同期增长 13 倍，增速惊人。特别是在 Lazmall 平台上，跨境商家的日均销售额激增近 10 倍，目标完成率接近 200%，展现了其在东南亚市场的卓越表现，使它成为成长最快的"独角兽"企业之一。①

Lazada 的成功和强大的市场地位，对刚刚进入东南亚市场的 Shopee 来说构成了巨大的挑战。面对这一强劲的竞争对手，Shopee 必须采取更加创新的策略和灵活的运营模式，以吸引用户和商家，在竞争激烈的市场中赢得一席之地。

三、Sea 集团——Shopee 的强力后盾

Shopee 的成功离不开母公司 Sea 集团的全面支持。Sea 集团在不同领域的业务和成就如图 1-3 所示。其中，Sea 集团凭借在游戏业务 Garena 上的卓越成就，不仅积累了大量用户，还为 Shopee 提供了宝贵的用户基础和市场洞察。这一独特优势帮助 Shopee 在竞争激烈的东南亚电商市场迅速崭露头角。

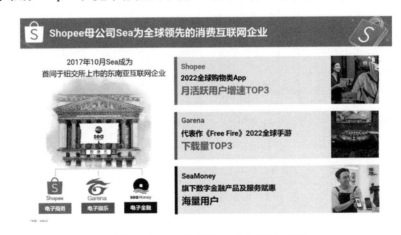

图 1-3　Sea 集团的相关业务及成就

资料来源：Shopee 官网。

作为 Sea 集团旗下的电商平台，Shopee 充分利用 Garena 游戏平台庞大的用户群体，通过交叉推广活动，将游戏玩家引导至购物平台。凭借这些用户在游戏平台上的高活跃度和忠诚度，Shopee 有效扩大了用户流量和潜在买家群体。此外，Shopee 还提供与 Garena 游戏相关的捆绑优惠，如将游戏内虚拟物品与实体商品结合销售，激发了用户的购买欲望，进一步提高了用户的参与度和购买频率。

Sea 集团的数字金融服务平台 Sea Money 为 Shopee 用户提供了便捷的支付工

---

① Lazada 官网网址 https：//www.lazada.cn/。

具，不仅简化了购物流程，还提高了交易的安全性和效率，极大地优化了用户体验。这些整合策略增强了用户黏性，提高了购买转化率，成功将大量游戏用户转变为 Shopee 的电商消费者。

除此之外，Sea 集团在资金、技术和市场推广方面对 Shopee 的支持至关重要。充足的资金支持使 Shopee 能够持续投入市场推广和用户补贴；技术支持推动平台功能的不断优化，提升了用户体验；而市场推广的专业经验则帮助 Shopee 在东南亚市场建立了强大的品牌影响力。

通过集团内部资源的协同与共享，Shopee 在东南亚电商市场中占据了重要的竞争优势。展望未来，随着 Sea 集团在数字娱乐和金融服务领域的进一步发展，Shopee 有望继续借助集团综合实力，巩固其市场领导地位，并进一步扩大全球业务布局。

四、核心策略——专注移动端与深耕本土化

在电商领域，一个平台的核心竞争力来源于其精准的战略规划和执行。对于跨境电商平台而言，核心策略不仅决定它的市场定位，更关系到能否有效连接买家与卖家，实现双方利益的平衡与共赢。Shopee 正是通过清晰的核心策略，在竞争激烈的市场中脱颖而出。

（一）移动端优先：把握市场趋势

Shopee 坚持"移动端优先"的运营理念，这一策略契合了东南亚地区高度移动化的市场特点。随着智能手机普及率的不断攀升，越来越多消费者倾向于使用移动设备进行网上购物。Shopee 通过优化移动应用的用户界面和购物流程，为消费者提供快速、直观、流畅的购物体验。据数据显示，高达 95% 的 Shopee 订单通过移动端完成，这充分证明了移动端战略的成功，同时体现了 Shopee 对市场趋势的精准把握。

（二）本地化运营：适应区域差异

Shopee 的"本地化运营"战略是其成功的另一个关键因素。针对东南亚各国在文化、语言和消费习惯上的差异，Shopee 采取了为每个市场量身定制独立 App 的方式，推动差异化运营。通过深入了解各国消费者的需求，Shopee 在商品推荐、促销活动和客户服务等方面进行了定制化调整。具体措施包括：提供多样化的支付选项，满足不同国家消费者的支付习惯；建立高效的配送网络，确保物流服务快速可靠；在商品上架策略上，结合本地市场需求优化商品结构。这些本地化适配措施，使 Shopee 能够快速响应市场变化，进一步巩固了其区域市场地位。

（三）品牌推广与多渠道营销

Shopee 注重品牌推广和市场营销，通过与当地知名人士和品牌合作，提高它

在目标市场的知名度和认可度。同时，Shopee 利用社交媒体和在线广告等多渠道营销，与消费者建立更紧密的联系，增强品牌影响力。

（四）技术与创新：提升用户体验

Shopee 不断加大技术研发投入，利用大数据和人工智能技术优化用户体验，提高平台运营效率。例如，通过算法推荐系统，Shopee 能够根据用户的购物历史和偏好精准推荐商品，从而提升用户的购物满意度和忠诚度。此外，Shopee 还推出了一系列增值服务，如 Shopee 保障和 Shopee 币等，这些服务不仅提高了用户的购物安全性，还增强了用户黏性。

（五）与卖家协作：共同成长

Shopee 非常重视与卖家的合作关系，通过提供培训、资源支持和流量扶持，帮助卖家提升销售业绩，共同实现增长。这种协作模式不仅增强了卖家的信心，也进一步推动了平台的整体发展。

通过"移动端优先"与"本地化运营"的双重战略，Shopee 在东南亚电商市场取得了显著的竞争优势。凭借深入了解消费者购物习惯、提供本地化服务，以及持续创新，Shopee 不仅提升了用户体验和品牌忠诚度，而且巩固了其市场地位。展望未来，Shopee 将继续依托技术与创新，进一步优化运营策略，保持在电商领域的领先地位。

五、虾皮成功的两大法宝

（一）自建物流体系——SLS

随着 Shopee 在东南亚市场的迅速扩张和订单量的持续增长，高效、准时的货物配送成为提升用户满意度的关键。然而，东南亚地区复杂的地理条件、多变的气候、交通基础设施差异以及各国监管政策，给物流服务带来了巨大挑战。为此，Shopee 构建了自主物流体系——Shopee Logistics Service（SLS），以优化物流流程、降低成本，并提供定制化解决方案。①

1. SLS 的构建与实施策略

Shopee 在东南亚关键经济区域和交通枢纽设立了先进的物流中心和仓库，优化了库存管理，加速了货物分发流程，为实现高效配送奠定了基础。并加强与本地及国际物流合作伙伴建立牢固的合作关系，进一步扩大了物流服务的覆盖范围。同时，积极投资于物流技术与自动化系统，通过实时包裹跟踪功能提升操作效率和准确性，既提高了物流环节的透明度，又增强了消费者对平台服务的信任。

在物流链的多个环节，Shopee 还采取了有针对性的优化措施。在头程揽收

---

① 雨果跨境网 https://www.cifnews.com/article/157711。

上，通过优化揽收流程和扩大免费揽收区域，提高货物收集的效率。在航班网络布局上，进一步完善航线网络，引入多元化的运输方案，以适应不同市场需求。在尾程配送方面，依托自有物流品牌 SPX Express，显著提升了配送速度和灵活性。目前，服务覆盖率超过90%，其中60%的订单能在下单后3天内送达，确保了买家的购物体验。

此外，Shopee 通过升级首公里预报功能，缩短了自送卖家包裹的入库等待时间，并根据不同品类的需求优化运输适配方式。这样的数字化创新，使物流流程更加高效和精准，满足了多样化的配送需求。

2. 多元化物流解决方案

为提升跨境卖家的竞争力和买家的购物体验，Shopee 推出了一系列多元化物流解决方案，包括官方海外仓本地化履约服务（FBS）和第三方仓本地化履约服务（3PF），这两种模式通过整合官方和第三方仓储资源，实现快速配送和成本优化。同时，Shopee 还提供官方海外仓一店多运模式（FBS PFF）和三方仓一店多运模式（3PF PFF），为卖家提供更加灵活的物流选项。这些解决方案不仅帮助卖家降低物流成本、提升配送效率，还满足了不同市场的需求，为跨境电商提供了强大的运营支持。

出海母婴品牌 Boboduck 是 Shopee 本地化履约服务的典型受益者。通过 SLS 直接从海外仓发货，该品牌有效降低了物流运输成本，同时确保消费者能够快速收到商品，并根据销量情况及时调整库存和生产计划。

（二）Shopee 跨境电商支付

Shopee 的跨境电商支付系统是成功的关键组成部分，通过支持多样化的支付方式，满足了不同消费者的支付偏好，极大地提升了用户购物体验并促进交易完成。其支付平台的核心设计理念是提供一个安全、快速且便利的支付环境，以增强用户信任和平台黏性。[①]

首先，作为 Shopee 的自有支付服务，Shopee 支付支持多种支付方式，包括传统的信用卡和借记卡以及新兴的电子钱包。这种综合支付策略不仅满足了消费者的个性化需求，还通过先进的加密技术和安全措施保护用户的财务信息和交易安全。例如，在东南亚市场，Shopee 支付集成了流行的电子钱包如 GrabPay 和 GCash，使消费者能够选择熟悉且信任的支付方式，从而增强用户对平台的信任。

其次，为了提升支付灵活性，Shopee 还整合了第三方支付服务，使消费者可以选择自己偏好的支付方式完成交易。这种合作拓展了支付选项的覆盖范围，不仅消除了支付障碍，还为更多消费者提供了便利。同时，这种灵活性帮助商家吸

---

① Shopee 官方网站 https：//shopee.cn。

引更多潜在客户，增加销售额并提升市场覆盖率。

最后，针对跨国购物的需求，Shopee 推出了跨境支付服务，支持消费者使用信用卡、借记卡及多种电子钱包完成交易。通过简化国际交易流程，Shopee 跨境支付解决了长期困扰跨境电商的难题，如货币兑换和跨境资金流动等问题，为其全球化布局奠定了坚实基础。这项服务对东南亚区域电商交易尤为重要，不仅提升了用户的购物体验，还推动了区域内跨境电商的快速发展。

通过持续优化和扩展支付选项，Shopee 的支付系统为跨境电商交易提供了重要支撑。多样化和便捷性不仅是 Shopee 成功的关键因素，也为消费者带来了流畅、满意的购物体验。随着市场的不断发展和消费者需求的增加，Shopee 支付系统将继续作为电商生态的重要组成部分，支持平台的创新与持续发展。

六、Shopee：未来路在何方

"如果说 Lazada 是东南亚的天猫，Shopee 则是东南亚的拼多多。"这句话形象地描述了 Shopee 在东南亚电商市场竞争中的独特定位。自 2015 年成立以来，Shopee 凭借价格优势迅速崭露头角，成为该地区主要的电商平台之一。其成功得益于精准的市场定位、创新的商业模式以及对本地化需求的深刻理解。Shopee 通过提供多样化的商品和服务，满足了消费者的个性化需求，并通过移动端优先战略契合了东南亚高度移动化的市场特点。此外，Shopee 还充分利用社交功能和直播带货等新兴营销方式，提高了用户参与度和购物体验。

然而，随着市场竞争的加剧和外部环境的变化，Shopee 也面临五个挑战。

（1）用户增长放缓。东南亚电商市场逐渐成熟，用户增长红利逐步减少。Shopee 需要通过提升用户参与度和购买频次来实现增长，这要求平台进一步精细化运营，并采用更加创新的用户互动策略。

（2）盈利压力与改革需求。在保持市场份额的同时，Shopee 必须提高盈利能力，这可能需要优化供应链、调整佣金结构以及增强自营服务等改革措施。尽管这些举措有助于提升效率和盈利，但可能对平台与商家的关系及用户体验产生一定影响。

（3）合规与数据保护。随着各国对电商行业监管的加强，Shopee 需要确保商业模式和运营符合法律法规，合规成本的增加可能对利润率造成压力。同时，数据安全和用户隐私保护日益重要，Shopee 需在技术创新和服务优化之间找到平衡，保障用户信任。

（4）技术创新与竞争压力。Shopee 面临持续的技术创新压力，需要不断投资于人工智能、大数据分析和云计算等领域，以提升运营效率和用户体验。此外，新兴技术的快速发展带来了新的竞争对手，Shopee 需要保持技术领先性，并迅速适应市场变化。

（5）宏观经济与国际贸易环境。全球经济波动和国际贸易环境的不确定性可能影响消费者购买力和跨境交易的稳定性，这对 Shopee 的业务增长构成潜在威胁。

为应对市场竞争加剧和外部环境变化，Shopee 需要在未来聚焦多方面策略。需通过深耕现有市场和挖掘用户价值，提升用户黏性和购买频次，并加大对人工智能、大数据等技术的投入，以推动精准营销和高效运营，同时强化用户数据安全。Shopee 还需积极拓展新兴市场，寻找新的增长点，并通过优化供应链和物流服务，增强平台竞争力。同时，通过多样化的营销方式和品牌建设，进一步巩固其在消费者心中的地位。这些策略将助力 Shopee 在复杂环境中实现可持续发展和市场领先。

教学指导书

一、课程思政

通过案例教学，学生不仅能深入了解跨境电商的运营策略与市场挑战，还能从中体会到企业在全球化进程中的创新与担当，以及可持续发展与本地化策略的重要性。

本案例分析了虾皮（Shopee）在东南亚电商市场的成长与挑战，展示了其通过本地化运营策略、物流和支付创新、市场分析与动态调整等方式取得的成功。课程思政要点融入以下两方面：

（1）虾皮成功利用东南亚市场的特点，通过精准的本地化策略满足多元化需求，体现了全球化与本地化的平衡。从虾皮的本地化运营策略出发，分析其如何尊重和适应不同国家的文化和消费习惯。引导学生探讨文化包容性对企业跨文化竞争的重要性。

（2）Shopee 在物流体系（SLS）和支付系统上的创新实践，不仅提升了运营效率，还满足了东南亚市场的多样化需求。同时，Shopee 在应对新冠疫情等危机时，展现出强大的应变能力和社会责任感。这与国家提出的"创新、协调、绿色、开放、共享"的发展理念相契合，引导学生思考如何在商业实践中融入可持续发展和社会责任，为实现国家的长远发展目标贡献力量。

二、启发式思考题

（1）虾皮如何通过本地化运营策略在多样化的东南亚市场中实现持续增长？文化适应理论强调跨国企业需根据当地的文化、语言、消费习惯调整其产品与服务。价值链理论认为可以通过差异化策略在特定市场中提供更优服务来增加价值。Shopee 通过本地化运营，如提供多语言服务、整合本地支付方式、打造本地物流网络等，适应东南亚市场的文化和经济差异。这种策略使其能快速响应市场需求，同时提高用户体验和品牌忠诚度。

（2）在与 Lazada 的竞争中，Shopee 如何利用其母公司 Sea 集团的资源优势打造竞争壁垒？资源基础观（RBV）表明企业的竞争优势来源于稀缺、难以模仿和非替代的资源。协同效应理论表明企业内部不同业务部门间的资源共享与互补会提升整体竞争力。Sea 集团的游戏业务（Garena）提供了大量用户基础，通过交叉推广和支付系统整合，Shopee 获得了精准的用户流量和高效的支付保障。同时，集团的资金支持和技术赋能也为 Shopee 的快速扩张提供了强力支撑，构建了难以被竞争对手复制的竞争壁垒。

（3）面对市场饱和和用户增长红利减少，Shopee 可以通过哪些措施提升用户参与度和购买频次？客户关系管理理论（CRM）认为，通过精细化管理可以提升客户黏性。消费者行为理论认为要理解用户需求并提供针对性服务。Shopee 可以通过数据驱动的个性化推荐、会员奖励计划、社交化购物（如直播带货）等措施提高用户参与度。此外，平台还可以通过优化用户体验（如简化支付流程、提升配送速度）和推出独特的促销活动来刺激消费。

📚 参考文献

［1］李玮．中国面向东南亚的跨境电商发展趋势探析——基于 Lazada 和 Shopee 的对比分析［J］．全国流通经济，2021（8）：8-11.

［2］彭玉萍，安琪．东南亚跨境电商平台发展运营模式分析——以 SHOPEE 为例［J］．商场现代化，2022（11）：34-36.

［3］程俊豪．Shopee 异军突起［J］．21 世纪商业评论，2021（4）：49-51.

［4］张希颖，刘梦威，刘敏．跨境电商直播在东南亚市场的发展现状及对策——基于 TikTok 和 Shopee 的对比分析［J］．时代经贸，2023，20（8）：94-96.

［5］Solomon T, Peter R. The emergence of social media as a contemporary marketing practice［A］//Analyzing the strategic role of social networking in firm growth and productivity［M］. IGI Global, 2017：314-333.

［6］Saydam S G, Civelek M E. Problems in cross-border e-commerce and development of cross-border e-commerce performance scale［J］. Journal of International trade, Logistics and Law, 2022, 8（1）：133-140.

［7］Miao X, Ni C. Exploring the cross-border e-commerce of agricultural exports and its logistics supply chain innovation and development strategy under digital technology［J］. Applied Mathematics and Nonlinear Sciences, 2024, 9（1）：1-20.

案例 2 跨境电商希音的成功之路：柔性供应链管理模式

📑 案例内容

摘要： 希音（SHEIN）是中国领先的跨境电商平台，专注于女性快时尚产品。凭借其创新的供应链管理模式，特别是"小单快返"策略，能够迅速响应市场需求，减少库存风险，并加快产品更新速度。公司依托大数据和数字化技术，精准捕捉时尚趋势，优化设计、生产、仓储和物流，确保快速交付。希音通过精准的社交媒体营销和与网红、平台的合作，成功积累了大量年轻用户，迅速扩大了全球市场份额。其强大的供应链整合能力与供应商管理体系，使其在低成本的同时保持较高的产品质量，增强了全球竞争力。然而，希音也面临原创性、低端制造质量、政策合规及流量红利消失等挑战。为了持续增长，希音需要在保持快速反应的同时，关注可持续发展和品牌的高端化转型。

关键词： 跨境电商；希音公司；快时尚品牌

传统服饰行业面临着生产周期长、上新计划性、款式季节性等问题，不能快速响应消费者在时尚需求上的变化，从而导致供需不匹配、库存堆积的难题，非常不利于快时尚服饰品牌的健康以及持续发展。希音凭借珠三角强大的制造业基础和产业链优势，通过整合全球领先的原料供应链资源，成功探索了"小单快返"的柔性供应管理模式，有效满足了服饰行业个性化、多元化、定制化的快速消费需求。

一、快时尚跨境电商巨头

希音（SHEIN）是中国跨境电商巨头，专注于女性快时尚服饰的跨境 B2C 电子商务企业。希音的前身为跨境婚纱电商 SHEINside，初期仅从事产品分销而未涉足服装设计与制造。2012 年，创始人许仰天发现婚纱跨境电商存在复购率低、销量差等问题，因此决定将业务扩展到女装领域。随着女装业务的成功，希音的产品线逐步拓展，涵盖男装、童装、饰品等品类，2014 年又收购了时尚女装品牌 Romwe，进一步完善了自身的业务布局。

2015 年，希音公司主体迁往广州番禺的村镇服装加工基地，强大的原料供应使希音得以形成完整的柔性供应链体系。2018 年起希音全面进军全球市场，先后拓展了西班牙、法国、美洲、澳大利亚、中东、印度、东南亚等多个海外市场，业务覆盖 200 余个国家和地区。2018 年以 18 亿美元估值成为中国出海品牌50 强中的第 24 强。

2019 年，公司总部迁移至新加坡，保留了在中国的库房和供应链。2022 年，希音在广州打造了属于自己的供应链，供应网络拥有超过 3000 个供应商。截至2022 年底希音估值超 45000 亿元，平台活跃用户超过 700 万，收入达到 240 亿美元，规模与 ZARA 和 H&M 服装零售巨头相当。

受新冠疫情影响，很多快时尚品牌零售商大量闭店，包括 ZARA 和 H&M，Forever21 更是直接闭店。但只做线上销售的希音几乎没有受到新冠疫情的影响，市场份额不断增加，2021 年初季已抢占头位。

胡润研究所 2023 年 4 月公布《2023 全球独角兽榜》（见图 1-4），希音位列全球第四，成为中国仅次于字节跳动的大厂。市场分析机构 data. ai 最新发布的《2024 移动市场报告》显示，希音超过了其他电商平台，再度斩获 2023 年全球购物类 App 下载量冠军。① 2024 年第三季度，希音成为全球访问量最大的服装与时尚品牌，流量份额占比 2.68%，NIKE、ZARA 紧随其后。

胡润百富® HURUN REPORT　　　首页　榜单▼　调研　媒体

榜单

中国艺术榜 2023 年	全球独角兽榜 2023 年	全球富豪榜 2023 年	中国500强 2022 年
1 —	字节跳动		¥ 13800 亿元
2 ↗	SpaceX		¥ 9450 亿元
4 ↗	Shein		¥ 4500 亿元

Shein
掌门人 / 联合创始人：许仰天
电子商务
企业总部：中国-广州

5	Stripe		¥ 3800 亿元

图 1-4　2023 年全球独角兽榜

---

① 刘旷. 跨境电商掰腕子：SHEIN、Temu、速卖通各展其长［EB/OL］.（2024-01-23）. https：// baijiahao. com/s？id=1788840943019476196&wfr=spider&for=pc.

二、希音的柔性供应链管理模式

在我国，跨境电商的蓬勃发展得益于供应链管理模式的不断创新与优化。自2008年起，电子商务贸易总额以年均15%～20%的增速持续增长，这背后离不开供应链管理的有力支撑。目前，我国电商企业主要采取B2B、B2C和C2C三种运营模式，其中B2B在跨境电商市场中占据主导地位，而B2C模式虽发展时间短，但增速迅猛，潜力巨大。随着电商模式的多样化，供应链管理模式也呈现出多样化特点。

希音公司在供应链管理上展现了其卓越的灵活性和敏捷性，这被称为供应链的"柔性"。这种策略使公司能够在不可预测且多变的商业环境中，通过精心设计的组织结构、流程和产品，迅速适应市场的变化。在希音的产品线中，我们可以观察到两种截然不同的产品类型：功能型产品和创新型产品。功能型产品，以其稳定的生命周期和较少的产品迭代而著称，它们在需求预测上相对容易，为公司提供了稳定的基石。这些产品，例如，家用电器，它们的核心价值在于解决基本问题，提供服务，它们是市场上的"老兵"，历经时间的考验而屹立不倒。而创新型产品以短暂的生命周期和繁多的产品种类为特点。这些产品，如智能手机和电动汽车，是基于新技术、新材料和新工艺的结晶，它们的需求难以预测，市场调节成本较高。创新型产品以其高边际利润和不稳定的需求特性，成为市场上的"弄潮儿"，引领着潮流和趋势。

希音公司采用双轨制产品策略，既保障了业务的稳定性，又增强了对市场变化的敏感性和创新能力。这一策略在学术界被视为供应链管理优化的典范，不仅使希音在激烈的市场竞争中保持领先地位，还为学术研究提供了一个实践案例，展示如何在快速变化的商业环境中实现持续竞争力。

在快时尚领域，供应链的柔性至关重要。像ZARA和H&M这样的品牌以其灵活的供应链管理著称，强调对市场需求变化的快速响应。中国的服装品牌如韩都衣舍和美特斯邦威曾尝试模仿这一模式，但未能取得理想的成果。相比之下，希音通过"小单快返"的策略成功开辟了自己的道路。这一策略通过小批量订单测试市场反应，根据销售数据迅速调整生产规模，从而有效降低库存风险，并快速满足消费者需求。由此，希音构建了包括库存管理、组织管理、生产采购在内的多维柔性供应链，依托"多、快、省"的路径，成长为全球最大的快时尚品牌。

希音还通过创新技术和高度整合的供应链管理，显著降低了库存水平，既减少了成本，又加快了新品上市速度。从设计到产品上架的周期缩短至约三周，从下单到交付的时间控制在约四周，这一行业领先的效率使希音在全球快时尚领域脱颖而出。此外，希音建立了一套透明、高效的供应商管理体系，与大量中小型制造企业建立了合作关系。这种广泛的供应商网络不仅提升了供应链的灵活性，也确保其快速响应市场变化，同时兼顾产品质量与成本控制，为其行业领先地位奠定了坚实基础。

（一）希音公司供应链的起始端

希音公司通过前端大数据分析的商业运营模式，能够快速进行产品上新和批量测试，在产品设计的款式、数量以及上新效率方面具有显著的优势。SHEIN 款式数量为传统时尚品牌的 30~50 倍，是 Zara 的 10~15 倍。到 2022 年，希音实现了每天上新 6000 款，每年上新 200 万款。在产品设计环节，SHEIN 通过爬虫、Google Trends 等线上收集当下服饰的流行元素并提供给设计师（包括流行关键词、流行元素、流行面料等，发现主推款、热推款，结合平台用户分析数据进行款式的集中化设计），上百个设计师便会将收集的信息进行评审、调整和改造。希音凭借快速的流程和高效运作，单品设计周期最短可达 5~7 天（Zara 约 15 天，H&M 设计周期约 3 个月），强大的数据收集监测系统和追踪经验助力希音精准把握时尚潮流。希音线上销售及用户数据能让产品情况得以快速反馈，进而配合小单快返的生产方式进行快速测试。SHEIN 与 Zara 品牌对比情况如表 1-1 所示，传统时尚品牌 Zara 是通过买手人工收集信息、根据门店客流量获得反馈，数据来源有限、效率较低。

表 1-1　主要快时尚服饰品牌对比

品牌	数据收集方式	具体内容	优劣势
Zara	买手团队线下跟踪	线下时尚捕捉元素： 时装周、杂志周刊、活动庆典	来源有限、信息滞后
		线下门店购物反馈： 门店客流购买偏好定期反馈总部	用户信息反馈不全面
SHEIN	流行元素收集	大数据追踪系统： 追踪时尚/网络竞品劣势	预测效果精准
		谷歌搜索爬虫	元素款式更加及时且丰富

希音公司之所以能在快时尚和跨境电商领域崭露头角，主要归功于其强大的供应链基础和独特的"小批量快速反应"需求计划。公司坚持实施数字化供应链管理，通过在需求端（包括消费者和设计团队）和供给端（涵盖生产、采购和供应商管理）之间建立共享系统，优化了供应链的四大核心流程：商业流、信息流、资金流、物流。希音的供应链前端依托大数据分析，迅速推出新产品并进行小规模市场测试。一旦前端反馈显示某些款式受到市场欢迎，公司便迅速调整

生产策略，采用灵活的生产模式，对这些热门款式进行大规模返单生产，从而迅速提高最畅销服装的产量。这种敏捷的供应链管理不仅加快了产品上市速度，还有效提升了库存周转率和市场响应速度。

（二）希音公司供应链的生产端

我国服装生产产业链成熟、资源丰富，同时服装行业作为劳动密集型产业劳动力成本在全球范围内具有较强竞争力。希音公司在快时尚和跨境电商行业中的突出表现，得益于其在广州番禺建立的供应链管理中心，该地区产业链资源富集、供应链协同高效。广州作为我国服装外贸的重要基地，拥有超过 30 年的行业积累，而番禺区以其传统的小规模制衣生产模式和快速反应的服装产业链而闻名，这与希音推崇的"小批量快速补货"生产模式相得益彰。自 2014 年起，希音着手构建自家的供应链管理系统，通过与工厂合作甚至入股，不断优化和迭代，形成了一个成熟而高效的供应链体系，确保了小批量快速补货模式的高效、低成本运作。希音的供应链前端依托大数据技术，迅速更新产品和进行批量测试，而后端则采用灵活的生产方式，根据市场反馈对受欢迎的款式进行大规模补单生产，迅速提升热销产品的产量。这种生产灵活性帮助快时尚企业迅速占领市场份额，并提高订单的准时交付率和完成率。目前，番禺地区有 300 多家核心供应链合作伙伴和 100 多家普通供应商，形成了高度协同的管理体系。希音还在不断拓展其供应链网络，以加速产能释放。2022 年，希音在广州增城区中新镇投资 150 亿元，建设湾区供应链总部，占地面积约 3000 亩，总建筑面积约 330 万平方米，进一步巩固其在行业中的领先地位。①

供应商是希音柔性供应链的重要组成部分，希音通过长期的磨合，筛选出了一批优质供应商保障其高效、高质量完成生产。希音与供应商的合作模式包含 OOM、OEM、OBM 和 VMI 四种模式（见表 1-2），其中前三种针对成衣供应商，VMI 模式则适用于具备小单快返、以销定结的非成衣品类商家。得益于长期积累的产业链资源、供应商、数字化供应链管理，希音形成了一套高效、低成本的供应链体系，是其小单快返模式的坚实后盾。

表 1-2　OOM、OEM、OBM 和 VMI 四种模式对比

	OOM	OEM	OBM	VMI
模式特点	供应商推荐款式、买手选款	买手给款，供应商看图打板做货	品牌供应商、商家自主开发生产	商家自主备货、以销定结

① 姚增辉. 跨境电子商务供应链需求信息共享机制研究 [D]. 商业经济，2023（4）：100-101.

续表

	OOM	OEM	OBM	VMI
适合商家	工厂、贸易商、工贸一体	工厂、工贸一体	有第三方销售渠道的贸易商、工贸一体	非成衣品类供应商
合作要求	有自主开发设计能力	有仓储备货能力	系统化办公	电子订单处理能力

希音供应商从接受订单（100 件/批）到生产交付的周期最快可达 5~7 天。希音公司凭借其在产业链中的丰富资源、规模优势以及大规模订单能力，成功掌握了市场定价的主动权，并通过优化库存周转来降低成本和提高效率。同时，希音通过压低供应商利润，进一步强化了自身的成本控制能力。在供应商管理方面，希音建立了一套严格的评级和考察机制，以筛选出优秀的合作伙伴。供应商根据采购金额和关键绩效指标（KPI，包括交付速度和产品质量）进行综合评估，按照从高到低的顺序分为五个等级。这一评级结果将直接影响到供应商的采购价格和新品上架额度，从而在一定程度上控制了供应商的利润空间。通过这种精细化的供应商管理和评级机制，希音不仅确保了供应链的稳定性和产品质量，还通过优化成本结构，进一步提升了自身的市场竞争力。这种综合运用产业链资源、规模效应和订单模式的策略，使希音在激烈的市场竞争中占据了有利地位。除此之外，希音还采取了多种方式留存优质供货商。主要体现在以下四个方面：①缩短结账期。从交货到结清货款约 15 天，评级较高的供应商最快 7 天结清。②保证稳定的订单量。稳定的订单量能保证供应商持续健康地运转，保障供货商的收入。③免除库存风险。希音制定了非质量问题不退货的政策，消化供应商库存。④加大补贴优惠。

希音通过强大的数字管理系统实现了供应链的高效管理和生产可视化。该系统能够收集反馈信息并统筹规划生产，实时跟踪各工厂的生产进度和订单处理情况。目前，希音已建立覆盖商品中心、运营中心、生产部等 9 个不同部门的 10 套子信息系统，为供应链管理提供了全面支持。通过供应链管理系统，希音构建了庞大的信息网络，并依托数据中台实时采集和分析信息。当客户提出产品需求时，系统能够快速评估当前供应链的生产能力，规划合理的生产方案并迅速向供应商下单，实现对生产过程的实时监控和灵活调整。当出现面料不足、交付延迟或生产进度滞后的情况时，系统可以自动调动其他厂商补单，确保订单按时交付。希音对供应链管理系统的研发和完善投入了大量资金，持续提升其数字化能力。截至目前，希音已拥有 88 项相关软件专利和著作权，包括供应链管理系统和仓储拣货系统等多项创新技术。这些技术的应用显著提升了供应链的运行效率，为企业的高速发展提供了有力支持。

（三）希音公司供应链的末端

在全球时尚的舞台上，希音公司像一位舞者，轻盈地穿梭在不同国家的 T 台之间。它的客户群体遍布世界各地，而汇率的波动和各国物流政策就像是变幻莫测的风，影响着希音将时尚从工厂送到客户手中的成本和速度。当一件件服装在中国的工厂里诞生后，它们便开始了跨国的旅行。这旅程的成本和效率，就像是希音与客户之间的桥梁，决定了客户是否会再次复购并给予好评。如果客户决定将服装退回，希音必须迅速决定是否有足够的库存重新发货，确保第二次上台的服装依旧光彩照人，同时确保退货的流程既准确又及时，不让客户等待太久，也不让成本过高。

在物流的舞台上，希音主要通过国内直邮的方式，将商品直接送到客户手中，而其他卖家则更多依赖于海外的仓库。为了确保每一次配送都能精准且迅速，希音在全球建立了六大物流中心，就像是在全球各地设立的时尚秀场，逐步完善其海外物流体系，提高配送的时效性，确保能够及时响应每一位客户的需求，同时保证产品的品质和配送的速度。目前，希音的小包裹可以在 7~8 天到达客户手中，而快递则更快，只需 3~5 天。

希音在全球拥有三种类型的仓库：国内的中心仓库、海外的中转仓库和专门处理退货的运营仓库。在美国东西部、比利时等地设立的海外仓库，负责将时尚快速送达区域内的客户；而在沙特阿拉伯、阿联酋、意大利、澳大利亚、越南、印度尼西亚等多个国家设立的海外中转仓，则负责处理消费者的退货需求。希音对物流的重视和投入，使它能够快速触达海外市场，降低物流成本，提供完善的售后服务，并实施宽松的退货政策。

在快时尚服装行业，退货率相对较高，因此退货环节的管理对于快时尚服装企业的供应链同样至关重要。希音通过一个高效的物流系统，为客户提供了更好的物流体验。在退货政策上，希音采取了延长退货期限的方式，为客户提供长达45 天的免费退货服务，并提供首重免费的运费险，这比一般平台的 7 天无理由退换政策更为宽松，让客户的购物体验更加无忧。

三、流量红利：希音积累的用户资源

希音公司的流量历程充满了战略布局和创新精神，其在全球时尚电商领域的崛起可以划分为四个战略阶段：

（1）起步期。数字营销的初步探索。希音公司自 2008 年成立以来，最初依托第三方电商平台销售婚纱和礼服等特定商品。到了 2011 年，公司开始在 Facebook、Twitter、Instagram 等国际社交平台上与网络红人合作，通过赠送样品以换取推广和销售转化，实现了高达 300% 的投资回报率。这种合作模式不仅以较低成本扩大了品牌影响力，也为希音积累了初步的用户基础和市场认知。

（2）品牌发展期。打造自由在线平台。2012 年，希音公司转型为时尚女装品牌，并推出了自己的独立网站，这使得公司能够直接掌握用户数据，为精准营销打下基础。这一时期，希音开始在 Google 和 Facebook 等平台投放广告，逐步积累了在线流量。

（3）全球扩展期。社交媒体与供应链的协同发展。2014~2017 年，希音公司着力构建自有供应链，并在全球范围内推广其商业模式，实现了年均 GMV 超过 100% 的增长。公司通过与不同级别的名人和网红合作，加速了品牌的全球曝光，并在 Instagram、Facebook 等平台上积累了数千万粉丝，根据不同地区进行账号独立运营，有效提升了品牌的国际知名度。

（4）成熟运营期。多渠道营销与本土化策略。到了 2020 年，希音与 TikTok 等新兴平台合作，利用平台的流量扶持和网红带货，实现了营收的 3 倍增长。希音在 Facebook 和 Instagram 上的粉丝数均超过 2000 万，通过"SHEINinspo"等话题标签，激发用户分享穿搭，增强了社区的互动性。同时，TikTok 上的关于 #Shein 标签视频播放量突破 200 亿次，成为品牌传播的重要渠道。

四、快时尚服饰的死亡之谷：希音未来面临的挑战

希音持续拓展海外主战场，布局东南亚、中东蓝海市场，与东南亚和中东本地设计师合作推出当地特色款式。2022 年 9 月，希音在迪拜开设了第一家快闪店，加快中东市场的拓展。但在快速发展的同时，也面临着巨大的挑战。

（一）原创性问题

在快时尚服饰行业的竞技场中，原创性和合规性是两个经常被忽视但对企业创新力至关重要的方面。对于希音这样的公司来说，每年推出数十万款新产品，保持原创设计的能力是一个巨大的挑战。希音的设计师们主要依靠大数据、高端时尚品牌的设计趋势以及时装周等信息来源中产生灵感，从互联网上提取关键词，以确保他们能够快速响应流行趋势，捕捉消费者青睐的时尚元素，并进行创新性的组合。这一设计流程如同一场与时间的赛跑，这种快节奏的设计工作更多地依赖于程序化的操作，而非纯粹的艺术创作。在这一过程中，如果设计中过度借鉴了外部的设计元素，可能会引发侵权问题，这也是产品抄袭争议的核心所在。近年来，希音公司面临了 50 多起知识产权侵权的指控，并遭遇了来自多个品牌的诉讼，包括一些知名时尚品牌和独立设计师。因此，如何在保持独立创新的同时避免抄袭，成为希音亟待破解的难题。这一挑战不仅是法律层面的考验，也是对企业文化和创新精神的深刻拷问。

（二）低端制造问题

快时尚服饰品牌是依靠"多、快、省"的生长路径获取消费和流量，这对成本控制要求十分高。由于追求低成本，希音的供应商可能被迫使用较低档次的面料，这直接影响了产品的质感和耐用性。消费者对产品的期望往往与实际到手的质感存在差距，这种落差可能导致消费者满意度下降。此外，许多供应商为了满足希音的交货期限，不得不超负荷运转，甚至进入无休的工作模式。这种高压的生产环境不仅对工人的身心健康构成威胁，也可能导致产品质量的不稳定。

（三）政策与可持续发展的问题

在全球经济政策的宏观背景下，希音还面临着海外政策风险。例如，2020年希音应用程序在印度被下架，美国的监管机构也在加强对中国企业出海的审查。这些问题要求希音在保持增长的同时，也要重视合规性和可持续发展。

（四）流量红利逐步消失

希音公司曾经凭借其在社交媒体上的精准营销和对流量红利的把握，迅速在全球快时尚领域崛起。然而，随着市场环境的变化和竞争的加剧，希音的流量红利似乎正在逐渐消失，这对公司的增长和市场地位构成了挑战。流量红利消失的原因有以下四个：①市场竞争的加剧。随着越来越多的品牌和零售商加入全球时尚市场，竞争变得更加激烈。新兴的竞争对手如 TEMU 等，通过提供更低的价格和类似的商业模式，削弱了希音的市场优势。②社交媒体营销成本上升。早期希音通过与网红合作和社交媒体营销实现了低成本获客，但随着流量成本的上升，这种营销方式的成本效益正在下降。据报道，谷歌和 Facebook 的广告成本在过去几年中显著增加。③用户增长放缓。希音在现有市场的用户增长空间有限，日活跃用户增速已经放缓，甚至出现负增长的情况。这表明希音可能已经触及了其用户增长的天花板。④品牌升级的挑战。希音在通过低价策略打下用户基础后，正准备向高端化转型。

教学指导书

一、课程思政

希音作为全球领先的跨境电商平台，其成功的核心在于创新的供应链管理、精准的市场定位以及灵活的应变能力。案例不仅展示了现代供应链和数字营销的重要性，还为跨境电商发展提供了实践经验。课程思政要点融入有以下两方面：

（1）企业文化与国际视野的结合。结合希音的全球扩展与跨文化管理，强调企业文化在国际化过程中的重要性。可以引导学生思考如何在全球化背景下，推动中国企业文化走向世界，同时理解不同市场的文化差异，培养学生的国际化视野与跨文化沟通能力。

（2）国家战略与企业发展相结合。强调国家政策和全球市场对企业发展的影响。通过分析希音面临的政策合规问题，可以引导学生理解国家战略对企业国际化的引导作用，增强学生的国家认同感和全球竞争意识。

二、启发式思考题

（1）希音在快时尚领域如何应对流量红利消失和市场竞争加剧的挑战？竞争战略理论表明在竞争日益激烈的市场中，企业需通过差异化、成本领先或集中化战略来维持竞争优势。消费者行为理论表明应理解消费者需求和行为的变化，进而调整营销策略和产品定位。希音在流量红利逐渐消失的背景下，面临激烈的市场竞争。为此，希音正在通过多渠道营销（如 TikTok 网红带货）和提高品牌价值来吸引更高质量的流量，同时考虑从低价策略向高端品牌转型，以适应消费者需求的多样化和高质量化。

（2）如何评估希音的供应链数字化管理在提升效率、降低成本和加快市场响应速度方面的作用？供应链数字化转型通过信息技术的应用，提高供应链的可视化、透明度和响应速度。数字化管理能够优化资源配置，减少不必要的浪费，从而降低成本并提高整体运营效率。希音通过建立全面的供应链数字化管理系统，实现了实时监控、数据共享和生产调度的优化。数字化技术不仅提高了生产效率，降低了库存风险，还加快了产品从设计到销售的周期。通过这种系统，希音有效降低了成本，提高了库存周转率，并能够迅速响应市场变化，保持了竞争优势。

（3）希音如何通过柔性供应链管理提升市场响应速度，降低库存风险？柔性供应链理论强调通过灵活的供应链管理快速响应市场需求。需求驱动型供应链以市场需求为核心，动态调整生产和供应链活动。希音通过"小单快返"模式，实现小批量生产和快速返单，降低库存积压的风险，同时通过大数据分析精准预测市场需求。柔性供应链的设计不仅提升了市场响应速度，还在生产和物流环节实现了成本优化。

📚 参考文献

[1] 余典范，贾咏琪，王超. 跨境电子商务与企业供应链效率——基于跨境电商政策的经验研究 [J]. 国际贸易问题，2024（10）：53-69.

[2] 王煜昊，马野青，承朋飞. 跨境电商赋能企业供应链韧性提升：来自中国上市公司的微观证据 [J]. 世界经济研究，2024（6）：105-119+137.

［3］汪旭晖，谢寻．数字科技创新引领物流业绿色低碳转型的机制与路径——基于京东物流的案例研究［J］．经济与管理研究，2024，45（5）：21-40.

［4］杨胜刚，谢晋元，成程．跨境电商、供应链优化和企业国际化——基于大数据文本分析的经验证据［J］．国际贸易问题，2023（10）：1-18.

［5］魏浩，涂悦．中国跨境电商零售进口：发展特点、存在问题与政策建议［J］．国际贸易，2023（4）：31-39.

［6］张远惠．基于系统科学视角下的跨境电商供应链管理研究［J］．系统科学学报，2021，29（4）：109-114.

［7］马述忠，郭继文．选择传统贸易还是跨境电商——销售渠道视角下消费者与生产者的决策分析［J］．浙江社会科学，2019（5）：23-32+13+155-156.

［8］Zhou L，Wang J，Li F，et al. Risk aversion of B2C cross-border e-commerce supply chain［J］. Sustainability，2022，14（13）：80-88.

［9］Liu Z，Li Z. A blockchain-based framework of cross-border e-commerce supply chain［J］. International Journal of Information Management，2020，52：102059.

［10］Zhang H，Jia F，You J X. Striking a balance between supply chain resilience and supply chain vulnerability in the cross-border e-commerce supply chain［J］. International Journal of Logistics Research and Applications，2023，26（3）：320-344.

案例 3　阿里巴巴跨境供应链服务模式

📖 案例内容

摘要：阿里巴巴自成立以来，逐步发展成为全球领先的跨境电商平台，凭借其强大的跨境供应链体系和创新的商业模式，成功应对了国际贸易中的挑战。阿里巴巴通过C2M（Customer-to-Manufacturer）模式，利用大数据分析市场需求，精准指导生产，减少中间环节，优化供应链效率。同时，采用虚仓代销、实仓代销和自营采销等多种销售模式，灵活应对不同市场需求，并有效地降低物流成本。阿里巴巴还通过菜鸟网络构建全球智慧物流体系，推动跨境物流服务向高效、低成本方向发展。尽管面临国际物流成本上升、数据隐私保护、市场多元化和国际政治经济不确定性等挑战，阿里巴巴依靠本地化运营和灵活的供应链管理策略，确保了其在全球市场的竞争力。未来，阿里巴巴将进一步推动绿色低碳供应链和智能化供应链建设，持续优化跨境电商服务，推动全球贸易的可持续发展。

关键词：阿里巴巴；跨境电商；跨境供应链服务；智能化供应链

自 1999 年阿里巴巴集团成立以来，逐步从国内 B2B 平台发展为全球领先的跨境电商平台。随着中国加入世界贸易组织（WTO），外贸企业对高效、透明的跨境交易平台需求日益增加。传统外贸模式中，信息不对称、物流链路复杂、成本高昂等问题长期存在，制约了企业的国际化发展。为应对这些挑战，阿里巴巴推出了跨境供应链服务模式，旨在通过数字化技术和创新商业模式，提升跨境物流与供应链效率，增强全球市场竞争力。

一、跨境供应链的起源与发展

阿里巴巴的外贸之路始于其内贸批发网站，该网站主要连接工厂与小 b 或大 B 买家。随着时间的推移，阿里巴巴的跨境厂货丰富度不断增强，拥有千万种商品和百万买家进行跨境交易，全年交易额达到千亿元，业务覆盖率显著提升。

阿里巴巴的转型至外贸始于中国加入 WTO 后，当时许多中小企业开始自主出口，主要以大宗贸易和一般贸易批量出口为主。阿里巴巴创建之初，旨在解决境内买家与工厂的匹配问题，以及中国工厂与海外买家的互相匹配。2012 年左右，随着毒奶粉事件后海淘的兴起，越来越多的中国消费者开始通过亚马逊等平台购买海外商品，这促使了阿里巴巴开始涉足跨境业务。

2013~2014 年，越来越多的中国卖家开始在海外注册账号进行零售，有几百万中国卖家在境外电商平台如亚马逊美国、AliExpress 等进行销售。这些卖家的货源很多来自阿里巴巴，然后卖往境外，交易量非常惊人。因此，阿里巴巴开始大力发展跨境业务。

阿里巴巴的业务现已覆盖多个领域，包括中国商业、国际商业、本地生活服务、菜鸟物流、云计算、数字媒体与娱乐以及创新业务等。在这些业务与平台的基础上，阿里巴巴构建了一个多层次的生态系统（见图 1-5），将消费者、商家、品牌、零售商、第三方服务提供者、战略合作伙伴以及其他企业紧密连接在一起，实现了资源的高效整合与协同发展。阿里巴巴 2023 财年总收入为868687000000 元人民币，其中国内零售业务收入占比约 45.51%，国内批发业务收入占比约 1.97%，国际零售业务收入占比约 6.85%，国际批发业务收入占比约10.44%。相较 2022 年，国内业务占比下降 0.92%，国际业务占比增长 4.89%[①]。跨境业务在阿里巴巴的收入结构中占据重要位置，成为收入新增长点，跨境供应链服务有巨大的发展空间。

---

① 阿里巴巴集团 2024 财务年度报告。

图1-5　阿里巴巴生态体系

资料来源：阿里巴巴官网公告。

二、面临的挑战

（一）国际物流成本上升

近年来，全球物流成本持续攀升，尤其在疫情期间，海运费用大幅上涨。据报道，中国运输至美国的货柜价格从疫情前的 3000 美元飙升至近 2 万美元，成本上浮近 7 倍。[①] 这对跨境电商企业的利润空间造成了巨大压力。

（二）数据安全与隐私保护压力

随着全球数据隐私法规的日益严格，如《通用数据保护条例》（GDPR）的实施，跨境电商平台在数据收集、存储和处理方面面临合规挑战。阿里巴巴需要确保其平台符合各国的数据保护法律，保障用户隐私，避免法律风险。

（三）多元化市场需求与本地化运营难题

电商企业在全球范围内运营，面对不同国家和地区的文化、语言、消费习惯等差异，需要制定本地化的运营策略。这包括产品适配、物流配送、支付方式等方面的调整，以满足各地消费者的需求，提升用户体验。

（四）国际政治经济环境的不确定性

全球贸易环境复杂多变，贸易摩擦、关税政策调整等因素可能影响跨境电商

---

① 澎湃新闻网 https：//m. thepaper. cn/baijiahao_ 14629980。

业务的稳定性。需要制定灵活的供应链策略，以应对国际市场的不确定性，确保业务持续增长。

三、跨境供应链的商业模式

阿里巴巴通过小包直邮的方式将商品直接发送到海外，这种方式适用于订单量较小的情况，而当订单量积累到一定程度时，货物会统一发往海外。这种模式允许海外销售商在没有库存压力的情况下经营，他们可以在海外接到订单后，直接通过阿里巴巴平台联系工厂或商家，由后者负责将商品直邮给海外客户。菜鸟物流则负责处理这些跨境物流，确保商品顺利送达。

阿里巴巴拥有庞大的跨境商品库和买家群体，其中很多买家位于海外。为了更好地服务这些海外买家，阿里巴巴提供了包括海外采购、汇率转换和物流运输在内的一系列增值服务，以简化他们的采购流程并提供更便捷的购物体验。

围绕之前的经历，阿里开始思考怎么能够更好地服务这些跨境的买家。传统的供应链模式往往存在信息不对称、库存积压等问题，难以及时响应市场变化。考虑到百万买家可能会面对库存周转、清关、退换货、客户服务等问题，于是阿里推出 C2M（Customer-to-Manufacturer）跨境业务的商业模式，通过大数据分析消费者需求，指导制造商进行精准生产，减少中间环节，提高生产效率。

C2M 商业模式关键在于通过数据驱动生产。直接连接买家端、渠道端和工厂端，这些数据包括市场需求、商品属性、销售渠道、人群分析、价格带分析以及价格竞争力。工厂通过这些信息能够更好地了解市场和消费者需求，从而指导生产和销售。阿里巴巴利用其先进的销量预测技术，为工厂提供宝贵的市场信息，包括渠道、商品及价格等关键数据。通过这些数据，工厂可以根据不同国家和人群的消费习惯调整生产和销售策略。此前，这类信通常由品牌商和国际大买家提供，但现在阿里巴巴通过销量预测技术，直接将预测结果提供给工厂，帮助它们更准确地理解市场需求。

具体来说，阿里巴巴的智能预测服务（DChain Forecast）集成了业界先进的预测算法，这些算法经过天猫超市、盒马、天猫国际等多个业务线的验证，具有卓越的预测精度和稳定性。这些服务不仅帮助工厂预测哪些商品在哪些国家会卖得好，而且还指引商家如何根据这些信息优化它们的产品和市场策略[①]。

通过这种方式，阿里巴巴不仅帮助工厂减少了市场信息的不对称性，还提高了生产和销售的效率。这种数据驱动的方法使工厂能够更加精准地响应市场需

---

① 阿里云云市场 https：//market. aliyun.com/。

求，从而提高竞争力和市场响应速度。

四、跨境供应链的销售模式

阿里巴巴在跨境电商领域采用了三种主要的销售模式：虚仓代销、实仓代销和自营采销[①]。这些模式旨在优化供应链效率，降低成本，提升用户体验。

1. 虚仓代销模式

在虚仓代销模式下，商家无须在海外实际备货。阿里巴巴产生订单后，将订单交给工厂，工厂再将货物运至揽货仓，商家只负责境内配送。这种方式解决了跨境物流的成本问题。之前商家需要通过单包裹跨境快递，而设立揽货仓后，可以完成集单，将全国的海外卖家的货物根据具体的目标国家通过托盘或集装箱的方式运输，在干线跨境上降低成本。这种模式适用于订单量较小的情况，帮助商家降低跨境运输成本，减少库存压力。

2. 实仓代销模式

实仓代销模式是一种高效的供应链管理策略，其核心在于通过海外仓库提前存放销量大的货物，以提高配送时效并降低物流成本。

阿里巴巴的实仓代销模式通过在海外建立快件仓库，提前存放热销商品，不仅提升了配送速度，降低了物流成本，还通过实销实结的方式，为中小卖家提供了一种灵活且高效的销售模式。同时，库存基于以前的销售量和生成的销售量预测，一并反馈给工厂作为库存参考。阿里巴巴的跨境贸易能力为这些卖家提供了强大的后盾，帮助他们轻松应对国际贸易中的各种挑战。这样的布局使商品能够在当地消费者下单后直接从仓库发货，从而节省了国内物流环节，并提高了配送的时效性，通常能缩短几天的配送时间，适用于热销商品或预期销量较大的产品。

3. 自营采销模式

在自营采销模式中，阿里巴巴直接采购并管理库存，负责商品的销售和物流。这种模式主要针对高动销商品，阿里巴巴通过优化流量分配和库存管理，提高商品周转率，确保供应链的高效运作。

五、一站式跨境供应链服务

通常情况下，商品在海外市场的售价会比国内的出厂价高出数倍，这主要是因为在商品从生产地到消费者手中的过程中，涉及了物流、金融汇率转换等多个环节。这些环节的复杂性增加了成本，延长了周转时间，并要求更多的备货。所

---

① 阿里 B2B 电商：新零售产地供应链的思考与实践。

有这些额外的投入最终都会转化为商品的售价，由消费者承担。因此，要让海外消费者以接近出厂价购买到商品，就需要有企业来简化和处理这些复杂的中间环节。阿里巴巴正是扮演了这样的角色，为海外买家和卖家提供帮助。如今，阿里巴巴可以提供一站式的跨境供应链服务（见图1-6），包括了订单、支付结算、市场采购、物流和报关、财税和金融等服务内容。

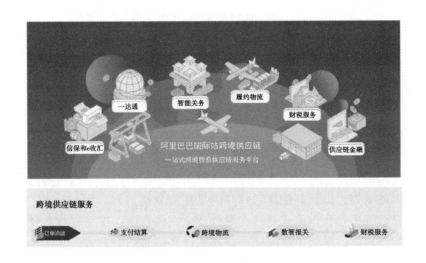

图1-6 阿里国际站跨境供应链服务逻辑

资料来源：阿里巴巴官网。

1. 外贸综合服务平台

阿里巴巴集团旗下的"一达通"平台是全中国服务企业最多、服务地域最广的外贸综合服务企业。作为领先的外贸综合服务平台，致力于为中小企业提供一站式的外贸服务。阿里巴巴一达通提供一站式外贸全流程解决方案（见图1-7），包括找订单、谈订单、信用证、赊销、备货、发货、报关、收汇、退税等，通过互联网一体化优势为外贸企业提供快捷、低成本的服务，通过电子商务的手段，解决外贸企业流通环节的服务难题。

2. 供应链金融

阿里巴巴提供资金周转快的金融服务，覆盖外贸各环节的融资，包括信融保、赊销保、退税融资、信用保障融资等，以解决中小微企业融资难题，降低贸易风险及成本，助力企业接更多类型的订单。比如，阿里巴巴提供全线上的贷款服务"生意贷"，是阿里巴巴集团为小微企业量身定制的贷款产品。商家可以按订单借款，快速启动生产，同时支持直接取现，缓解应急资金需求。

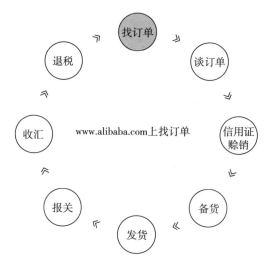

图1-7　一站式外贸全流程

资料来源：阿里巴巴官网。

3. 跨境物流

阿里巴巴的物流服务通过构建一个全球性的物流网络，提供包括海运、空运、陆运在内的多元化运输方式，结合数字化物流平台和广泛的物流网点，为全球客户提供便捷、高效、低成本的一站式物流解决方案，包括订单处理、货物追踪、仓储管理（如海外仓服务）以及各种增值服务，旨在简化跨境贸易流程，降低物流成本，提升客户体验。

4. 数据服务

阿里巴巴的业务模式得益于其强大的数据支撑和中台战略。作为中台概念的提出者，阿里巴巴通过多年的实践，已经从最初的分散数据分析，发展到数据中台的能力整合，再进化到全局数据智能化。阿里巴巴 DataWorks 的一站式大数据开发治理平台的架构和功能如图1-8所示，这一数据中台覆盖了阿里巴巴集团的所有业务单元，为各项业务的可持续发展提供了支撑，并且推动了跨境供应链服务模式的创新和发展。阿里巴巴的数据中台战略不仅涉及数据的整合和分析，还包括如何利用这些数据来优化全球零售网络、提升客户服务体验、智能定价以及供应链管理等多个方面。例如，阿里巴巴利用数据中台的能力，借助数字化技术和信息技术，通过工厂画像直接触达最优质的商品，帮助建立品牌，并通过算法对百万件商品进行多渠道智能定价。

DataWorks一站式大数据开发治理平台							
数据服务	零代码生成API	函数计算 服务编排	数据共享交换	数据分析	智能查询电子表格透视分析仪表盘 Notebook	开放平台	OpenAPI OpenData OpenMessage Plug-in

数据治理	数据资产	数据稳定性	数据地图	数据质量	数据安全
	数据资产门户 资源优化扫描 数据治理自动化 存储计算健康分	智能基线管理 智能运维诊断 监控告警 事件管理	10+引擎元数据发现 表/字段级血缘 30+种表基础信息 上下游影响分析	37种质量规则模板 弹性规则调度引擎 动态阈值 智能规则推荐	31种敏感数据自动识别 数据水印溯源 数据访问审计 数据分级与脱敏

数据建模	智能建模	逆向建模	数仓规划	数据标准	数据指标	模型评估	模型建模语言	数据开发	原创建模	日千万级周期任调度	商线/实时/交互式/AI四合一开发	智能编程助手	可视化任务编排

全域数据集成	支持50+种数据源	日3万亿+记录同步	百万级表实时同步	整库一键迁移	增量同步	数据转换	传输速率与并发控制	脏数据监控	单Topic弹性最高256000Records/s

计算存储引擎	MaxCompute	10万台集群智能数仓湖仓一体	E-MapReduce	百万核集群云原生数据湖	Hologres	亿级数据亚秒级查询	实时计算Flink版	50亿条消息/秒	Elasticsearch	比开源内核性能提升7倍	机器学习PAI	业界最大的中文多模态预训练AI模型

图1-8　阿里巴巴数据平台建设

资料来源：阿里云。

六、菜鸟网络与跨境物流体系

菜鸟网络孵化于阿里巴巴全球最大的电子商务生态系统中，致力于构建全球智慧物流网络，通过整合全球资源，致力于构建高效、智能的跨境物流体系，为中小企业和跨境电商提供一站式解决方案。菜鸟网络覆盖全球200多个国家和地区，并在国际市场中建立了关键物流设施，包括海外仓、航空枢纽、末端配送网络等。菜鸟也是全球第一的跨境电商物流公司，2023财年跨境包裹总量超过15亿件，为超过10万商家及品牌提供服务[①]。通过"全球10日达""全球5日达"等颠覆性物流服务，助力中小企业加速全球贸易扩展，降低物流壁垒。

菜鸟网络为跨境业务提供三大核心服务：跨境快递、国际供应链和海外本地物流。

1. 跨境快递

菜鸟跨境快递为全球客户提供端到端的全链路物流解决方案，包括优先、标准和经济型服务，适配不同运输时效和成本需求。菜鸟是全球跨境包裹量最大的物流企业，主要服务中国进出口商家及电商平台。支持平台模式和全托管服务模式，为商家提供更多选择。通过物流网络的核心节点控制和数字化技术，菜鸟可以提供更具确定性的履约服务，降低运输成本并提升效率。例如，菜鸟通过灵活的快递网络，满足了"双十一"等电商大促售的订单需求，确保大规模包裹的快速配送。

2. 国际供应链

菜鸟可以为海外商家和品牌提供从生产到消费的全链路库存管理，包括保税仓、海外仓和货运服务。一站式解决从全球到中国及从中国到全球的双向供应链

---

① 菜鸟官网 https：//www.cainiao.com/。

需求，涵盖快消品、家电家具、汽车零部件等行业的多样化需求。保税仓库的秒级清关能力及全链路可视化功能，帮助品牌快速进入全球市场。

图1-9展示了一个全链路数字供应链大脑服务流程，国际供应链通过整合商家海外仓、干线运输和分拨网络，实现从生产端到消费端的全流程优化。其独特的"调配网络""逆向物流"服务，为跨境电商提供了灵活、高效的供应链解决方案，进一步巩固了菜鸟在全球跨境物流中的领先地位。

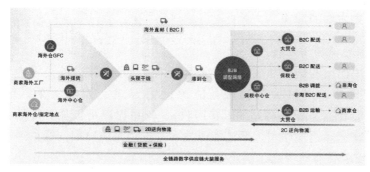

图1-9　端到端的物流解决方案

资料来源：菜鸟官网。

3. 海外本地物流

菜鸟在重点国际市场复制中国物流的成功经验，支持包括首公里揽收、分拨分拣、干线运输、最后一公里配送、末端自提服务等端到端的全链路服务。从航空枢纽到末端自提柜，菜鸟构建了强大的国际物流网络，为全球电商平台提供稳定的物流支持。通过列日e-Hub形成覆盖欧洲的航空、铁路、海运连通网络，在西班牙、法国、波兰等国家布局本地仓储和配送网络，通过优化配送路线，实现"48小时内送达""一件起揽"的服务。为东南亚6国提供涵盖数字化可视化管理及快速海关服务的端到端物流服务。在北美区域整合5大核心港口（洛杉矶、纽约、亚特兰大、萨凡纳和休斯敦）、4个自动化分拨中心和末端配送网络，为本地商家提供定制化分段配送方案。

七、绿色供应链服务

在全球供应链网络扩展的同时，阿里巴巴积极推行绿色供应链战略，以"碳中和战略"为目标，致力于减少碳排放、节约资源并实现可持续发展。这一策略贯穿供应链的各个环节，从运输、仓储到末端配送，形成了全链路绿色物流体系。在物流环节广泛使用新能源与低碳技术应用，促进循环经济与包装回收，优化绿色物流路线，监测全链路碳排放。

例如，菜鸟通过数字化平台，整合运输需求，减少50%以上的物流中转环节。推出"绿色回收日"，鼓励消费者参与纸箱回收，年均回收超 5000 万个纸箱。在国内配送网络中，超过 40% 的配送车辆已实现新能源化。通过优化跨境物流线路，菜鸟大幅降低长途运输的碳排放。在东南亚市场，菜鸟通过空运和海运结合的方式，使物流碳排放下降了约 30%。①

通过绿色供应链服务，阿里巴巴不仅提升了全球供应链的可持续性，还为全球贸易生态的低碳转型提供了可复制的标杆案例。

八、未来方向的展望

（一）绿色低碳供应链

基于阿里巴巴的碳中和战略，未来跨境供应链服务模式将更多地聚焦于绿色低碳的物流网络。通过大力发展新能源运输方式（如电动车、光伏物流设施）和循环物流（如菜鸟驿站的纸箱回收），阿里巴巴可以显著降低物流环节的碳排放，并在国际运输中引入清洁能源技术，推动跨境电商向绿色经济转型。

（二）技术驱动的智能化供应链

依托阿里云的技术能力，阿里巴巴未来将通过人工智能和大数据进一步优化跨境物流效率。利用智能预测和数字化管理，可以实现库存调度的精确性和供应链的全链条透明化，帮助商家降低物流成本并提升效率。

（三）全球多元化的服务网络

未来，阿里巴巴将继续扩展其国际物流网络布局。通过在欧洲、东南亚和北美等关键区域的枢纽建设，形成更高效、更稳定的全球端到端物流体系。同时，为不同市场量身定制服务，如欧洲的"卡班网络"、东南亚的全场景端到端物流，进一步满足各地区用户的个性化需求。

（四）本地化运营的深度融合

通过加强与目标市场本地商家的合作，阿里巴巴可推动海外仓和本地配送服务的深化发展。重点方向包括加大海外自提网络建设（如自提柜布局）和优化最后一公里配送模式，从而更好地支持跨境商家的本地化发展需求，提升消费者满意度。

教学指导书

一、课程思政

通过案例教学，学生不仅能掌握现代物流与供应链管理的核心理论与实践，

---

① 《2023 阿里巴巴环境、社会和治理报告》。

还能从案例中感受到中国企业在国际舞台上的责任担当，可持续发展的重要性与国家"双碳"战略的落实。课程思政要点融入有以下两方面：

（1）阿里巴巴通过跨境供应链服务，不仅支持了中国制造的全球化，还通过绿色供应链实践彰显了负责任的企业形象。引导学生思考如何在全球经济竞争中传递"中国智慧""中国方案"。

（2）强调阿里巴巴在低碳物流、绿色包装等方面的创新实践，体现企业对全球环境的责任感。与国家"双碳"战略（2030 年前碳达峰、2060 年前碳中和）相结合，培养学生的环保意识和社会责任感。

二、启发式思考题

（1）阿里巴巴跨境供应链服务如何提升中小企业的全球竞争力？普惠贸易通过降低准入门槛和提供支持，中小企业可以参与全球市场竞争。根据交易成本理论，一站式服务通过降低交易和物流成本，增加市场进入的可能性。阿里巴巴的一站式服务通过菜鸟网络提供的端到端物流解决方案，简化了中小企业的跨境贸易流程，降低了清关、运输和仓储成本。同时，平台提供的金融服务（如退税融资、信用保障）帮助中小企业减轻资金压力，使其能更高效地参与国际市场竞争。

（2）阿里巴巴跨境供应链如何平衡规模化发展与本地化适应？根据规模经济与范围经济理论，企业需通过扩大规模降低单位成本，同时实现多样化的服务供给以满足本地需求。阿里巴巴通过在重点国际市场（如欧洲、东南亚、北美）建立本地配送网络和海外仓，实现规模化运营与本地化服务的结合。比如，在欧洲采用"卡班网络"，在东南亚提供本地化物流服务，并通过自提柜等方式增强消费者体验。同时，数据驱动的选品和库存管理，使阿里巴巴能快速适应不同地区的市场需求。

（3）阿里巴巴如何应对国际政治经济环境的不确定性，并确保跨境电商业务的稳定性？风险管理理论认为可以通过制订应急计划和灵活策略应对外部不确定性。供应链韧性理论通过增强供应链的灵活性和适应性，提高其抗风险能力。阿里巴巴通过多元化的市场布局、灵活的供应链策略和多模式的销售方式，分散了国际市场的风险。此外，阿里巴巴不断优化与各国政府和国际组织的合作，确保在全球复杂的政治经济环境中保持业务的稳定性和增长。

📖 参考文献

［1］阿里巴巴集团．2023 阿里巴巴环境．社会和治理报告［R/OL］．（2023-07）．https：//www.alibabagroup.com/esg#csr-reports.

［2］阿里巴巴集团控股有限公司．阿里巴巴集团．2024 财务年度报告［R/

OL］．（2024-05-23）．https：//www. alibabagroup. com/news-and-resource.

　　［3］King D, Chung H M, Lee J K. Electronic commerce：A managerial perspective［M］. Prentice Hall PTR, 1999.

　　［4］Lancioni R, Schau H J, Smith M F. Internet impacts on supply chain management［J］. Industrial Marketing Management, 2003, 32（3）：173-175.

　　［5］Cagliano R, Caniato F, Spina G. The linkage between supply chain integration and manufacturing improvement programmes［J］. International Journal of Operations & Production Management, 2006, 26（3）：282-299.

　　［6］Cui L, Gao M, Sarkis J, et al. Modeling cross-border supply chain collaboration：the case of the Belt and Road Initiative［J］. International Transactions in Operational Research, 2023, 30（3）：1187-1215.

　　［7］Chang Y, Iakovou E, Shi W. Blockchain in global supply chains and cross border trade：A critical synthesis of the state-of-the-art, challenges and opportunities［J］. International Journal of Production Research, 2020, 58（7）：2082-2099.

　　［8］Zhou F, Liu Y. Blockchain-enabled cross-border e-commerce supply chain management：A bibliometric systematic review［J］. Sustainability, 2022, 14（23）：15918.

　　［9］Yang Q. Alibaba. com：A Case Study and Analysis of China's Cross-border E-commerce Industry［A］//Proceedings of the International Conference on Information Economy, Data Modeling and Cloud Computing［C］. ICIDC 2022, 17-19 June 2022, Qingdao, China, 2022.

案例 4　电商巨擘：菜鸟网络的供应链创新与实践

📚 案例内容

　　摘要：本文研究了电商巨擘菜鸟网络在供应链领域的卓越创新与成功实践。菜鸟网络凭借强大的技术实力，构建起智能化物流系统，极大提升了物流效率。其创新的智能仓储模式，实现了货物的精准管理与快速调配。在配送网络方面，菜鸟网络能够高效整合资源，确保包裹及时送达，跨境物流领域的拓展，更是为全球电商贸易搭建起坚实桥梁，广泛运用大数据来驱动决策，让供应链更加精准、灵活。菜鸟网络的创新与实践不仅推动了电商行业的发展，也为整个供应链行业树立了标杆，提供了可借鉴的宝贵经验。

关键词：菜鸟网络；电商供应链；智能物流；大数据决策

一、菜鸟网络概述

菜鸟网络是阿里巴巴集团于 2013 年创立的物流平台，致力于构建全球智慧物流体系。通过技术创新与高效协同，菜鸟网络不断提升物流效率、降低社会物流成本，并优化消费者的物流体验。作为"互联网+物流"发展趋势的积极践行者，菜鸟网络打造了一个高效协作、多方共赢的物流平台，为行业树立了新型发展模式。

菜鸟网络的核心业务涵盖五大板块：全球物流、消费者物流、供应链服务、全球地网和物流科技，其服务网络遍及 200 多个国家和地区。作为中国领先的电子商务供应链和逆向物流解决方案提供商，菜鸟网络通过全渠道供应链建设、品质快递以及逆向物流能力，为商家提供差异化服务，菜鸟供应链业务如图 1-10 所示。此外，菜鸟网络在全球跨境电子商务物流领域位居首位，拥有全球规模最大的跨境电商仓储网络，为商家提供覆盖全流程的端到端跨境物流解决方案。

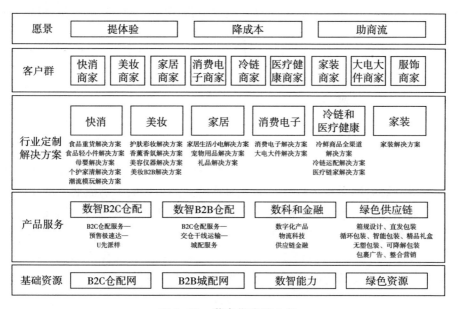

图 1-10　菜鸟供应链业务

依托覆盖全国的仓储资源、干线运输网络和本地配送能力，菜鸟网络将技术与网络能力相结合，整合 B2B 和 B2C 供应链，为品牌和商家量身打造端到端供应链管理服务。针对快消、美妆、家电家装等不同行业，菜鸟网络提供定制化的一体化仓配和配送解决方案，同时推出适合电商客户需求的优选仓配和智选仓配服务，进一步巩固其在智慧物流领域的领先地位。

二、菜鸟网络供应链创新的驱动因素

（一）电商行业快速发展的需求

电商行业的快速发展在多个方面对供应链提出了严格要求，企业传统的生产理念逐渐从以产品为中心转变为以消费者为中心，日趋多样化和个性化的消费者需求促使企业不断改变与升级合作方式。从消费者层面来看，购物习惯的转变使他们对商品送达速度期望极高，期望能尽快收到商品。同时，对商品品质提出严格要求，追求质量可靠的产品。并且个性化消费趋势明显，消费者对个性化和定制化产品需求增长，这就需要供应链具备快速响应能力，实现小批量、多批次的生产和配送，以满足消费者的多样化需求。

在市场竞争和行业拓展方面，电商行业对供应链的需求日益迫切。由于市场竞争激烈、产品更新换代迅速，企业需具备快速响应市场的能力，及时调整产品策略和供应链计划。因此，高效的物流配送至关重要，消费者对物流速度和准确性要求越来越高，电商企业要建立高效物流配送体系，协同并整合供应链，加强各环节紧密合作，以提升行业效率和竞争力。在行业拓展上，跨境电商发展依赖全球化供应链体系，以解决跨境贸易中面临的问题。农村电商发展则需建立适合农村的供应链体系，以更好地开拓农村市场。

（二）供应链升级的需要

在当今的物流行业格局中，传统物流模式正面临着一系列严峻的挑战，使其难以有效支撑未来的发展需求。一方面，人力资源短缺成为传统物流模式的一大痛点。随着社会经济的发展和劳动力结构的变化，物流行业面临着招工难、用工成本上升等问题，缺乏稳定且充足的人力资源，严重影响了物流业务的正常运转和扩张。另一方面，传统物流模式缺乏统一标准。在货物的包装、运输、存储等环节，不同的物流企业往往采用不同的标准和操作流程，这不仅导致了物流效率的降低，还增加了货物损坏和丢失的风险。此外，信息化程度不高也是传统物流模式的显著弊端。在信息时代，高效的物流运作离不开先进的信息技术支持，然而，传统物流企业在信息系统建设方面投入不足，信息传递不及时、不准确，难以实现物流过程的实时监控和管理。同时，近几年物流行业竞争越发激烈。众多物流企业为了争夺市场份额，纷纷展开价格战。这种恶性竞争导致物流服务的价格不断降低，盈利空间被持续压缩。在这样的困境下，想要实现降本增效，菜鸟网络必须另辟蹊径，换道超车，对供应链进行全面升级。

（三）全球化市场拓展的需求

随着经济全球化的不断深入，世界经济的联系日益紧密，电商企业的市场范围早已不再局限于国内。在全球化的浪潮中，电商企业积极拓展海外市场，将商品销售到世界各地。而作为电商物流服务的关键提供商，菜鸟网络必须紧跟电商企业的全球化步伐，不断创新供应链管理模式，以切实满足全球市场的物流需求。

在全球市场的物流服务中，时间和效率至关重要，为了实现这一目标，菜鸟网络需要在全球范围内大力建立海外仓。海外仓的设立能够实现本地发货，极大地缩短配送时间，当消费者在海外下单购买商品时，商品可以直接从当地的海外仓发出，无须经过漫长的跨国运输和清关流程，从而快速送达消费者手中，这不仅提高了客户的满意度，还增强了电商企业在全球市场的竞争力。同时，菜鸟网络还应积极通过与国际物流企业的合作，整合全球物流资源，充分发挥各自长处，实现资源的优化配置。

三、菜鸟网络供应链创新举措

（一）仓配网络布局创新

1. 广泛的仓储覆盖

菜鸟仓是一种智能化的仓储管理系统，可以帮助商家优化库存、提高订单处理效率、降低运输成本，菜鸟网络在国内主要经济发达地区和消费集中区域，如长三角、珠三角、京津冀等地设置大型智能化仓储中心，地理位置优越、交通便利，能快速响应周边订单需求，辐射多个省份实现商品快速调配配送。同时，随着跨境电商发展，在洛杉矶、伦敦、悉尼等重要国际贸易节点城市和消费市场建立海外仓，既满足了当地消费者购物需求，又作为商品中转枢纽，促进了全球商品高效流通。

2. 仓配协同运作

仓配协同主要有以下三个方面：信息协同、作业协同和资源协同。

在信息协同方面，通过先进信息技术实现仓库与配送环节信息实时共享。订单产生后，仓库迅速获取信息进行拣货、包装等作业，配送系统也能及时了解出货情况规划车辆和路线，如利用大数据分析提前规划配送车辆调度，以提高效率。

在作业协同方面，需要实现仓库作业与配送作业无缝衔接。仓库出货流程与配送车辆装卸流程紧密配合，减少货物中转停留时间。通过采用自动化装卸设备和标准化作业流程确保货物快速准确转移。同时，配送车辆返回时可带回退货换货商品，从而实现逆向物流高效运作。

在资源协同方面，通过整合仓库和配送资源实现优化配置。在业务高峰期灵活调配人力、物力资源，以应对订单增长。同时，共享物流设施设备，以降低成本提高资源利用率。

（二）库存管理与优化创新

1. 全渠道盘货模式

该模式突破了传统各渠道库存独立管理的局限，对品牌商不同销售渠道（线上电商平台、线下门店、社交电商等）的库存予以整合。凭借统一的库存管理系统，能够实时把控各渠道库存状况，进而实现库存共享与动态调配。当线上平台库存告急时，可迅速从线下门店等渠道调货，有效避免缺货现象。此模式不仅减少了库存的重复设置与冗余，降低了整体库存水平，还避免了传统方式中因多地备货而增加的物流成本与沟通成本。商家入驻菜鸟中心仓体系后，菜鸟网络会全面提供仓储服务，确保商品得到妥善存储与管理，并通过高效的干线运输服务，实现商品在不同地区间的快速流转，从而优化供应链物流路径，减少商品搬运次数与运输成本。同时，为消费者带来线上线下购物无缝衔接的体验，消费者可在任意渠道下单，并自主选择便捷的取货渠道或配送服务。例如，网上下单后可到附近线下门店自提，也可在门店体验后直接购买并享受线上优惠活动，极大地增强了购物的便利性与灵活性。

2. 数字供应链系统辅助决策

菜鸟网络的数字供应链系统具备强大的功能，它能够实时监控品牌商供应链全链路数据，涵盖生产节点、库存状态、各地包裹量、销售 GMV 以及消费者的正负向评价等，促进物流服务不同业务环节的协同、整合。通过对这些数据的实时采集与分析，品牌商可及时洞察供应链的运行情况，敏锐地发现潜在问题与风险。例如，当某个地区库存水平过低或销售增长过快时，系统会及时发出预警。基于大数据和人工智能技术，该系统为品牌商提供智能决策支持，通过分析历史销售数据和市场趋势，预测未来销售需求，助力品牌商制订合理的库存计划和生产计划。同时，还能依据不同地区的销售情况和物流成本，优化配送路线和仓库布局，提高物流效率并降低成本。此外，系统还促进了品牌商与供应商、物流商等合作伙伴之间的协同合作。通过信息共享与协同管理，各方能够实时了解供应链情况，共同制订决策与行动计划，确保商品按时、按质、按量送达消费者手中。

（三）智慧物流创新应用

1. 智能技术引领物流变革

随着人工智能的发展，智能物流平台的无人车配送服务逐渐进入大众视线。智慧物流在菜鸟网络的供应链创新中占据着至关重要的地位，菜鸟网络在物流运输领域积极探索无人驾驶技术。无人驾驶卡车在长途运输中展现出巨大的优势，它能够实现自主导航和行驶，减少了对人力的依赖，降低了人力成本。而且，通过精准的路线规划和智能的驾驶决策，无人驾驶卡车能够更好地应对各种路况，提高运输的安全性和效率。无人配送车在城市配送中也发挥着重要作用，它可以灵活地穿梭于街道之间，快速地将货物送达客户手中，尤其是在交通拥堵的城市环境中，无人配送车的优势更加明显。此外，智能包装技术的创新也为菜鸟网络的物流服务增添了新的亮点。智能包装设备和材料可以根据货物的尺寸、重量和特性进行定制化包装，确保货物在运输过程中的安全。

2. 数据与技术共筑物流新生态

大数据与人工智能在菜鸟网络中深度融合，推动了企业数字化能力在不同结构层次上动态交互演进。通过分析海量销售、物流和市场趋势数据，实现精准的市场需求预测，并运用大数据和人工智能技术优化物流配送路线。基于交通状况、客户位置和订单量等因素，系统能够自动规划最优路线，减少配送时间和成本。人工智能算法还能实时调度配送车辆，根据实际情况调整路线，提高配送效率。此外，菜鸟网络还积极运用智能客服系统，提升服务质量。利用自然语言处理技术，智能客服理解客户问题并准确解答，还能根据客户历史订单和行为数据提供个性化服务建议，提升客户满意度。

物联网与区块链技术也在菜鸟网络中得到创新应用。物联网传感器安装在货物、运输设备和仓库等环节，实时监控物流过程，采集位置、状态、温度和湿度等信息，提高了物流可视化程度和安全性。区块链技术则为物流交易提供安全保障，建立可追溯、透明的交易平台，降低了交易风险，提高了交易效率和成本。

基于菜鸟—仓配—物流园模式，菜鸟网络构建了专业高效的供应链及仓配服务体系，实现电商与传统企业差异化协同。通过满足不同产业仓储要求，提供一站式解决方案，不仅减少配送资源浪费，还提升企业仓储声誉和运作效率，显著节约仓储成本。

四、菜鸟网络供应链创新的实践案例

2018年"双十一"期间建成投用的菜鸟无锡智能仓，部署了大量AGV机器人，机器人在接到指令后可以自动在货架指定区拣货、搬货，与传统的人工拣选操作相比，节省了50%人力成本，减少了95%的工作人员步行距离，使物流效率提升3倍以上。2023年菜鸟无锡智能仓完成了新一轮升级，打造出AGV-JIT（机器人—动态按需供货）拣选模式。该模式下，菜鸟"智慧大脑"发挥了强大的指挥调度能力，让人工作业与AGV即时拣选系统实现了无缝对接，不仅使拣选效率比行业平均水平高出40%，还进一步降低了员工作业压力，提升了供应链的整体响应速度和灵活性，能够更高效地应对日常与大促的订单变化。

五、菜鸟网络供应链创新的成效与影响

（一）菜鸟网络供应链创新的成效

菜鸟网络在供应链创新方面取得了瞩目的成效。在业务增长与盈利提升方面，其营收持续增长，2024财年第一财季营收达到231.64亿元，同比增长34%，经调整后的息税前利润表现良好，展现出强大的商业运营能力。物流时效大幅提高，国内重点城市的"半日达""次日达"以及跨境物流的"全球五日达"，为消费者和商家带来了极致的物流体验。以伊利为例，基于菜鸟的优选仓配半日达时效，物流问题投诉下降30%，退货率降低，老客贡献收入不断提升。此外，绿色供应链发展成效显著，在包装环保和运输减排方面积极采取措施，优先选择可降解、可回收环保材料，采用清洁能源运输工具，优化运输路线，降低资源消耗和碳排放。

（二）菜鸟网络供应链创新的影响

对行业而言，推动了物流行业升级，为其他物流企业树立了标杆，促使整个行业向数字化、智能化、绿色化方向发展，提高了行业整体水平和竞争力。同时，优化了行业标准，为行业规范发展提供了参考依据。对商家来说，降低了成本，通过集中采购、优化运输路线、智能仓储管理等方式，降低采购、运输和仓储成本，精准的库存管理和销售预测减少库存积压，提高资金周转率，还提升了商家竞争力。高效的物流服务和供应链协同，助力商家快速响应市场需求，提升客户满意度和品牌形象。对消费者的影响也不容小觑，菜鸟网络供应链的创新改善了购物体验，更快的物流时效、更准确的配送服务和更多送货上门选项，提高了购物便利性和满意度，促进了消费升级。在全球供应链方面，加强了全球连接，全球化物流布局和跨境物流服务为国际贸易发展提供有力支持，尤其在"一带一路"倡议下，助力中国企业"走出去"和海外商品"引进来"。同时，提升了全球供应链效率，通过数字技术和创新模式优化运作流程，降低了成本和风险，提高了稳定性。

六、菜鸟网络供应链未来展望

（一）供应链服务深化与优化

随着全球供应链的复杂性不断增加，菜鸟网络致力于通过深化与优化供应链服务来应对挑战。菜鸟网络将通过数字化来优化供应链，利用先进的算法为客户提供个性化的供应链顶层设计，实现多场景下最优的仓库分布和品仓布局。此外，菜鸟网络将继续推动人工智能（AI）、数字孪生等智能技术的落地，以加速供应链物流行业的降本增效探索与模式创新。在平台模式的深化方面，强调供应

链的整体协同，从经营至运营、从计划到执行，以支持端到端可视化，进一步地冲击传统货运市场，变革资源组织方式与效率。

（二）绿色物流发展

绿色可持续发展是菜鸟网络未来发展的另一重要方向，菜鸟网络的绿色物流实践，体现了循环经济的减量化、再使用、再循环原则。菜鸟网络通过推广电子面单、智能装箱算法和优化运输路径，减少了包材使用和运输中的能耗，还推动快递包装的循环利用，循环中转袋和驿站绿色回收减少了资源的浪费。在城市配送中，菜鸟网络使用新能源车辆，减少碳排放，推动绿色运输。此外，菜鸟网络在物流园区内建设屋顶太阳能光伏发电站，使用清洁能源降低能耗。这些措施不仅提升了菜鸟网络的服务能力，也为整个物流行业带来了革命性的变化，并为全球商家和消费者提供了更加优质的物流体验。

教学指导书

一、课程思政

通过菜鸟网络案例，学生可以深入了解跨境电商物流的复杂性及其在全球供应链管理中的核心地位。课程思政要点融入以下两方面：

（1）菜鸟无锡智能仓的实践展示了高效的管理与创新实践的重要性。强调实践能力的重要性，倡导精益求精、严谨务实的工匠精神，鼓励学生注重理论与实践结合。

（2）案例展现了菜鸟网络在供应链创新上的突破，特别是在智能技术和绿色物流中的实践。强调在全球竞争中科技自主创新的重要性，激励学生树立敢为人先、追求卓越的奋斗精神。

二、启发式思考题

（1）菜鸟网络如何平衡全球化供应链扩张中的效率与风险，特别是在地缘政治不确定性的背景下？全球供应链风险管理理论指出，跨境物流企业在扩张时需权衡供应链效率与风险，包括地缘政治、文化差异和合规风险。菜鸟网络可以通过建立分散的海外仓布局应对供应链中断风险，利用数据分析和 AI 技术预测风险点，同时通过与本地物流企业合作来增强韧性。但如何在降低风险的同时维持成本效益，仍是值得深入探讨的问题。

（2）菜鸟网络如何利用智能化技术构建透明、高效的逆向物流系统，帮助企业解决退货管理难题并提升客户体验？逆向物流管理指出通过智能化手段提高退货环节效率，可以优化资源利用并提升客户满意度。菜鸟网络可以探索区块链和物联网技术在退货追踪和管理中的应用，确保退货全流程的透明度和高效性。但如何平衡退货成本与服务质量，特别是面对跨境退货的复杂性，仍存在争议与挑战。

（3）在跨境电商快速发展中，菜鸟网络的智能物流系统如何适应全球不同地区的消费者偏好与物流生态？需求驱动供应链理论认为，供应链管理必须充分考虑消费者行为的区域化差异，以实现精准服务和本地化运营。菜鸟网络可以利用大数据分析区域消费行为，动态调整海外仓库存及配送策略。然而，在资源有限的情况下如何优先选择区域投资，平衡本地化服务与规模效益，是需要持续研究的问题。

📚 参考文献

［1］方宏伟，孙凤芹．基于菜鸟网络的物流企业创新路径研究［J］．河北企业，2024（5）：67-69．

［2］刘宗沅，骆温平，张梦莹，等．电商物流平台生态合作价值创造路径与实现框架——以菜鸟网络为例［J］．管理案例研究与评论，2021，14（1）：79-90．

［3］邱莉丽，杨维新．菜鸟网络跨境电商供应链的创新模式与实践研究［J］．物流科技，2024，47（2）：120-123．

［4］张季平，骆温平．基于云物流平台的技术与服务模式协同创新耦合机理研究［J］．大连理工大学学报（社会科学版），2019，40（3）：24-32．

［5］魏冉，刘春红，张悦．物流服务生态系统价值共创与数字化能力研究——基于菜鸟网络的案例研究［J］．中国软科学，2022（3）：154-163．

［6］黄雨珊，李钢，金安楠，等．社区化新零售末端物流网络的对接与优化——以深圳市盒马鲜生与菜鸟驿站为例［J］．地理研究，2021，40（9）：2542-2557．

［7］赵皎云．贴近应用场景满足多样化的物流数字化升级需求——访菜鸟集团物流科技资深解决方案总监张强［J］．物流技术与应用，2024，29（4）：87-90．

［8］尤美虹，颜梦铃，何美章．5G应用驱动下绿色物流能力拓展模式探析——以菜鸟、京东为例［J］．商业经济研究，2020（19）：103-106．

［9］Amling A，Daugherty P J．Logistics and distribution innovation in China［J］．International Journal of Physical Distribution & Logistics Management，2020，50（3）：323-332．

［10］Zhang X Y，Lee S Y．A research on users' behavioral intention to adopt Internet of Things（IoT）technology in the logistics industry：the case of Cainiao Logistics Network［J］．Journal of International Logistics and Trade，2023，21（1）：41-60．

案例 5 美捷科技集团供应链服务：多元化业务板块的深度剖析与融合创新

案例内容

摘要： 美捷科技集团位于东南亚桥头堡城市春城昆明，是由省级创新平台、省级农业龙头企业、跨境贸易、科技电商、数字新零售、文化特色品牌孵化、生产加工、物联物流、供应链数据中台、金融投资服务、农文旅创新融合等多元板块，共同组建的集团公司，旨在打造云南省头部农业产业互联网生态服务平台。

关键词： 美捷科技；供应链服务；多元化；业务融合；互联网生态服务平台

集团紧紧围绕"乡村振兴""一带一路"倡议，助力农产品上行，推动农特产品的多渠道销售、特产加工型企业的转型以及电商平台的集成化应用。通过提供全产业链升级服务，推动现代农业数字化、智能化、空间化、信息化、多元化的产业生态化和生态产业化发展，完善乡村振兴的产业支撑型基础服务，致力开拓农业新时代下的新阶段、新理念、新格局，促进现代农业全方位、全地域、全过程的融合发展。美捷科技集团的商业模式分为三个阶段，如图 1-11 所示。

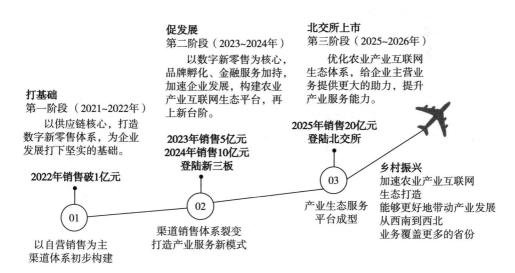

图 1-11 美捷集团商业模式的三个阶段

美捷科技集团，作为一家在供应链服务领域具有显著影响力的企业，通过整合产业集群电商、同城服务、私域流量等多方资源，构建了一个全方位、多维度的供应链生态体系。美捷集团的业务布局如图1-12所示，本案例将从美捷科技集团的八大分块业务出发，详细探讨其如何通过创新的服务模式和先进的技术手段，为行业内外提供优质的供应链服务。

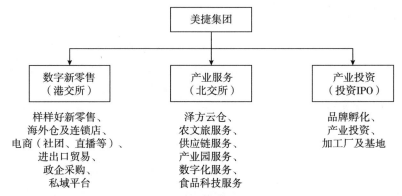

图1-12 美捷集团的业务布局

一、样样好数字新零售：线上线下融合的新零售典范

（一）新零售现状

当下新零售普遍面临诸多难题和挑战，为推动新零售向更加高效和可持续的方向发展，新零售可向供应链优化、品牌化运营、提升成本效益以及创新销售模式等方向改进，具体应对措施可见图1-13。

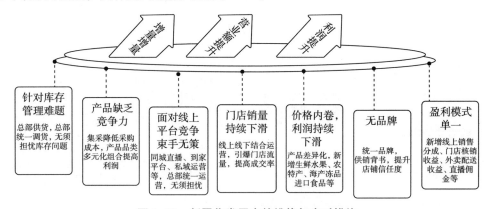

图1-13 新零售发展中的挑战与应对措施

图1-14展示了新零售依托数字化工具实现高效协同、精准决策与全渠道销售的体系化解决方案。新零售三大核心要素即产品、渠道和服务，体系结构见图1-15。

数字新零售

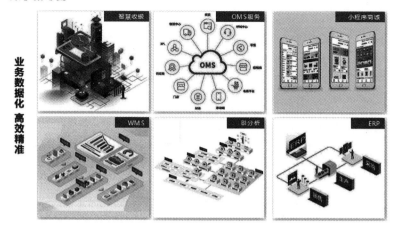

业务数据化 高效精准

图1-14 数字新零售解决方案

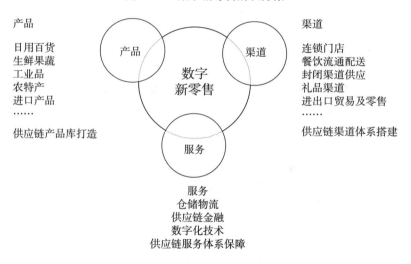

产品

日用百货
生鲜果蔬
工业品
农特产
进口产品
......

供应链产品库打造

渠道

连锁门店
餐饮流通配送
封闭渠道供应
礼品渠道
进出口贸易及零售
......

供应链渠道体系搭建

服务
仓储物流
供应链金融
数字化技术
供应链服务体系保障

图1-15 数字新零售体系结构

　　样样好数字新零售是美捷科技集团的重要战略业务板块，它以昆明为基地，逐步辐射西南其他省份，专注于新零售连锁模式的研究与实践。具体业务模式与核心理念如图1-16所示。通过构建由城市折扣店、社区店和直播小店组成的三级店铺体系，样样好实现了对周边有效区域的网格化全覆盖。同时结合同城直播和私域流量运营，打造线上线下深度融合的新零售生态。

　　样样好积极顺应新消费趋势，创新性地打造了同城直播业务，建立完善的直播体系，将供应链、运营体系标准化。通过整合线上线下资源，设立三级店铺体系，形成紧密网格布局（见图1-17），有效覆盖周边地区，确保"30分钟送货

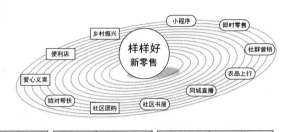

图 1-16 样样好新零售模式与核心理念

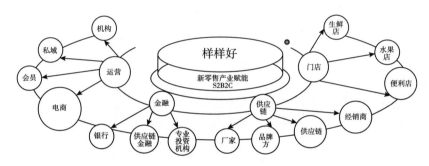

图 1-17 样样好新零售产业赋能网络

上门"服务承诺的落实。样样好新零售深谙本地化服务的重要性，充分利用同城优势，线上线下相结合，旨在增强用户的黏性和信任度，全方位满足本地居民对高品质生活服务的需求。

（二）数字新零售三级仓储体系

1. 城市折扣店

（1）定位。城市折扣店是样样好数字新零售的核心业态之一，旨在为消费者提供高性价比的商品选择。

（2）布局。店内采用高效便捷的仓储式货架布局，提供大规格包装的多元化商品，满足家庭用户及囤货需求。

（3）功能。除了作为线下消费场所外，城市折扣店还承担同城直播业务的重要物流支撑，确保快速配送服务。

样样好新零售门店如图 1-18 所示，展示了整体运营场景。图 1-19、图 1-20 分别展示了样样好新零售有限公司的品牌形象设计及内部空间设计，门店外观、商品陈列和整体风格具有统一性，空间设计强调了区域的功能性。

图1-18　样样好新零售门店运营场景

2. 社区前置仓店

（1）定位。社区店主要服务于周边居民，提供便捷的购物体验。

（2）布局。社区店通常位于居民区附近，方便居民日常购物。

（3）功能。社区店不仅提供商品销售服务，还预留空间打造乡村振兴宣传阵地、供销社活动区等，增强社区凝聚力（见图1-19）。

图1-19　样样好新零售视觉设计展示

3. 直播小店

（1）定位。直播小店是样样好数字新零售的创新业态，通过直播形式销售商品。

（2）布局。直播小店通常与城市折扣店或社区店相结合，利用现有店面进行直播销售。

（3）功能。直播小店通过直播形式吸引消费者关注，提升商品销售量，同时增强消费者与品牌之间的互动（见图1-20）。

图 1-20　样样好新零售空间设计展示

（三）同城直播与私域流量运营

1. 同城直播

（1）优势。同城直播利用本地优势资源，吸引本地消费者关注，提升品牌知名度。

（2）实施。样样好数字新零售通过设立直播小店、搭建直播平台等方式，开展同城直播业务。

（3）效果。同城直播不仅提升了商品销售量，还增强了消费者与品牌之间的信任度和黏性（见图 1-21）。

图 1-21　样样好小时达直播销售数据概览

2. 私域流量运营

（1）构建。样样好数字新零售通过社交媒体、微信小程序等渠道构建私域流量池。

（2）运营。在私域流量池中，样样好数字新零售通过精准营销、个性化推荐等方式提升消费者购物体验。

（3）效果。私域流量运营不仅提升了消费者购物体验，还为品牌提供了稳定的客户资源和持续的业务增长。

（四）供应链与物流支持

（1）供应链整合。样样好数字新零售通过整合上下游资源，形成强大的供应链体系。与云南供销城乡消费有限公司等合作伙伴开展深度战略合作，确保商品质量和供应稳定性。

（2）物流支持。样样好数字新零售利用高效的仓储和物流网络，实现快速配送服务。在城市折扣店等实体店面中设立物流支撑点，确保同城配送服务的及时性和准确性。

（五）小结

样样好数字新零售通过构建三级店铺体系、开展同城直播与私域流量运营以及整合供应链与物流支持等举措，成功打造了线上线下深度融合的新零售生态（见图1-22）。该业务模式不仅提升了消费者购物体验，还为品牌提供了稳定的客户资源和持续的业务增长。未来，样样好数字新零售将继续深化新零售模式的研究与实践，为消费者提供更多元化、更便捷的购物体验。

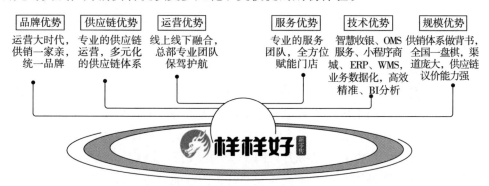

图1-22　样样好新零售模式核心优势

二、泽方云仓：电商物流的领跑者

泽方云仓，作为美捷科技集团旗下的现代仓储与物流服务商，是西南地区领先的电商中转仓、代发仓，意在打造综合性的数字经济产业园，整体框架如图1-23所示。秉承"货物安全、物流高效、企业省心"的经营理念，泽方云仓自建仓配物流网络，为电商企业提供全渠道仓配一体化服务。可实现库存共享及订单集成处理，提供仓配一体、快递、冷链、大件、物流云、供应链金融等多种服务。致力于完善优化产业园一体化功能升级。

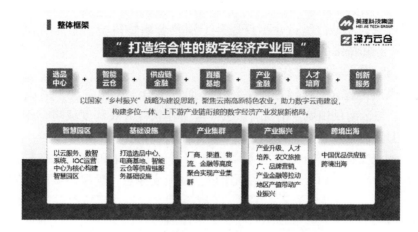

图1-23　美捷科技集团数字经济产业园整体框架

泽方云仓以客户的"需求、瓶颈、痛点"等为设计约束条件，逐渐推进以"堆垛机、AGV/AMR、穿梭车RGV"等硬件产品为输入载体，以"仓储管理系统WMS、仓储控制系统WCS"等软件产品为决策大脑，通过孪生建模不断迭代优化规划设计方案，为客户提供一套适用于不同行业、不同场景、不同物理布局的智能仓储解决方案。凭借高效精细的仓配运作、标准专业的操作管理、一对一的专业服务，泽方云仓获得了广大客户的认可与信赖。

（一）业务定位

泽方云仓作为美捷科技（云南）集团有限公司旗下的现代仓储与物流服务商，致力于成为西南地区领先的电商仓储与物流解决方案提供商。其业务模式以打造客户体验最优的物流履约平台为使命，通过开放、智能的战略举措促进消费方式转变和社会供应链效率的提升。图1-24展示了一个现代化的智能物流系统，泽方云仓拥有一系列用于提升物流和仓储效率的智能设备。

（二）服务范围

泽方云仓为电商企业提供全渠道仓配一体化服务，涵盖库存共享及订单集成处理。其服务范围包括但不限于仓配一体、快递、冷链、大件、物流云、供应链金融等多种服务。同时，泽方云仓还针对食品、酒水、鞋服、日用品、化妆品、3C数码等多个领域提供定制化的仓储和物流解决方案。图1-25展示了产地溯源仓从农资采购到消费者手中的全流程管理。通过记录种植、施肥、植保、采摘等农业作业动态信息，结合后续的检测、入库、出库、物流运输和终端销售环节，实现农产品从源头到消费者的全程可追溯。这一体系通过与地方政府合作，构建

图 1-24 智能物流与仓储设备概览

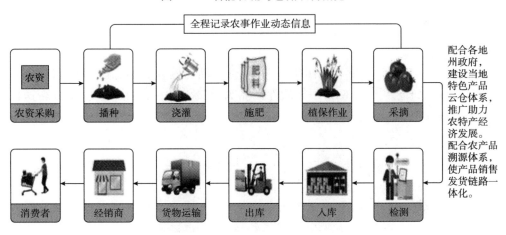

图 1-25 产地溯源仓全流程管理

特色农产品云仓网络，助力农业经济发展，优化产品销售与物流链路，为推动区域农业现代化提供了高效的解决方案。

（三）业务模式特点

（1）自建仓配物流网络。泽方云仓通过自建的仓配物流网络，实现货物的快速、准确、安全配送。其仓库布局合理，能够满足不同品类的存储需求，并通过智能化的仓储管理系统提高存储效率。

（2）一站式仓配服务。泽方云仓提供从商品入库、质检、存储、分拣、打包、配单、指派、出库、退换货等全流程的仓配服务。这种一站式的服务模式大大简化了客户的操作流程，提高了供应链的响应速度。

（3）智能化管理。泽方云仓引入先进的智能化管理系统，如仓储管理系统

（WMS）、仓储控制系统（WCS）等，实现货物的智能分拣、打包和出库。同时，系统还能实时监控库存情况，为客户提供精准的库存预警和补货建议。

（4）个性化定制。泽方云仓根据客户的需求和类目特点，提供个性化的仓储和物流解决方案。无论是电商企业还是主播团队，泽方云仓都能根据其实际需求提供定制化的服务。

（5）供应链金融。泽方云仓还提供供应链金融服务，如金融授信、产品采购垫付等，助力企业快速发展。这种金融服务的引入，不仅解决了企业的资金问题，还增强了泽方云仓与客户的合作关系。

以普洛斯（清水河）为例，图1-26展示了生鲜分拣仓的全流程作业与系统化运营模式，包括分拣、销售、打包和发货的环节。通过自动化分拣流水线，生鲜产品在仓储中快速完成分类和包装，以高效对接市场需求，确保产品的新鲜和快速配送。

图1-26　泽方云仓生鲜分拣流程

（四）社会责任与可持续发展

泽方云仓积极响应国家乡村振兴的号召，积极履行社会责任。通过把事业重心放到助农益农事业上，泽方云仓利用自身的供应链优势为地方农产品产销产业链赋能。在一定程度上解决了农产品物流和仓储损耗问题，让消费者和企业享受到优质农产品快速送达的服务。同时，泽方云仓还通过"直播+助农"等新模式践行助农增收，为助力云南乡村振兴事业增添动能。

综上所述，泽方云仓以其自建仓配物流网络、一站式仓配服务、智能化管理、个性化定制以及供应链金融等业务模式特点，在电商仓储与物流领域树立了良好的口碑。未来，泽方云仓将继续秉承"货物安全、物流高效、企业省心"的经营理念，不断优化和创新业务模式，为客户提供更加优质、高效的服务。

三、云风情特色农特产供应链：依托绿色有机产业现代农业总部中心打造云南高原特色农产品品牌

云风情特色农特产供应链是美捷科技集团在绿色有机产业现代农业总部中心的重要布局。旨在通过市场化运营模式满足公共需求，推动绿色有机农业发展，打造云品品牌，引导地区一二三产业融合发展。

绿色有机产业现代农业总部中心内引外联，立足云南市场，面向全国市场，吸纳云南省内优质农副产品入驻，并以"云茶、云花、云果（干果）、云蔬（菌类）、云咖、云药、云牛、云糖、云烟"九大产业的农副产品及衍生产品为展销内容，通过线上线下同时运营模式构建云南高原特色农产品供应链（见图1-27和图1-28）。线上平台提供价格行情、供求信息、专家咨询等服务，并规划构建完善的农产品追溯体系，既展示"三农"文化成果，又保障食品的可追溯性，为推广云南高原特色农业保驾护航。

图1-27　绿色有机产业现代化农业总部中心展示

图1-28　云南绿色有机产业平台首页展示

云风情特色农特产供应链依托绿色有机产业现代农业总部中心（以下简称"总部中心"），并结合"云南'三农'通"，共同致力于打造云南高原特色农产品品牌的产业园业务模式。以下是对该业务模式的详细解析：

图1-29展示了总部中心服务如何通过政府支持、产业网络、企业资源和平台模式来推动产业发展和乡村振兴。

政府背书	云南特色产业网	企业资源	平台模式
①政策项目孵化器 ②政策提议 ③专家工作站	①产业数字化入口 ②集中化展示平台 ③提升影响力	①1000+绿色有机食品企业资源 ②5000+SKU ③帮助企业发育 ④好苗子投资	①替政府招商、展会 ②帮扶、跨区政府性质大宗采购 ③零售供应链赋能 ④餐饮、商超等流通
乡村振兴抓手 政府背书 项目捕捉器	产业抓手 科技背书 企业捕捉器	资源抓手 企业背书 产品捕捉器	资源整合 赋能产业 以销售驱动产业发展

图1-29　绿色有机农业总部中心服务体系

（一）业务模式概述

该业务模式以云南高原特色农产品为核心，通过整合总部中心的资源优势和"云南'三农'通"的信息服务优势，构建集农产品种植、加工、销售、品牌塑造及市场推广于一体的综合供应链体系。旨在提升云南高原特色农产品的品牌影响力，推动农业产业升级，促进农民增收。

（二）总部中心的角色与功能

（1）资源整合。总部中心作为现代农业的运营模式核心，深度挖掘并全面延伸农业产业化全产业链。整合种植业、养殖业、加工业等资源，形成完整的农业产业体系。

（2）技术支持。引入现代农业技术和管理理念，推动农产品生产的标准化、规模化、品牌化。提供农产品质量追溯体系，确保农产品的安全、健康、绿色。

（3）品牌塑造。依托总部中心的品牌影响力和市场渠道，打造云南高原特色农产品品牌。通过线上线下相结合的方式，开展品牌宣传和推广活动。

（4）市场推广。利用总部中心的渠道资源，拓宽农产品销售渠道，实现精准营销。与电商平台、社交媒体等新兴渠道合作，提升品牌知名度和美誉度。

（三）"云南'三农'通"的作用

（1）信息服务。"云南'三农'通"作为涉农信息服务平台，为农户提供政策、技术、市场等全方位的信息服务。通过手机短信、语音等方式，实时发布农产品市场信息、病虫害防治技术等实用信息。

（2）供需对接。搭建农产品供需对接平台，促进农产品流通和销售。帮助农户解决农产品滞销问题，提高农民收入。

（3）教育培训。提供农业科技知识培训，提升农户的科技素养和种植水平。推广先进的农业技术和管理模式，推动农业现代化进程。

（四）产业园业务模式的核心要素

（1）标准化生产。引入现代农业技术和管理理念，推动农产品生产的标准化、规模化。建立健全农产品质量追溯体系，确保农产品的品质和安全性。

（2）品牌塑造与市场推广。依托总部中心和"云南'三农'通"的品牌影响力和市场渠道，打造具有云南高原特色的农产品品牌。通过线上线下相结合的方式，开展品牌宣传和推广活动，提升品牌知名度和美誉度。

（3）供应链优化。构建高效的供应链体系，实现农产品的快速分拣、打包、出库和配送。通过智能化管理系统，实时监控库存情况，优化库存结构，降低库存成本。

（4）市场拓展与国际化。拓展国内外市场，将云南高原特色农产品推向更广阔的市场空间。加强与国际市场的交流与合作，提升农产品的国际竞争力。

（五）效益分析

（1）经济效益。通过整合上下游资源，提升农产品附加值，实现农民增收和企业增效。通过产业园的建设和运营，可以带动当地经济发展，促进就业和创业。

（2）社会效益。推动云南高原特色农产品品牌化发展，提升农产品品质和市场竞争力。带动当地农户增收致富，促进农村经济发展和乡村振兴。提升农业整体素质和效益，推动农业现代化进程。

综上所述，云风情特色农特产供应链依托总部中心和"云南'三农'通"的产业园业务模式，具有显著的经济效益和社会效益。通过整合资源、技术支持、品牌塑造、市场推广以及供应链优化等措施，可以推动云南高原特色农产品品牌化发展，提升农产品附加值和市场竞争力，为当地经济发展和社会进步做出积极贡献。

四、图鲲即配：同城即时配送的佼佼者

图鲲即配是美捷科技集团旗下的即时配送服务平台，致力于为用户提供高效、便捷的配送服务。通过先进的智能调度系统和精准的算法模型，图鲲即配能够实现订单的实时分配和最优路径规划，确保配送的及时性和准确性。同时，图鲲即配还拥有完善的配送网络和专业的配送团队，能够为用户提供全方位的配送服务，包括餐饮外卖、生鲜果蔬、商超便利、医药健康等多个领域。图1-30展示了全球不同地区外卖市场的规模和增长潜力，可见外卖行业在全球范围内具有扩张潜力，尤其是在新兴市场。

图1-30 全球外卖市场发展机遇

图鲲即配注重用户体验和服务质量，通过不断优化配送流程和提高配送效率，不断提升用户的满意度和忠诚度。同时，图鲲即配还积极与商家合作，为商家提供优质的配送解决方案，帮助商家提升业务效率和竞争力。

图鲲即配业务模式是一种专注于即时配送服务的业务模式，它融合了现代物流技术和先进的管理理念，为用户提供高效、便捷、可靠的配送服务。图1-31展现了即时配送作为现代物流的重要组成部分，其未来增长动力及技术驱动的发展方向。以下是对图鲲即配业务模式的详细解析：

图1-31 即时配送行业分析与发展前景

（一）业务模式概述

图鲲即配业务模式以用户需求为导向，通过智能化的订单管理系统和高效的配送网络，实现货物的快速分拣、打包和出库，以及精准、及时的配送服务。该模式主要服务于电商、零售、餐饮等多个行业，满足用户对即时配送的多样化需求。图1-32展示了智慧运力系统的核心运作模式，通过即时快递平台对接商家、用户和骑手，实现订单推送、运单匹配和智能派送。图1-33展示了AI智能技术在物流行业的应用框架，从核心痛点（如成本控制和效率提升）到解决方案（云计算、大数据分析）以及最终实现的赋能效果（如精准派送、智能调度），体现了AI驱动下物流行业数字化升级的全流程布局。图1-34重点介绍了AI在订单调度中的应用，通过实时分析配送员位置和订单信息，智能匹配最优配送方案。图1-35展示了AI智能调度系统的界面与功能，通过云计算和物联网技术实现配送全流程管理。

图1-32 智慧运力系统

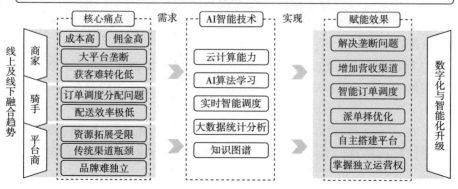

图1-33 AI智能解决方案框架

运用云计算提供的强大灵活的计算能力。系统自动根据配送员的实时地理位置进行智能订单调度，也运用到了AI算法学习。例如，配送员在A区，那么系统会自动给他派发离该配送员最近的订单以及顺路的订单，以达到派单择优化

图 1-34 AI 智能调度系统工作流程

AI智能调度系统

采用完善的配送体系与大数据、云计算等信息化技术手段，实现对业务订单全流程和全时段的实时追踪，配送规范化管理和合理化的调度。

打通互联网与物联网

以配送成本和服务质量为核心目标，在满足若干的配送任务要求与条件前提下，把配送任务与运力资源作完美优化的组合，为配送团队建立理想的调度方案及配送实施方案。

图 1-35 AI 智能调度系统界面与功能

（二）核心业务流程

（1）订单接收与处理。用户通过图鲲即配的在线平台或 App 下单，输入配送地址、收货人信息等。系统自动接收订单，并进行初步处理，包括订单审核、分类、分配等。

（2）货物分拣与打包。根据订单信息，系统将货物从仓库中分拣出来，并进行打包处理。打包过程中，注重货物的安全性和完整性，确保在运输过程中不受损坏。

（3）配送安排与调度。系统根据订单信息、配送地址和配送员的位置，自动规划最优配送路线。实时调度配送员，确保货物能够按时、准确地送达用户手中。

（4）配送执行与跟踪。配送员根据系统规划的路线，前往指定地点取货。

在配送过程中，系统实时跟踪配送进度，并向用户发送配送信息。

（5）用户签收与评价。用户收到货物后，进行签收确认。用户可以对配送服务进行评价，提供宝贵的反馈意见。

此外，图鲲注重公司品牌形象的统一，同时高度重视骑手的工作条件，例如，为骑手提供专业化、标准化的装备支持。图 1-36 展示了图鲲即配骑手的全套装备，这些装备设计注重安全性、实用性和品牌统一性，通过这些装备，图鲲即配保障了骑手在各种天气条件下的高效配送，并提升了品牌的可识别度与服务质量。

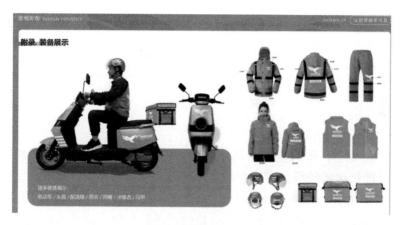

图 1-36　图鲲即配骑手装备展示

（三）业务模式特点

图 1-37 展示了即时配送行业的商业模式及产业生态体系，涵盖服务商、平台能力及订单来源三大板块。业务模式具有如下特点。

（1）高效性。图鲲即配采用智能化的订单管理系统和高效的配送网络，实现订单的快速处理和配送。通过优化配送路线和调度策略，提高配送效率，缩短配送时间。

（2）便捷性。用户可以通过在线平台或 App 随时下单，无须到实体店或等待长时间。提供多种支付方式，方便用户选择。

（3）可靠性。图鲲即配拥有专业的配送团队和完善的配送体系，确保货物能够按时、准确地送达用户手中。提供货物跟踪和实时信息反馈服务，让用户随时了解配送进度。

（4）多样化。图鲲即配业务模式适用于多个行业，包括电商、零售、餐饮等。提供多种配送服务，如即时配送、定时配送、预约配送等，满足用户的不同需求。

图 1-37 产业生态图谱

（四）市场竞争与优势

（1）市场竞争。即时配送市场竞争激烈，众多企业都在争夺市场份额。图鲲即配通过提供优质的服务和高效的配送网络，不断提升用户体验和满意度。

（2）竞争优势。图鲲即配拥有先进的智能化管理系统和高效的配送网络，提高了配送效率和服务质量。提供多样化的配送服务和灵活的价格策略，满足不同用户的需求。此外，图鲲即配在战略、技术和商业层面的构建具有独特优势，其在抢抓即时配送市场机遇中具有潜力，具体优势分析见图 1-38。

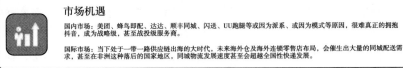

图 1-38 图鲲即配项目优势分析

注重品牌建设和市场推广，不断提升品牌知名度和美誉度。聚焦于企业履行社会责任，围绕促消费、扩就业、保民生三大核心方面展开对社会价值的转化（见图 1-39），也为骑手打造更友好的工作与生活环境（见图 1-40）。

伴随即时电商行业品类拓展、场景拓展、时空范围拓展，消费者渗透率与消费频次持续提升，与本地传统线下商业业态的联系愈加紧密，即时配送作为其履约交付基础设施，对本地生活服务的支撑作用愈加显著。其价值向民生保障方向延伸，体现在保民生、促消费、扩就业三方面。未来，在新型城镇化、劳动力转移、人口老龄化等社会因素的推动下，即时电商对本地商业的支撑与带动作用有望持续释放，在数字技术的改造赋能下，远场、中场、近场电商无缝联动，更多消费者与市场主体将因此受益。

▶保障本地微循环通畅，助力打造15分钟便民生活圈
即时电商平台企业积极参与15分钟便民生活圈建设，围绕社区等城市功能区打造多元消费体系，依赖即时配送服务保障本地短途物流畅通，支撑数实一体业态创新
▶加强老年人等社会弱势群体服务与保障
如向独居老人、疾病患者、婴幼儿等特殊人群紧急需求推出公益服务，帮助独居老人解决用餐问题等，优化全人群数字生活体验
▶加速下沉市场渗透，成为县域商业体系建设的重要基础设施

保民生　促消费　扩就业　即时配送新基建

▶精准供需匹配，促进实体商品流通，支撑带动本地消费市场
深度链接融合线上线下零售业态，提升线上多元化供给能力，延伸本地消费者的消费半径，提升消费需求本地化支撑能力，配合政府机构以数字形式落实拉动消费举措，盘活本地消费市场
▶推动实体生活圈与数字化生活圈相融合，促进城市数字化转型升级

▶就业蓄水池作用凸显，促进就业公平
即时配送为摩擦性、结构性失业人群提供劳动机会与稳定的劳动收入，促进农业转移人口市民化，匹配年轻人自主性就业倾向等
▶伴随本地消费动能释放，提升本地零售业态的吸纳就业能力

图 1-39　即时配送的社会价值与责任

面临的问题
进门难、充电难、休息难、停车难、找楼难。骑手为居民生活提供便利，但往往在辛劳工作中遇到各种困难，甚至因小问题引发大冲突。构建"骑手友好社区"，正向社会发出多元共治的文明倡议。

红袖标志愿队伍
引导骑手积极参与社会基层治理，组建"红袖标"志愿队伍，当好社情民意信息员、宣传员，发现预警并及时上报。

骑手之家
建设休憩小区域，共享会议室，为骑手提供集中学习、活动组织、学习培训的区域，为骑手提供生产技能教学培训、法律咨询、政策指导、业务培训等服务。

硬件设施配套
根据社区提供的产地，设置配套骑手电动车充电专区，电动车换电区，医疗急救用品等物品，设置专供骑手停车的"小哥泊位"，实现"车好停"。

图 1-40　骑手友好社区的社会责任建设

综上所述，图鲲即配业务模式以其高效性、便捷性、可靠性和多样化等特点，在即时配送市场中具有显著的竞争优势。未来，随着市场的不断发展和用户需求的不断变化，图鲲即配将继续优化和完善其业务模式，为用户提供更加优质、高效的配送服务。

五、跨境进出口业务：全球化的供应链服务

美捷科技集团还积极开展跨境进出口业务，致力为全球客户提供优质的供应链服务。通过构建全球化的物流网络和贸易平台，美捷科技集团能够实现国内外市场的无缝对接和高效流通。同时，美捷科技集团还拥有专业的报关、报检和物流团队，能够为客户提供全方位的进出口服务，包括货物报关、报检、运输、仓储等多个环节。

在跨境进出口业务中，美捷科技集团注重风险控制和服务质量。通过建立健全风险管理机制和质量控制体系，美捷科技集团能够确保货物的安全和合规性，

为客户提供可靠、稳定的供应链服务。其中，云南美捷跨境电商有限公司是专注于打造东南亚进口食品、生鲜、特产等类目的供应链企业。

跨境进出口榴莲业务即供应链直供企业再面向消费者（Supply Chain To Business To Consumer，STOBTOC）的平台，是一种创新的业务模式，它整合了榴莲供应链的各个环节，从源头采购、仓储物流到终端销售，实现了全程的可追溯和高效运作。2017～2021年全球榴莲产量数据如图1-41所示，全球榴莲产量持续增长，产量区域分布集中度较高，中国市场对泰国榴莲需求巨大，为相关产业带来重要发展机遇。

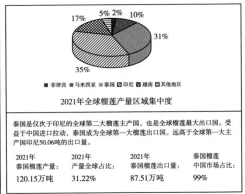

图 1-41　全球榴莲市场分析及区域分布

（一）源头直采与质量控制

榴莲市场业务具有多重特点，具体如图1-42所示。总的来看，榴莲行业具有高收益潜力，同时需应对风险、资金需求及地域差异带来的复杂性。

高单价、高利润：
○ 每千克金枕榴莲成本价应在30~45元，
○ 批发端利润在10%~20%，
○ 零售端利润在40%~60%。

高风险、高回报：
○ 如果出现市场榴莲货量较少、或榴莲上市初期，榴莲销售端价格高，产地价格低，每柜榴莲能获得30万元的利润。
○ 如果出现市场榴莲货量较大，超出销售能力或产地涨价，市场掉价的情况时，则会造成每柜榴莲亏损2万~10万元。
○ 如果出现榴莲质量问题或物流时效过长，物流打冷出现问题，造成榴莲死包、炸口严重，则会造成巨大亏损，平均每柜20万元以上的亏损。

高资金占有率：
○ 榴莲因为其特殊属性，需每天拿货，导致每月30条柜的启动资金在700万~1000万元。
○ 如果采取线上销售的销售渠道，则启动资金高达2000万元。

图 1-42　榴莲市场业务特点

（1）精选果园与供应商。平台与泰国、越南、菲律宾等榴莲主产国的优质果园和供应商建立长期合作关系，确保榴莲的品质和供应稳定性。严格筛选供应商，确保其符合国际食品安全标准和当地法律法规要求。

（2）质量检测与追溯。对每批进口榴莲进行严格的质量检测，包括外观、口感、成熟度等方面的评估。实现全程可追溯，从果园采摘到消费者手中的每一个环节都有详细记录，确保榴莲的品质和安全。

（二）仓储物流与效率提升

（1）保税仓库与"1210"模式。利用跨境电商"1210保税备货"模式，在保税仓库预先存放榴莲，减少通关时间和物流成本。消费者下单后，系统自动匹配订单与物流信息，实现从保税仓直接配送到消费者手中的高效流程。

（2）智能仓储与物流。引入智能化仓储管理系统，实现榴莲的精准入库、存储和出库操作。优化物流配送网络，确保榴莲在运输过程中的新鲜度和安全性。

（三）面向企业与消费者的销售策略

（1）B端客户定制服务。为企业客户提供定制化的榴莲采购方案，包括榴莲的品种、规格、数量等方面的定制服务。提供稳定的供应和价格保障，帮助企业客户降低采购成本和提高市场竞争力。

（2）C端消费者体验优化。打造便捷的在线购物平台，提供丰富的榴莲品种和规格选择。优化购物流程，提供快速、准确的配送服务，确保消费者能够享受到新鲜、美味的榴莲。

（四）数据分析与智能化运营

（1）大数据分析。收集和分析榴莲销售数据、消费者行为数据等，为平台运营提供决策支持。通过数据分析，预测榴莲销售趋势和消费者需求变化，及时调整采购和销售策略。榴莲市场业务具有多重特点（见图1-43）。总的来看，榴莲行业具有高收益潜力，同时需应对风险、资金需求及地域差异带来的复杂性。

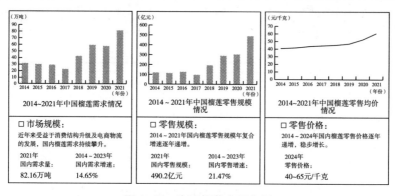

图1-43　中国榴莲市场分析

（2）智能化运营。利用人工智能技术优化库存管理、物流配送和客户服务等方面的运营流程。提供个性化的推荐和营销策略，提高消费者满意度和平台转化率。

（五）风险管理与合规经营

（1）风险管理。建立完善的风险管理机制，包括供应链风险、市场风险、财务风险等方面的管控措施。定期对平台运营进行风险评估和审计，确保平台运营的稳健性和可持续性。如图 1-44 所示，清晰地反映了榴莲供应链全流程的风险管理思路，强调通过合作优化和技术手段提升供应链的稳定性和效率。

图 1-44　榴莲供应链各环节风险点及应对方式

（2）合规经营。遵守国际贸易规则和当地法律法规要求，确保榴莲进出口业务的合法性和合规性。加强与海关、检验检疫等部门的合作与沟通，确保榴莲的顺利通关和快速配送。

综上所述，跨境进出口榴莲业务 STOBTOC 平台思维模式以源头直采、质量控制、仓储物流效率提升、面向企业与消费者的销售策略、数据分析与智能化运营以及风险管理与合规经营为核心要素，旨在打造高效、便捷、安全的榴莲供应链体系。

六、区域产学研人才孵化：培养新零售人才

美捷科技集团与多所高校和科研机构开展深度合作，共同构建区域产学研人才孵化体系。通过设立联合实验室、共建实训基地、开展技能培训等方式，集团为学生提供实践机会和专业技能培训，帮助他们更好地适应新零售行业的发展需求。

同时，美捷科技集团积极参与各类人才培养计划和项目，致力于为行业内外输送高素质的新零售人才。在此背景下，区域产学研人才孵化项目发挥着关键作用，为行业和社会培养了一大批专业的电商和新零售人才，推动了新零售行业的可持续发展。

2024 年 11 月 14~16 日，美捷科技集团与昆明学院经济管理学院（自贸学院）通过"区域产学研"合作，共同举办了为期三天的跨境电商新零售技能培训，培养具备实战能力的电商人才。此次培训由集团行业导师授课，涵盖电商运营、数据分析、短视频制作等模块，注重实践操作与职业技能提升。这一合作落实了国家产学研政策，推动了教育与产业深度融合，不仅提升了学生就业竞争力，还为云南省新零售行业和区域经济发展提供了重要支持，也展现了校企协同育人的创新模式。

（一）背景与目标

随着新零售模式的兴起，市场对新零售人才的需求日益增长。新零售人才不仅需要具备传统零售技能，还需要掌握数据分析、电子商务、消费者行为学等跨领域知识。因此，通过区域产学研人才孵化模式，可以有效整合教育资源、产业资源和科研资源，培养符合市场需求的新零售人才。

（二）业务模式概述

该业务模式以区域高校、职业院校、研究机构和企业为核心，通过产学研合作，构建新零售人才培养体系。该体系包括理论教学、实践教学、创新创业教育和就业服务等多个环节，旨在培养具备新零售思维、创新能力和实践经验的复合型人才。区域产学研合作包括五大核心内容，具体见图 1-45，该合作框架通过校企协同创新和资源整合，构建区域特色的产学研生态，助力产业发展和人才培养。

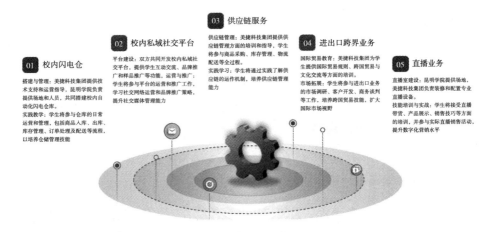

图 1-45　区域产学研合作内容框架

（三）关键要素

（1）课程体系构建。结合新零售发展趋势和市场需求，构建涵盖新零售基础理论、数据分析、电子商务、消费者行为学等课程的课程体系。邀请行业专家和企业高管参与课程设计，确保课程内容与市场需求紧密衔接。

（2）实践教学平台。建立新零售实践教学基地，提供真实的商业环境和模拟项目，让学生在实践中学习和掌握新零售技能。与企业合作，开展实习实训项目，让学生深入了解企业运营和业务流程。

（3）创新创业教育。设立创新创业孵化平台，提供创业指导、资金支持和市场拓展等服务，鼓励学生参与新零售领域的创新创项目。举办创新创业大赛和创业沙龙等活动，激发学生的创新精神和创业热情。

（4）就业服务。建立新零售人才库，为企业提供精准的人才匹配服务。举办招聘会和职业发展讲座等活动，帮助学生了解行业动态和就业前景，提升就业竞争力。

（四）合作模式与机制

图 1-46 展示了区域产学研合作模式的四大核心模块，形成了校企协同创新的完整体系，该合作模式通过资源共享、课程开发、项目实践等手段，将区域高校与企业深度联结，为产业发展和人才培养提供创新驱动。

（1）校企合作。高校与企业签订合作协议，共同制定人才培养方案和教学计划。企业为学生提供实习实训岗位和就业机会，高校为企业提供技术支持和人才输送。

（2）产学研协同。研究机构与企业合作开展新零售领域的前沿研究和应用开发。高校和研究机构为企业提供理论支持和咨询服务，企业为高校和研究机构提供实践基地和科研经费。

（3）政府支持。政府制定相关政策，鼓励和支持区域产学研人才孵化工作。提供资金和税收优惠等政策支持，促进产学研合作和人才培养工作的开展。

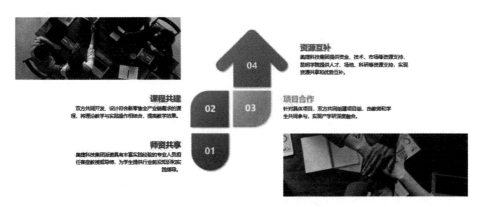

图 1-46 区域产学研合作模式框架

（五）效益分析

区域产学研合作项目有三大核心目标——提供实践学习机会、深化校企融合、培养复合型人才（见图 1-47）。整体目标是通过协同创新，促进人才培养、教育提升与产业发展的有机结合，为区域经济发展提供高质量的智力支持，并由此带来一系列效益：

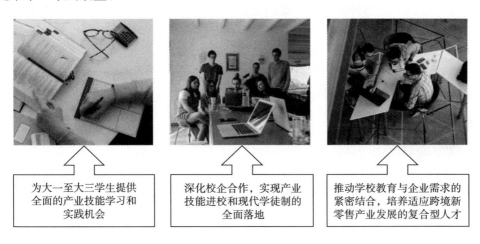

| 为大一至大三学生提供全面的产业技能学习和实践机会 | 深化校企合作，实现产业技能进校和现代学徒制的全面落地 | 推动学校教育与企业需求的紧密结合，培养适应跨境新零售产业发展的复合型人才 |

图 1-47 区域产学研合作项目目标

（1）人才培养效益。通过产学研合作，培养出一批具备新零售思维、创新能力和实践经验的高素质人才，提升学生的就业竞争力和创业成功率。

（2）产业发展效益。为新零售行业提供源源不断的人才支持，推动新零售产业的快速发展，促进区域经济的转型升级和可持续发展。

（3）社会效益。提升区域教育水平和科研能力，增强区域竞争力。促进产学研合作和创新创业氛围的形成，推动社会进步和发展。

综上所述，区域产学研人才孵化培养新零售人才的业务模式具有显著的优势和效益。通过整合教育资源、产业资源和科研资源，构建新零售人才培养体系，可以有效培养符合市场需求的高素质新零售人才，推动新零售产业的快速发展和区域经济的转型升级。

七、结语

展望未来，美捷科技集团立足于东南亚桥头堡城市——春城昆明，将以更加坚定的步伐，深化省级创新平台与农业龙头企业的引领作用，携手跨境贸易、科技电商、数字新零售等多领域合作伙伴，共同编织云南省农业产业互联网的宏伟蓝图。我们的愿景是构建一个集农产品上行、品牌孵化、生产加工、物联物流、供应链数据中台及金融投资服务于一体的，全方位、多层次、高效能的农业产业互联网生态服务平台，成为引领云南省乃至东南亚地区现代农业发展的先锋力量。

美捷科技集团的使命在于，积极响应国家"乡村振兴"与"一带一路"倡议的伟大号召，通过全产业链的升级与创新服务，赋能农产品上行，促进特产加工企业与电商平台的转型升级，推动农业产业向数字化、智能化、生态化方向迈进。我们致力于搭建一座桥梁，连接城乡，融合农文旅，让每份源自土地的馈赠都能焕发新的生机与价值，为乡村振兴奠定坚实的产业基础，开创现代农业发展的新篇章。美捷科技集团，以科技为翼，以创新为魂，携手各界同仁，共绘农业新时代的辉煌画卷，推动农业产业生态化与生态产业化的深度融合，迈向更加繁荣、绿色、可持续的未来。

教学指导书

一、课程思政

本案例通过深入分析美捷科技集团在跨境物流与供应链管理领域的多项实践与创新，展示了现代企业如何借助数字化技术、供应链金融、即时配送等手段应对复杂市场环境，同时推动"乡村振兴""一带一路"等国家战略目标的实现。通过对具体实践的剖析，学生能够理解供应链创新如何为区域经济发展、产业升级以及国际合作提供助力。课程思政要点融入以下两方面：

（1）美捷科技集团积极响应"乡村振兴""一带一路"倡议，通过供应链创新推动区域经济发展和国际合作。引导学生认识供应链管理对国家战略实施的重要性，增强为国家发展服务的责任感和使命感。

（2）促进区域发展，增强社会责任感。企业通过整合农产品供应链助力地方经济发展，并促进城乡融合。引导学生关注地方经济发展和社会公平问题，理解企业社会责任与个人社会担当的意义。

二、启发式思考题

（1）如何利用供应链金融优化农产品的跨境贸易链条，提升资金使用效率并降低交易风险？供应链金融理论强调，通过为供应链上下游提供资金支持，可以优化资本流动，提高整体链条效率。思考讨论在STOBTOC模式中，如何设计针对性金融产品，如应收账款融资或订单融资，以支持农产品跨境流通，同时防控风险。可通过区块链技术确保贸易信息透明度，结合供应链金融产品（如保税仓信用担保），既缓解资金压力，又降低跨境贸易中的支付和履约风险。

（2）如何通过即时配送平台（如图鲲即配）的业务模式创新应对日益复杂的城市物流需求？智慧城市物流理论提出，城市物流的复杂性需通过平台化、数据化和多样化的配送模式加以应对。思考探讨即时配送平台如何在智能调度、运力共享和多场景覆盖方面进行创新，以应对日益复杂的城市物流需求。图鲲即配可以利用实时大数据分析优化配送路径，同时通过众包运力与智能车队管理实现配送资源的高效调度和多场景支持。

参考文献

［1］侯昱薇．双重视角下供应链关系质量对供应链服务创新业绩的影响机制［J］．商业经济研究，2024（1）：108-111.

［2］李沫阳．创新链与产业链深度融合：产业创新服务体系视角［J］．求索，2023（5）：175-183.

［3］张素勤．农产品供应链"四流"的创新与整合——基于云服务平台的农产品供应链新模式［J］．商业经济研究，2016（5）：145-147.

［4］张小蒙，赵启兰，张建军．服务创新驱动下物流服务供应链纵向整合策略——基于链间竞争视角［J］．商业经济与管理，2022（10）：23-38.

第二章　跨境物流通道与基础设施

案例 6　中国—老挝铁路：跨境物流驱动的"陆联国"之路

📚 案例内容

摘要：中国—老挝铁路（以下简称中老铁路）作为"一带一路"倡议的重要标志性项目，连接中国云南昆明与老挝首都万象，是泛亚铁路中线的核心组成部分。自 2021 年全线开通以来，该铁路以其高效的跨境运输能力显著推动了区域经济一体化和中老经济走廊建设。通过"中老铁路+中欧班列""西部陆海新通道班列""澜湄快线+跨境电商""产地集货+冷链班列"等创新模式，中老铁路成为深化中国与东盟自由贸易区合作的重要纽带。尽管老挝经济困境、泛亚铁路推进受阻以及西方舆论炒作带来了挑战，中老铁路凭借其战略定位、技术创新和生态保护理念，不断推动"一带一路"沿线国家的互联互通，为中南半岛区域经济发展注入了新动能。

关键词：泛亚铁路；国际班列；跨境铁路运输

中老铁路，北起中国云南省昆明市，经普洱市、西双版纳傣族自治州，通过中老边境口岸磨憨，向南经老挝北部的南塔省、乌多姆塞省、琅勃拉邦省、万象省，最终到达老挝首都万象，成为"中南半岛经济走廊"的重要组成部分。

中老铁路作为泛亚铁路中段最重要的组成部分，标志着中国与"一带一路"共建国家的"硬连通"迈出了重要一步。它为未来与泰国、马来西亚和新加坡等国的贯通和海上丝绸之路的发展带来了更多机遇，极大地加强了中国与东盟的贸易合作。数据显示，中老铁路开通运营两年来，累计发送货物 2910 万吨，跨境货物列车每日开行数量由开通初期的 2 列增加到目前的 14 列，有效带动了沿线各类产业扩能升级和国际经贸往来，促进了中国和中南半岛经济一体化进程①。

一、中老铁路的建设与运营

（一）技术标准

2020 年 11 月 28 日，中老铁路第一长隧安定隧道成功贯通。这条 17.5 千米长的隧道穿越复杂地质，被称为全线最艰难的工程。中铁十九局团队通过"长隧短打"策略，分段同步施工，并采用注浆加固等创新技术，克服了断层、软岩和涌水等难题。贯通时，工人们欢呼庆祝，这标志着人类智慧与毅力在大山深处创造了奇迹（见图 2-1）。

图 2-1　安定隧道全线顺利贯通

资料来源：铁道视界。

中老铁路是首条由中方主导投资建设、全线采用中国技术标准与装备，并与中国铁路网直接连通的国际铁路。在建设和运营中，面对线路长、桥隧比例高、长大坡道集中及列车操控难度大的挑战，中国团队通过一系列技术创新和管理手段，确保铁路在时速 160 千米客货共线模式下达到国内外领先的稳定性和平顺性。项目团队充分利用卫星地图、无人机等现代科技手段以及中国自主研发的捣固机和精调机等核心设备，持续加强线路巡查、隐患治理和设备维护。凭借高标准的工程质量，该项目累计获得 244 项工程奖、科技奖及相关专利成果。与此同时，中国派出超过 540 名技术管理人员，协助老挝铁路部门培养本土人才，共同

---

① 搜狐网：中老铁路：开启合作新征程。

维护和运营中老铁路，确保设施设备状态良好。铁路经受住了繁忙运输任务以及特大雨季和地震等自然灾害考验，为国际运输通道的安全畅通提供了有力保障。

此外，为保护沿线生态环境，项目打造了中老铁路"绿色长廊"。特别是在穿越10多个亚洲象家族活动区域的路段，采取了设置巡防岗亭、围栏及预警系统等措施，尽可能减少对野象活动的干扰，成功实现人与自然的和谐共生。

（二）线路设计

中老铁路的线路设计高度契合地形、地貌特征，同时兼顾了生态环境保护的要求。中国段线路起自云南省玉溪市，途经普洱市、西双版纳傣族自治州，至中老边境的磨憨口岸，全长约508.53千米，采用国铁Ⅰ级电气化铁路标准，设计时速160千米。老挝段线路从磨丁口岸出发，穿越老挝北部多个省份，最终抵达首都万象，全长约414千米，客运设计时速160千米，货运设计时速120千米，总投资约374亿元人民币。①

全线共设25个车站，充分结合地域文化与建筑艺术，展现了"一站一景"的独特魅力。昆明南站以"孔雀展翅、繁花似锦"为设计主题，展现了春城的开放与热情。普洱站融入"茶马古道"元素，展现了"茶香四溢、云滇休憩"的独特意境。西双版纳站的屋顶设计灵感来源于孔雀开屏，生动呈现了版纳的民族风情和自然之美。勐腊站则借鉴傣锦中菱形回纹，彰显了傣族织锦文化的深厚底蕴。

作为中国段的终点站，磨憨站以古朴且动感的建筑风格，凸显"泛亚新口岸，山水相依"的地域特色。老挝段的琅勃拉邦站，其设计灵感来源于香通寺的"人"字形屋顶，成为线路上不可忽视的文化亮点。终点站万象站则以"檀木之城、森林之都"为主题，站房面积达1.45万平方米，最多可容纳2500名旅客同时候车，充分展现了其作为区域交通枢纽的重要地位。

这条铁路不仅是一条交通线，更是连接中老两国文化与经济的纽带，每一站都讲述着当地独特的历史与文化故事。

（三）投资运营模式

中老铁路项目采用了BOT（建设—运营—移交）模式，由中老两国联合成立的老中铁路有限公司负责整个项目的建设、运营及后续移交工作。项目特许经营期为50年基础期加25年延长期，总投资预算高达374.25亿元人民币。其中，老中铁路有限公司的注册资本为150亿元人民币，由磨万铁路有限公司、老挝国家铁路公司、北京玉昆投资有限公司以及云南省投资集团有限公司共同出资，其余224亿元人民币则通过中国进出口银行的融资支持（见图2-2），确保了项目

①　中国国家铁路集团有限公司官网：科技日报-中国这条跨境国际铁路延伸到了占芭花盛开的国家。

实施所需的充足资金。①

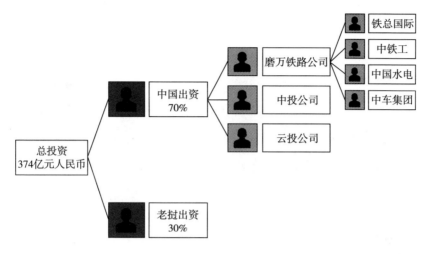

图 2-2　中老铁路投资

资料来源:《中国中铁》中国"一带一路"网制图。

在运营初期,老挝段的运营和维护由老中铁路公司委托中国铁路昆明局集团公司负责。为确保铁路运行的高效与安全,中老两国铁路部门共同制定了疫情期间的列车运行计划。每天从昆明至万象南站之间运行两对跨境货物列车;同时,旅客列车采取"点对点"模式运营,万象至磨丁每日开行两对动车组列车,而昆明至磨憨之间动车组列车的最高运行频次可达每日 17.5 对。

中老铁路正式运营后,极大缩短了运输时间。昆明至磨憨段的行程最快仅需5 小时 20 分,而磨丁至万象段的旅程时间缩短至 3 小时 20 分。综合口岸通关时间,从昆明至万象的全程最快可在 10 小时内完成。② 这种高效的跨境运输体系不仅大幅提升了区域交通便利性,也进一步促进了中老两国的经济合作与人文交流。

二、中老铁路国际运输新模式

中老铁路是国际运输新模式的先行者,2024 年 7 月 24 日,"粤滇·澜湄线"国际货运班列暨中老泰国际货物列车正式开行(见图 2-3),打通了连接广东珠三角地区、云南与东南亚的国际货运新通道。

---

① 观察者网:中老铁路,"走出去"的清廉之路。

② 环球网:"发现最美铁路"中老铁路:架起两国经济发展赋能之路。

图 2-3 粤滇·澜湄线首发

资料来源：云南省人民政府

（一）"中老铁路+中欧班列"模式

2023 年 12 月 3 日，一趟载有 32 车俄罗斯非金属矿石产品的"中欧+澜湄快线"专列通过云南省中老铁路磨憨站出境，标志着"中老铁路+中欧班列"国际铁路运输大通道正式贯通。这趟列车从俄罗斯莫斯科戈尔内廖站出发，经满洲里口岸进入中国，抵达四川城厢站后，利用成昆铁路接入中老铁路，经云南磨憨站出境，途经老挝万象南站换装米轨，最终抵达泰国曼谷马达埔站。全程耗时约 22 天，比传统的海运路线缩短约 20 天，显著提升了物流效率。

这一模式的实现得益于云南省、四川省及铁路部门的紧密协作。各方以区域联动、资源整合为核心，通过协调舱位预留、优化列车运行图、强化在途盯控、简化报关与转关流程等多种方式，为中欧班列与中老铁路的高效衔接提供了强有力的支持。此外，依托区域资源优势和政策协同，各地还在国际贸易、物流服务和产业承接等方面展开深度合作，为打造亚欧物流大通道奠定了坚实基础。

这条全新的"东南亚—昆明—成都—欧洲"铁路大通道的开通，不仅为中欧班列注入了新的运输动能，也为东南亚与欧洲之间的贸易往来提供了更高效的选择。通过这一模式，中老铁路与中欧班列形成优势互补，实现了跨区域物流网络的协同发展，有力促进了亚欧大陆经济圈的进一步融合。

（二）"中老铁路+西部陆海新通道班列"模式

西部陆海新通道贯穿中国西部腹地，北接丝绸之路经济带，南连 21 世纪海上丝绸之路，与长江经济带协同融合。通道规划了东、中、西三条主线路，通过整合铁路、公路和水运资源，打造出一条高效贯通南北、连接陆海的国际物流大动脉。依托这一体系，"中老铁路+西部陆海新通道班列"模式充分发挥铁路运输高效、稳定的优势，为货物从中国西部地区经老挝快速辐射至东南亚、南亚乃至欧洲提供了一站式物流解决方案。

这一模式简化了物流环节，整合了货物装卸、仓储、运输和清关等多个环节，为企业显著降低了物流时间和成本。例如，重庆通过该模式成功拓展了与老挝、泰国等东南亚国家的贸易往来。2023 年 12 月 29 日，一列满载 64 个标箱化工品的班列从重庆团结村中心站发出，沿西部陆海新通道和中老铁路，仅用 5 天便抵达泰国玛达普站。同时，一列载有 30 个标箱泰国农产品的班列从泰国玛达普站出发，5 天后顺利抵达重庆。

这一双向互联模式为跨境物流带来了显著的效率提升。与传统海运相比，全程铁路运输时间缩短约 20 天，同时比以公路为主的跨境运输方式更具绿色环保和安全优势。数据统计，通过该模式的货物运输，企业综合物流成本降低了 20%以上，为区域经济发展注入了新动能。[①]

"中老铁路+西部陆海新通道班列"模式的成功实践展示了中国铁路与多式联运的融合潜力，不仅提升了中老铁路的国际运输效能，也促进了中国西部地区与东南亚及全球市场的深度连接，为构建高效、稳定、绿色的国际物流网络提供了范例。

（三）"澜湄快线+跨境电商"模式

"澜湄快线"作为中老铁路的重要组成部分，构建了一条连接中国昆明与老挝万象的高效货运通道，为跨境电商业务的发展提供了关键支持。跨境电商通过互联网平台实现不同国家和地区间商品交易，与高效物流网络的结合成为区域经济发展的新引擎。

中国铁路昆明局集团公司联合昆明综合保税区，探索"澜湄快线+跨境电商"模式，开行了 40 列专门服务于跨境电商的货运班列，货物总值超过 2 亿元人民币。自 2024 年 3 月 14 日中老铁路首次承运跨境电商货物以来，昆明局集团累计发送此类货物 251 车、重达 2266 吨，涵盖手机、笔记本电脑、服装等广受欢迎的"中国制造"商品，这些货物迅速抵达老挝、泰国、马来西亚等东南亚市场，显著提升了跨境电商的物流效率。[②]

云南翔美供应链有限公司经理××表示："物流通道是跨境电商业务的生命

---

① "一带一路"网 https://www.yidaiyilu.gov.cn/p/0QE2S9BC.html。

② 人民铁道网："澜湄快线"为什么火出圈。

线，而中老铁路提供了一个高效且稳定的解决方案。"他补充道，"澜湄快线"的运输时效和成本与跨境电商业务的需求高度契合。截至目前，该公司通过"澜湄快线"运输的电商货物累计已超过 105 万件，货值约 6940 万元，业务量呈现大幅增长。①

"澜湄快线+跨境电商"模式以其快速、经济的物流服务，助力"中国制造"商品更高效地进入东南亚市场，推动了区域内电商生态的发展。该模式的成功实践不仅巩固了中老铁路在国际物流网络中的地位，也为跨境电商的持续增长提供了重要支撑，成为促进区域贸易与经济合作的有力推手。

（四）"产地集货+冷链班列"模式

2024 年 9 月 24 日，一列满载 463.5 吨新疆鲜食葡萄的国际冷链专列从乌鲁木齐国际陆港区发出，途经云南磨憨口岸，最终抵达泰国曼谷。这是新疆首趟中老铁路国际冷链货运班列，标志着"产地集货+冷链班列"模式的成功落地，为新疆优质农产品打开了直通东南亚市场的冷链物流通道。该模式依托数字贸易技术整合全产业链，将伊犁、博乐、奎屯、石河子、昌吉等多个产地的优质水果集中到乌鲁木齐进行集货。通过中老铁路，这些农产品得以快速、安全地运抵东南亚终端市场和商超，显著提高了陆路冷链物流效率。同时，班列在回程时装载东南亚的香蕉、榴莲等热带水果，实现了双向贸易的无缝衔接。这种双向冷链物流模式不仅降低了运输成本，还促进了中老铁路运输资源的充分利用。

近年来，新疆优质果品的出口规模持续扩大，种类日益丰富。以 2023 年为例，新疆累计出口各类果品约 20 万吨，较上年增长近 150%。② 冷链班列的开行进一步拓展了新疆特色水果在国际市场的竞争力，为产业升级和区域经济发展注入了新活力。

"产地集货+冷链班列"模式的实施，不仅优化了农产品的供应链管理，还促进了中国与东南亚国家在农业贸易领域的深度合作。作为高效、绿色的物流解决方案，该模式为"一带一路"沿线地区的农产品贸易和冷链物流发展树立了典范，为区域间的农业经济合作开辟了新的路径。

三、中老铁路与区域经济一体化

（一）推动老挝从"陆锁国"向"陆联国"转变

中老铁路的开通打破了老挝长期以来的交通制约，使其从"陆锁国"转型

---

① 中国铁路网：这趟出国列车，让外国人海淘"中国制造"更方便了。
② 国家铁路局："产地集货+冷链班列"拓宽新疆农产品进出口新通道。

为"陆联国"，搭上中国经济发展的快车道。铁路大幅提升了老挝与周边国家的贸易便利性，尤其是在农产品运输方面成效显著。例如，老挝 Thanaleng（塔纳楞）火车站，是老挝首个综合物流园区——万象物流园（VLP）的一部分，与中国签署了卫生和植物检疫合作备忘录，通过简化运输手续和建立检疫中心，使贴有 SPS 和 CCIC 认证的泰国榴莲等产品可以直接通过中老铁路运往中国，而不再需要烦琐的边境转运。这一转变不仅提高了效率，还使老挝成为区域物流的关键枢纽，逐步融入国际贸易网络。

（二）提升跨境贸易效率与质量

中老铁路为中老两国搭建了一条高效便捷的陆路贸易通道，每年预计可带来 100 亿~150 亿元人民币的进出口贸易额。这条铁路不仅显著提升了跨境贸易的质量与效率，还进一步推动了中国与东盟国家间贸易的便利化。通过协同优化关务与检验检疫流程，简化报关手续和审批程序，有效降低了行政壁垒和时间成本。铁路的高效运输模式大幅缩短了物流时间，降低了物流成本，同时深化了贸易流程的优化。以新增的富源至万象国际货运班列为例，这种"一票制结算、全程箱运直达"的创新模式，为企业提供了"门到门、无缝衔接"的一体化跨境物流服务。这不仅为企业融入全球产业链、供应链和价值链体系开辟了新渠道，也助推富源县成为滇东地区对外开放新门户，进一步提升了区域经济的国际化水平。[①]

（三）加强中国与东盟国家的经济联系

在泰国水果采收旺季，大批载有新鲜榴莲、山竹的货运列车从泰国出发，经老挝的万象南站换装场完成米轨与标准轨的换装后，通过中老铁路高效运往中国市场。自万象南站换装场投用两年以来，中老铁路的辐射带动作用显著增强。数据显示，通过铁路运输，从中国昆明到泰国林查班港的时间比公路运输缩短约 1 天，运输成本降低超过 20%。目前，每年有 30 万吨以上的泰国农副产品、橡胶等跨境货物通过中老铁路进入中国。万象南站换装场的建成，不仅实现了中老泰铁路的互联互通，还使中老铁路跨境货物列车能够在中国境内与中欧班列高效衔接，为东盟国家的商品进入全球市场提供了便捷通道。这种显而易见的效率和成本优势吸引了越来越多的企业选择中老铁路作为首选运输方式。

根据中国铁路昆明局集团数据，截至 2023 年 4 月 18 日，中老铁路自开通以来，已安全运营 502 天，全线累计完成货物运量 1884 万吨。其中，中国段完成 1463 万吨，老挝段完成 421 万吨，跨境货物运输量达到 370 万吨。[②] 这些显著成

---

①　人民融媒体：中老铁路（富源—万象）国际货运列车首发。

②　中国铁路昆明局集团 http://www.china-railway.com.cn/。

绩不仅展示了中老铁路在促进区域经济合作中的重要作用，也反映出中国与东盟国家间日益密切的经贸联系，为区域经济发展注入了持续动力。

（四）推动"一带一路"互联互通建设

中老铁路作为"一带一路"倡议的重要项目，不仅促进了区域基础设施互联互通，也为沿线国家带来了经济效益和生态效益。

打通"惠民之路"。中老铁路改变了老挝作为"陆锁国"的交通瓶颈，赋予其作为区域交通枢纽的新定位。从老挝万象到旅游城市琅勃拉邦的铁路已成为当地居民和游客的首选交通工具，85%的游客选择火车出行。铁路不仅便利了居民日常生活，还为旅游业和农产品出口注入了新活力，成为当地经济发展的"强心针"。随着沿线国家进一步开放，中老铁路正深度助力中老命运共同体的建设，为两国人民带来更多福祉。

打通"绿色之路"。中老铁路途经生态敏感地区，沿线森林密集、生物资源丰富。建设过程中，项目团队坚持生态优先的原则，通过因地制宜的大面积植绿工程，为沿线注入生机。共种植灌木 2860 多万株、藤本约 4 万株、乔木约 6.3 万株，打造了一条品种多样、层次分明的绿色生态廊道。[①] 中老铁路将绿色发展理念贯穿于建设和运营全过程，成为"一带一路"倡议下可持续发展的典范。

打通"经济之路"。作为连接中国与东盟国家的重要物流通道，中老铁路极大地促进了区域经济合作。铁路运输的货物品类从最初的化肥和百货，拓展至咖啡、空调、新能源汽车等 2000 多种商品，贸易范围覆盖老挝、泰国、缅甸、柬埔寨、越南等多个"一带一路"沿线国家。截至目前，中老铁路累计运输货物超过 4160 万吨，其中跨境货物超 980 万吨，日均开行国际货物列车 18 列，成为推动"一带一路"经济走廊建设的强劲引擎。[②]

四、未来展望

中老铁路作为云南陆海新通道的核心组成部分，其战略价值和经济潜力将得到进一步释放和深化。这条铁路不仅是中国与东盟自由贸易区深化合作的桥梁，更是大湄公河次区域经济协同发展的重要引擎。相信在"中老铁路+中欧班列""中老铁路+西部陆海新通道班列""澜湄快线+跨境电商""产地集货+冷链班列"的国际运输新模式下，中老经济走廊将会越建越宽，越建越长。

---

①② 中国网：中老铁路：携手并进，共绘互联互通新篇章。

教学指导书

一、课程思政

本课程旨在深入探讨中老铁路在促进区域经济一体化中的作用，分析其作为泛亚铁路关键干线的战略意义，以及对中老经济走廊建设和中老命运共同体构建的推动效应。通过案例研究、理论讲解和实践操作，学生将全面了解中老铁路的建设和运营对区域经济发展的影响。课程思政要点融入以下两方面：

（1）强化国家间合作与共赢理念：中老铁路的建设和运营是"一带一路"倡议下国际合作与共赢理念的生动体现。通过本案例的学习，学生将深刻理解到，在全球化背景下，国家间的合作与共赢是推动区域经济发展的重要动力。中老铁路的成功经验表明，只有秉持开放包容、互利共赢的原则，才能促进区域经济一体化，实现共同繁荣。

（2）培养全球视野与责任担当：本课程强调中老铁路在泛亚铁路网中的战略地位，以及其对中老经济走廊建设和中老命运共同体构建的推动作用。通过这一内容的学习，学生将形成更加开阔的全球视野，认识到自己在全球化进程中的责任和担当。

二、启发式思考题

（1）中老铁路如何推动中国与东盟自由贸易区的深化合作，并加速大湄公河次区域的经济协同发展？贸易自由化是指一国对外国商品和服务的进口所采取的限制逐步减少，为进口商品和服务提供贸易优惠待遇的过程并且主张以市场为主导。经济一体化是国家与国家间的经济联合，可以分为自由贸易区、关税同盟、共同市场、经济联盟四种类型。中老铁路作为泛亚铁路体系的关键干线，通过连接中国与东盟国家，促进了区域内的贸易自由化和经济一体化。它降低了贸易壁垒，提高了物流效率，从而加速了区域经济协同发展。

（2）在"澜湄快线+跨境电商"模式下，中老铁路如何赋能区域电商生态的发展？基于数字经济，高效的物流网络与数字平台的结合能大幅提升贸易效率和市场响应速度。中老铁路通过稳定、高效的物流支持（如跨境电商货运班列），缩短了跨境电商配送时间，降低了成本，为"中国制造"商品更快进入东南亚市场提供保障。同时，这种模式推动了电商生态的多样化和区域经济的数字化转型。

（3）中老铁路如何通过多式联运模式提升区域贸易效率，减少物流成本？多式联运是指通过整合铁路、公路和水运资源，实现货物在不同运输方式之间的无缝衔接，减少中转时间和成本，提高物流效率。中老铁路通过与中欧班列、西部陆海新通道的衔接，优化了多式联运模式，显著缩短运输时间（如从昆明到曼谷仅需 10 天），同时降低了物流成本。铁路运输的绿色环保和稳定性也进一步提升了区域贸易的整体效率。

参考文献

［1］胡晓蓉，张伟明．云南铁路客货运输齐头并进［N］．云南日报，2024-06-22（001）．

［2］刘旭．开放+，中老铁路跑出"加速度"［N］．国际商报，2024-06-21（006）．

［3］王绍芬．中老铁路：黄金大通道幸福新丝路［N］．昆明日报，2024-11-05（003）．

［4］杨紫轩，张伟明，李灵．中老铁路累计发送旅客超 3800 万人次［N］．人民铁道，2024-08-26（001）．

［5］王新兰，曾裕兴，焦晓松．中老铁路对两国经济影响研究［J］．对外经贸，2022（10）：17-19.

［6］黄洁，熊美成，王姣娥，等．多情景模拟下的跨境铁路运输时效研究——以中老铁路为例［J］．地理科学，2024，44（1）：91-98.

［7］张姗．多重共同体构建视角下的中老铁路研究［J］．世界民族，2023（4）：115-124.

［8］马剑峰．中老铁路沿线产业发展研究［J］．学术探索，2023（3）：86-90.

［9］王淑芳，孙士宽，叶帅．中国海外投资项目的凑组模式研究——以中老铁路为例［J］．地理研究，2022，41（7）：1814-1825.

［10］尹君．超越连通：中老铁路对澜湄区域地缘态势演进的结构性影响研究［J］．学术探索，2022（6）：51-57.

案例 7 磨憨口岸：从边境小镇到国际
物流枢纽的转型之路

案例内容

　　摘要：磨憨口岸是中国与东南亚地区经济合作的重要枢纽，也是"一带一路"倡议下跨境物流与供应链管理的典范。自 1992 年被批准为国家一级口岸以来，磨憨口岸通过基础设施优化、多式联运体系构建以及智慧化管理平台的引入，实现了从边陲小镇向现代国际口岸的转型。中老铁路的开通、中老经济合作区的建设，以及智慧磨憨系统的应用，大幅提升了通关效率，降低了物流成本，为中国与东南亚国家的贸易便利化、供应链协同和文化交流提供了坚实支撑。本案例展现了磨憨口岸在促进区域经济一体化、推动技术创新中的关键作用，为研究跨境物流与供应链管理提供了实践借鉴。

关键词：磨憨口岸；智慧口岸；通关便利性

2015 年 8 月 31 日，在中国国家主席习近平和老挝国家主席朱马里·赛雅颂的见证下，中老双方签署了《中国老挝磨憨——磨丁经济合作区建设共同总体方案》。随后，2016 年 11 月 28 日，在两国总理的见证下，双方进一步签署了《中国老挝磨憨—磨丁经济合作区共同发展总体规划（纲要）》。这标志着中老经济合作区建设正式启动，为云南省主动服务和融入国家发展战略提供了重要抓手，并加速其建设成为面向南亚、东南亚辐射中心的步伐。[①]

中国磨憨与老挝磨丁共同构成了连接中国和中南半岛两大经济板块的陆路枢纽。磨憨口岸不仅是昆曼公路、老挝南北公路和中老铁路三大国际物流线路的重要节点，还是中老经济合作区的交汇中心，更是中国—东盟自由贸易区在云南境内的重要核心物流枢纽。

一、磨憨的黎明

1992 年，国务院正式批准磨憨口岸为国家一级口岸（见图 2-4），次年 12 月，中老两国宣布正式开通磨憨—磨丁国际口岸，开启了磨憨从边陲小镇向国际贸易门户转型的征程。然而，早期磨憨口岸面临设施简陋、通关效率低、区域贸易潜力未能有效释放等问题。2015 年，中老两国政府签署了《中国老挝磨憨—磨丁经济合作区建设共同总体方案》，标志着经济合作区的建设成为推动口岸发展的重要转折点。伴随中老铁路项目的启动，智慧口岸的建设概念逐渐浮现，为磨憨的现代化发展奠定了基础。2017 年，昆曼大通道国内段的贯通实现了国内物流高速化，为磨憨的物流运输提供了更便捷的条件。2021 年 12 月，中老铁路正式通车，磨憨作为中老铁路的"国门第一站"，成为云南面向南亚和东南亚辐射的重要陆路口岸，自此开启了现代化发展的新纪元。

---

① 澎湃新闻网 https：//m. thepaper. cn/baijiahao_14198471。

图2-4　中华人民共和国磨憨口岸

资料来源：磨憨边检站。

二、磨憨的腾飞

（一）公路货运专用通道的启用

为解决磨憨口岸因过境车辆排队滞留导致的严重拥堵问题，2019年磨憨口岸结合其特殊地形条件，启动了公路货运专用通道的建设。通过实施货运车辆与人员及乘用车辆分开通行的设计，并在中老交界区域投资7万元设置了大型水泥隔离墩。通过这种物理隔离方式，成功地将出入境通道进行分隔，彻底解决了通道混用问题。这一措施不仅杜绝了货车逆向行驶和插队现象，还大幅改善了通关秩序，显著提升了磨憨公路口岸的通行能力。

此外，针对载货卡车因出入境卡口收费通道仅为"一进一出"而导致的瓶颈问题，货场收费点被后移以错开出境和入境通道，形成了"四出三进两应急"的通行模式，有效引导候检车辆提前办理手续并按序通关。为进一步优化通行效率，还拓宽了弯道区域的使用面积，解决了货车出境与旅检入境通道交汇点的拥堵问题。同时，新增三个查验岗亭以提高车辆的通行效率，使磨憨公路口岸整体通关能力得到显著提升。

（二）配套基础设施改造

磨憨口岸投入163万元对出入境通道进行了全面升级，取得了显著成效。其中，晋恒查验货场的通道配置由原先的单一"进出口模式"升级为"三进三出"的多通道模式，大大提升了通关流程的便利性和效率。同时，针对磨憨口岸货场面积较小、分布分散，以及现有边民互市场容量有限（每日仅能容纳 160 辆车辆流转）的瓶颈问题，磨憨管委会实施了货场扩容改造，建设了新的边民互市场，使每日车辆流转能力提升至 500 辆，成功缓解了车辆进境后缺乏停放和处理空间的困境。

为适应海关货物批次验放的实际需求，磨憨口岸进一步优化货场管理，通过网格化和集约化方式，将冷链货物监管仓区划分为 5 个独立网格，并根据季节性进口货物的数量灵活调整网格使用计划，显著提高了货场的利用效率。这些基础设施的改造和升级，有效提升了磨憨口岸的通关效率，为推动跨境物流便利化奠定了重要基础。

（三）进境水果指定监管场地与水果专列的投用

中老铁路的开通运营带来了巨大的跨境货物运输需求，其中水果等生鲜品类的全程铁路运输需求尤为突出。为满足这一需求，磨憨铁路海关迅速建设并启用了进境水果指定监管场地，进一步完善了跨境物流体系。图 2-5 展示了海关关员正在对中老铁路入境货物列车执行监管任务。

图 2-5　海关关员对中老铁路入境货物列车进行监管

资料来源：《云南日报》。

2022 年 12 月 3 日，首列满载水果的专列通过中老铁路抵达磨憨铁路口岸的进境水果指定监管场地，标志着该场地正式投入使用。这趟列车由 25 个集装箱组成，装载着来自泰国、老挝等地的 543 吨香蕉、龙眼和榴莲等水果货源。从老挝万象集结后，列车于 12 月 1 日穿过中老边境友谊隧道，顺利抵达磨憨口岸。经过铁路运输、海关监管和边检检疫等严格流程后，这批水果被快速分拨至国内市场。

磨憨铁路口岸的进境水果指定监管场地功能已得到完善，包括进口水果查验区、检疫处理区、水果冷藏库及技术用房等区域，能够满足水果从查验、检疫到监管的全流程需求。查验区还根据不同水果品类的特性调节室内温度，确保水果在查验过程中保持新鲜状态。昆明海关所属勐腊海关铁路口岸监管科副科长朱龙飞介绍："这里的设施和流程专为鲜活货物设计，不仅保障水果品质，还实现了高效通关。"

为进一步提升效率，勐腊海关为鲜活货物开辟了绿色通道，实施 7×24 小时预约通关服务，同时配备 H986 高科技扫描设备。一列水果专列的扫描时间不到 2 分钟，可迅速识别各种潜在风险，在保障安全的同时实现水果快速入境。据昆明海关统计，截至 2023 年 10 月 23 日，通过中老铁路运输的进口水果已达 6.69 万吨。[①]

此外，磨憨铁路口岸进境粮食指定监管场地也于 2023 年 10 月 9 日通过海关总署验收。截至目前，磨憨铁路口岸已设有进境水果、冰鲜水产品和粮食 3 个指定监管场地，进一步强化了磨憨口岸在跨境物流中的枢纽地位。

（四）智慧化系统的引用

磨憨—磨丁口岸作为中老经济走廊的重要通关口岸，随着双边贸易的快速增长，过境货物运输车辆数量激增。然而，由于通关基础设施不足，磨憨口岸一度难以应对激增的通关需求。从 2015 年至 2019 年 9 月，车辆拥堵问题始终未得到有效解决。磨憨—磨丁口岸仅有一条双向两车道的道路，且为人货混行，通行能力极为有限。主要导致拥堵的原因主要有以下五个：①口岸通道狭窄且设施落后，出入境车辆数量远超通关承载能力；②一线卡口通道数量不足；③进出口贸易量激增，关口通行压力过大；④车辆手续不全导致关口堵塞；通关流程烦琐，各部门衔接不畅；⑤车辆秩序管理不足，加塞现象严重。

为解决道路拥堵问题，提升通关效率，磨憨—磨丁经济合作区管委会联合西双版纳跨境电子商务有限公司开发并推出了"智慧磨憨"出境车辆排号叫号系统。这一系统通过强化车辆等候排队管理，有效缓解了磨憨口岸的道路交通压力，同时实现了老挝车牌识别、可视化车辆调度、车辆证照信息管理、通知短信发送，以及司机使用排号叫号功能的智能化。"智慧磨憨"系统集成了错时、分段、排号和叫号的放行管理流程。根据车辆类型，系统引导车辆选择合适的停车场，并自行完成相关出境手续。司机通过手机扫描二维码进入系统，上传出境手续照片以完成排号，管委会调度中心审核后，根据联检大楼的通行情况发出叫号

---

① 云南省人民政府 https：//www.yn.gov.cn/ztgg/zdszjjpcynjsd/xwjj/202311/t20231106_288593.html。

指令。司机收到短信提示后，驾驶车辆离开停车场，前往联检楼前的卡口道闸，系统通过自动识别号牌抬杠放行。完成出境手续的车辆可直接行驶至国门边检检查点进行检查，无须在联检大楼区域长时间滞留，进而有效缓解了停车困难的问题。

通过"智慧磨憨"系统的应用，磨憨口岸的道路拥堵状况得到了显著改善，同时减少了警力投入，优化了通关秩序。系统于 2019 年 10 月正式启用，并稳定运行。截至 2020 年 1 月 9 日，系统累计调度车辆 34833 辆次，其中包括大小客车和空载货车 22651 辆次，载货重车 12182 辆次。日均排号车辆超过 600 辆，高峰时期达到 1100 辆。① 这一智慧化解决方案不仅大幅提升了磨憨口岸的通关能力，也为未来智慧口岸的建设提供了宝贵经验。

三、铁路时代的崛起

（一）中老铁路的通车故事

2021 年 12 月 3 日，中老铁路正式通车，首班"复兴号"列车从昆明站鸣笛启程，满载首批旅客平稳驶出。经过约 3 个小时的运行，列车顺利抵达西双版纳站，标志着这条连接中国昆明与老挝万象的重要国际铁路全线贯通。中老铁路的开通显著降低了跨境物流的时间成本，为区域贸易提供了一种全新的高效运输方式。相较传统的公路和航空运输，铁路运输具备更高的时效性和经济性，同时在稳定性和连续性方面表现尤为突出，为货物运输提供了更可靠的保障。不仅如此，中老铁路还为旅客提供了快速、舒适的旅行体验，成为连接中老两国人民的重要纽带。

（二）铁路口岸的建设与运营

磨憨铁路口岸是一个国际性、常年开放的铁路客货运输口岸，其基础设施规划完善，为中老跨境物流提供了高效的平台。口岸设有一座站房，建筑面积达 15971 平方米，并包含一个占地约 239.86 亩的国际货物列车监管区，内设 3 条贯通式货物作业线和 1 座货物站台。支持口岸运行的配套设施也一应俱全，其中包括 13519 平方米的海关生产生活设施和 6958 平方米的边检生产生活设施（其中 5085 平方米由合作区管委会建设）。此外，海关前置拦截和边检联合作业区配备了 3 股道（含正线）及 1 座站台，为铁路口岸的高效运行提供了硬件保障。②

中老铁路的开通运营，标志着磨憨铁路口岸正式对外开放，成为中老跨境客货运输的重要节点。凭借铁路运输的速度和稳定性，中国昆明与老挝万象之间的

---

① 西双版纳州发展和改革委员会窗口：智慧磨憨：助力解决磨憨口岸拥堵问题。
② 西双版纳新闻网：磨憨铁路口岸通过国家验收。

客货物流可实现当日通达。这不仅显著降低了运输成本，还为两国的经济、贸易和文化交流提供了便捷的通道和广阔的平台，对中国西南地区沿边开发开放以及中老双边经贸合作具有重要意义。

1. 铁路快通模式的实施

为进一步优化国际铁路运输物流路径并加快货物流转速度，海关总署推出了"铁路快通"模式（见图2-6）。这种创新监管业务模式将货物通关时间缩短了24小时，整体运输时长减少1~2天，每个集装箱节省超过200元的费用。[①] 通过"铁路快通"模式，出口班列在起始地海关即可完成报关、查验、舱单整合和放行等所有手续，无须在出境口岸重复办理核销和验锁程序，从而实现快速通关放行。这不仅减少了转关申报、调箱费和场地费等额外成本，也显著降低了班列在口岸的停留时间。

图2-6　中老铁路首列"铁路快通"货物列车发运

资料来源：云南新闻—云桥网。

2. "单一窗口"平台的应用

中国（云南）国际贸易"单一窗口"平台已实现全省口岸的全面覆盖，并提供国家"标准版"功能。这些功能涵盖货物申报、舱单管理、运输工具申报、许可证件申请、原产地证书申领等12项核心业务，同时创新性地融入了云南特

---

① 中国日报网 https：//cn. chinadaily. com. cn/a/202205/24/WS628c4317a3101c3ee7ad6d62. html。

色的边民互市管理和应急协调服务。"单一窗口"通过"五个一"服务模式——即"一点接入、一次提交、一次查验、一键跟踪、一站办理",为企业和边民提供了极大便利。平台不仅优化了管理流程,降低了企业经营成本,其货物申报、运输工具及舱单管理等主要业务的应用率均达到了 100%,进一步助力中老铁路货运的高效运行。①

四、智慧口岸建设全面推进

为实现智慧化通行,磨憨口岸引入多种类型的智能查验设备,并开发了一系列信息化管理系统,以解决查验设备和应用系统孤立、缺乏联动的问题,进一步提升整体查验和监管效率。通过建设海关设备智能化管理平台和海关综合指挥平台,磨憨口岸实现了对现场设备的集中智能化管理,确保局部操作与全局运行的有效衔接。海关设备智能化管理平台以微服务技术体系为支撑,全面满足现场查验设备的信息化管理需求。为进一步提高货物通关效率,磨憨铁路口岸海关配备了由同方威视自主研发的 H986 铁路货车检查系统、X 光机、海关辅助查验机器人、辐射探测设备以及列车喷淋消毒系统等高科技监管设备。结合人工查验,这些设备实现了对进出口货物的精准监管,数据能够实时上传至系统,大幅提高了货物监管的效率和精度。

在旅客通关方面,磨憨口岸引入了人脸识别系统和自动通关闸机,实现旅客身份的快速识别与自动放行,显著减少了人工查验需求。智能导引系统通过大屏幕和移动应用,为旅客提供实时通关信息,简化流程的同时改善了通关体验,减轻了海关工作人员的工作量。为确保健康安全,口岸还部署了体温监测和卫生检疫系统,可自动检测旅客体温,有效预防疫情的跨境传播。

此外,在信息化管理领域,磨憨口岸依托海关综合指挥平台,实时收集并分析通关数据,为海关决策提供支持。借助这一平台,海关能够更加高效地调配资源,应对通关高峰期压力,确保口岸运转的顺畅高效。

五、从边境口岸到国际枢纽

（一）物流枢纽的核心地位

磨憨口岸作为昆曼公路、老挝南北公路和中老铁路三大国际物流线路的交会节点,承担着连接中国与东南亚的重要桥梁作用。通过磨憨口岸,货物可以便捷地经老挝直达泰国,并进一步连通新加坡和马来西亚,实现公铁海多式联运的无缝衔接。相较传统路线,中国至东盟的货运时间缩短约 30%,物流成本降低约

---

① https：//ylxf. 1237125. cn/NewsView. aspx？ NewsID＝290337。

20%。这一高效的物流网络不仅大幅提升了中国与东盟国家间的贸易便利性，还为中国商品进入东南亚市场乃至全球市场开辟了经济高效的新通道。2023年，磨憨口岸年货物吞吐量突破800万吨，同比增长41.6%；出入境人员流量达162万人次，同比增长423%，成为中国与东盟贸易和人文交流的重要枢纽。①

（二）经济发展表现与趋势

2022年，磨憨口岸边民互市贸易额达到38.14亿元。② 2023年，通过推动边民互市贸易的转型升级，贸易额上升至54.36亿元，同比增长42.56%；截至2024年上半年，贸易额已达37.54亿元，全年预计突破60亿元。同时，磨憨—磨丁合作区成为经济增长的关键驱动力。合作区建设重点项目已达132个，总投资612.6亿元。2024年上半年，磨憨实现地区生产总值同比增长6.5%，完成固定资产投资21.96亿元，增长率高达224.6%。这些数据反映出磨憨在区域经济发展中的引领作用，以及其对中老经济合作区的持续贡献。③

（三）口岸托管与区域合作升级

作为区域联动的核心节点，磨憨口岸通过整合"四区"政策资源，为协同发展开辟了新路径。自2022年6月1日起，昆明市正式接管磨憨镇，成为全国首个拥有边境线的省会城市。昆明与西双版纳的协作有效整合了中国（云南）自由贸易试验区昆明片区、昆明经开区、昆明综合保税区和磨憨—磨丁经济合作区的政策优势，加速了区域大通道和大物流体系的建设。这一战略布局不仅抓住了中老铁路开通带来的历史机遇，还助力沿线经济带的繁荣，形成以昆明和磨憨两端带动中部地区发展的新格局，为云南建设面向南亚、东南亚的辐射中心提供了坚实支撑和有效平台。正如一句形象的评价所言，"以前铁路到达昆明就是终点，现在昆明成了起点"。作为中老铁路出境的重要节点，磨憨国际口岸城市的建设将进一步完善服务功能，持续推动中老经济合作区的高质量发展。

六、未来展望

未来，磨憨口岸将进一步转型升级，成为一座国际化的口岸城市，承载着中国与东南亚乃至更广泛区域间交流与合作的重任。作为"一带一路"倡议下互联互通的重要枢纽，这一转型不仅体现在基础设施的全面提升，更预示着经济、文化深度交融的崭新格局。理想中的磨憨口岸将以中老铁路为核心动脉，这条穿越崇山峻岭的"钢铁巨龙"将中国与老挝紧密相连，并延伸至东南亚和南亚腹

---

① 中国日报网："2024云南两会"磨憨铁路口岸成为我国对东盟第一大铁路口岸。

② 云南省商务厅。

③ 澎湃新闻网 https：//m. thepaper. cn/baijiahao_29259696。

地。中老铁路不仅是一条高效的货物运输通道，更是一座促进人文交流的桥梁。它缩短了区域间的时空距离，使得人员和货物的流通更加便捷和高效。

在未来的磨憨口岸，一幅繁忙而现代化的画面逐渐呈现：在物流园区内，自动化装卸系统高效运作，全球各地的集装箱在此集中分拣、转运。中国的电子产品和日用品通过磨憨口岸输往东南亚市场，而东南亚的农产品和矿产资源也通过这里进入中国及其他地区。各类商品在此交汇，借助高效的多式联运网络迅速分发至全球各地。同时，海关和检验检疫等手续通过智能化和数字化技术大幅简化，确保货物通关安全、高效。智慧化管理平台实时处理海量数据，优化通关流程，提升口岸的运行效率和服务水平。

在这样的蓝图下，磨憨口岸将不仅是一个物流枢纽，更是经济发展和文化交流的中心。它的持续升级将为中国与东南亚、南亚乃至全球的互联互通注入强劲动力，为区域经济繁荣与合作提供坚实支撑。

教学指导书

一、课程思政

本案例以磨憨口岸的发展为切入点，系统分析了其作为中国—东盟贸易枢纽的演变过程以及在"一带一路"倡议和中老经济合作中的战略作用。通过学习案例，学生不仅可以掌握跨境物流管理的专业知识，还能从国家战略、国际协作和技术发展的角度加深对全球化供应链的理解。课程思政要点融入以下两方面：

（1）磨憨口岸的升级发展是国家推动"一带一路"倡议的成功案例，体现了中国在全球化背景下的责任与担当。教学中可以引导学生认识到国家发展与个人专业成长的深度关联，增强其服务国家战略的使命感。

（2）作为中老经济合作区的重要节点，磨憨口岸连接中国与东南亚，展示了中国在国际贸易合作中的开放与共赢理念。教学中可以强调国际化合作和智慧化技术在供应链中的应用，让学生树立开放的全球化视野。

二、启发式问题思考

（1）中老铁路的开通如何改变了传统物流模式，并对中国与东盟国家间贸易结构产生深远影响？多式联运理论聚焦于不同运输方式的高效结合，国际贸易理论则探讨贸易模式与结构的优化。中老铁路通过铁路、公路和海运的结合改变了以往依赖公路和航空的单一物流模式，大幅提升了跨境货物运输的效率与成本竞争力。这种物流模式的变革促使中国与东盟国家贸易额不断攀升，从传统的矿产和农产品贸易，逐步拓展至高附加值的工业品与服务贸易，推动区域贸易结构向更高质量发展。

（2）如何通过中老铁路的高效运行推动区域供应链一体化发展？供应链协同理论强调在物流、信息流、资金流的全方位协同下提升区域供应链效率；经济走廊指出基础设施建设是推动区域经济融合的核心驱动因素。中老铁路的开通连接了昆明与万象两大经济枢纽，通过铁路快通模式、智慧化通关系统等创新措施，大幅降低了运输时间和成本，优化了区域内供应链协同效率。进一步借助中老经济合作区及物流节点（如磨憨口岸）的资源整合能力，中老铁路强化了中国与东南亚国家间的供应链链接，从而推动区域经济的一体化发展。

（3）磨憨口岸如何在"双循环"新发展格局下，平衡国内和国际市场之间的资源分配与协同发展？双循环经济强调国内大循环为主体、国内国际双循环相互促进；资源分配关注有限资源在不同市场中的高效配置。磨憨口岸在"双循环"格局下应以国内大循环为支撑，通过满足云南及周边省份对东南亚产品的需求形成内需基础，同时推动中国商品进入东盟市场。可通过调整资源分配，例如，优先服务高价值产品进出口，提高货场使用效率，达到国内外市场协同发展的目标。

📚 参考文献

［1］吴洁，黄远飞，雷雨．中老边境口岸客货两旺［N］．昆明日报，2024-08-28（002）．

［2］彭涛，殷雷，廖兴阳．托管磨憨托出辐射中心新支点［N］．昆明日报，2024-08-13（001）．

［3］吴洁，黄远飞．磨憨口岸：从通到畅从畅到快［N］．昆明日报，2024-06-03（011）．

［4］杜托．昆明"四送"助力磨憨国际口岸城市建设［N］．昆明日报，2023-11-27（001）．

［5］韦子娟，李永松．跨境经济合作区高质量发展的法治保障研究——以中老磨憨—磨丁经济合作区为例［J］．学术探索，2024（9）：119-126.

［6］方伟洁．道路建设与边疆的"中心化"：对中老边境云南磨憨的路人类学研究［J］．北方民族大学学报，2022（5）：93-102.

［7］宋周莺，姚秋蕙，胡志丁，等．跨境经济合作区建设的"尺度困境"——以中老磨憨—磨丁经济合作区为例［J］．地理研究，2020，39（12）：2705-2717.

［8］朱凌飞，李伟良．流动与再空间化：中老边境磨憨口岸城镇化过程研究［J］．广西民族大学学报（哲学社会科学版），2019，41（3）：118-127.

［9］朱凌飞，马巍.边界与通道：昆曼国际公路中老边境磨憨、磨丁的人类学研究［J］.民族研究，2016（4）：40-52+123.

［10］张成斌.关于设立磨憨边境自由经济区的初步探索［J］.宏观经济研究，2006（3）：53-55.

案例8　中欧班列助力河南省中小企业国际化：
高效跨境物流与供应链创新的实践

📚 案例内容

摘要： 中欧班列作为连接中国与欧洲的重要国际物流通道，是推动河南省中小企业实现国际化的重要力量。本案例分析了中欧班列的发展历程及其在"一带一路"倡议中的核心地位，并深入探讨了其通过提升物流效率、优化库存管理、促进跨境供应链协同等方式，为河南省中小企业提供了高效便捷的国际贸易路径。研究指出，中欧班列结合市场采购贸易、冷链运输及跨境电商专线等创新模式，显著降低了物流时间和成本，助力中小企业克服资金短缺、市场开拓难等国际化挑战，同时推动了区域经济的转型升级。尽管面临物流成本、供应链管理和政策环境的挑战，中欧班列通过整合多方资源，构建了高效、稳定的跨境供应链网络，为河南中小企业的国际化注入了新动能。

关键词： 中欧班列；河南省；中小企业；国际化；跨境物流

一、引言

中欧班列（China-Europe Railway Express）由中国国家铁路集团有限公司主导运行，采用固定车次、线路、班期以及全程运行时刻表，是连接中国与欧洲及"一带一路"共建国家的重要国际铁路货运通道，主要运输集装箱货物。作为深化中国与沿线国家经贸合作的关键载体，中欧班列已开辟西、中、东三条主要运输通道：西部通道从中国中西部经阿拉山口（霍尔果斯）出境；中部通道从华北地区经二连浩特出境；东部通道从东北地区经满洲里（绥芬河）出境。

2023年上半年，中欧班列累计开行8641列，运输货物93.6万标箱。7月29日，中欧班列（义乌—马德里）成功发车，使2023年累计开行量突破10000列。截至2023年12月15日，中欧班列（长安号）总开行量达到21193列。2024年前两个月，广东中欧班列进出口业务持续增长，开行国际班列166列，同比增长

5%。作为河南省参与"一带一路"建设的重要枢纽平台，中欧班列（中豫号）在2023年迎来了运行十周年。到2024年11月15日，随着X8083次班列从重庆团结村中心站发车，中欧班列累计开行数量突破10万列，运输货物总量超过1100万标箱，总货值超过4200亿美元。

二、中欧班列的引入与发展

（一）中欧班列概况

中欧班列自2011年3月19日从重庆首发至德国杜伊斯堡，标志着中欧铁路货运的新时代。随着"一带一路"倡议的实施，中欧班列网络迅速扩展，连接中国多个城市与欧洲主要城市，如杜伊斯堡、鹿特丹、伦敦和马德里，加强了中欧间的贸易联系，并提高了运输效率和经济效益。

自2016年统一品牌后，中欧班列快速发展（见图2-7），年开行量从1702列增至超1.7万列，增长近10倍，且开行万列所需时间大幅缩短。现已拓展成覆盖亚欧的广泛网络，连接中国125个城市与93条线路以及欧洲25国227城和亚洲11国100多城，形成了综合运输网络。中国政府加强基础设施建设，提升了口岸通过能力，并发展了多个集结中心，保障班列高效运行。

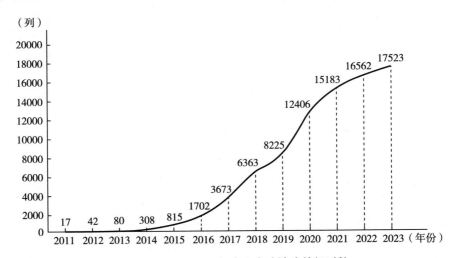

图2-7　2011~2023年我国中欧铁路并行列数

资料来源：国铁集团。

国铁集团披露，2023年中欧班列全年开行1.7万列、发送190万标箱，同比分别增长6%、18%；西部陆海新通道班列全年发送86万标箱、同比增长14%。

中欧班列从开行列数上来看，已经走过了头三四年、不足100列的摸索期，经历了2014~2021年"狂飙式"高速增长期，步入自2022年开始的平稳发展阶段。2016~2023 年，中欧班列年开行数量增长近 10 倍，达到超 1.7 万列，但由于货源不足，只有少数班列实现常态化运行。成都、重庆、西安、郑州、义乌等城市形成固定开行频率，西安、重庆、成都、郑州仍是主要的开行城市。长沙、武汉、广州等城市成为"第二梯队"，其所在省份如山东、浙江、广东等，因经济基础强大，是班列开行的核心力量，且部分省份采用双平台或多平台开行模式。2023 年主要城市开行情况如图 2-8 所示。

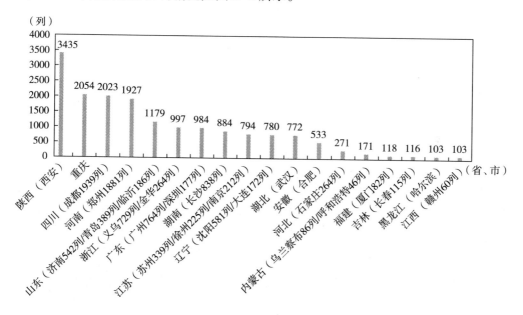

图 2-8 2023 年各省市中欧班列开行列数

资料来源：中铁集装箱运输公司。

其中，河南省铁路开行的中欧班列列数位居前列，中欧班列（中豫号）作为河南省各地跨境铁路货运列车的统一标志，自 2022 年 4 月 16 日开启运营发展新模式，进一步推动中欧班列扩量提质，标志着河南陆上丝绸之路建设迈向新的里程碑。央视多档栏目对此进行关注。通过确保中欧班列、中老铁路国际货运列车运输时效，河南大力提升了共建"一带一路"倡议服务保障能力。中欧班列（中豫号·郑州）保持常态化开行，为稳外贸和保国际供应链、产业链稳定畅通提供有力支撑。

中欧班列提供多种灵活的物流服务模式，包括整装、拼箱、冷链和多式联运。整装服务适用于大宗货物且对时效有较高要求的客户，拼箱服务适合小批量货物且对成本敏感的客户，冷链服务提供温控运输保障货物品质，多式联运结合多种运输方式提高效率并降低成本。这些服务模式可根据客户需求定制，并持续优化以应对市场变化。

（二）河南省中小企业情况分析

河南省的经济结构主要由三个产业组成：第一产业、第二产业和第三产业。河南省各产业的具体情况如表2-1所示。

表2-1 各产业的具体情况

产业	增加值（亿元）	增长率（%）
第一产业	4367.20	3.7
第二产业	18610.39	7.3
第三产业	24904.37	3.4

资料来源：河南省统计局。

从表2-1可以看出，第二产业在河南省的经济中占据主导地位，其次是第三产业和第一产业。中小企业在制造业尤其是装备制造、食品生产和纺织服装行业中占据重要地位，并形成了多个产业集群。服务业中的中小企业在电子商务等领域表现活跃，并得到政府财政支持以促进转型升级。尽管农业增长率不高，中小企业在农业生产和农村建设中发挥了重要作用，粮食和肉类产量的增长显示了农业的稳定发展。河南中小企业在国际化过程中面临市场开拓难度大、竞争压力大、资金短缺等挑战，通常缺乏国际市场的认知和经验。

随着全球化的加速，日益占据国际贸易重要地位的中国各省中小企业的竞争力持续上升，XTransfer从买家信任度、产品吸引力、出口运营效率三大维度综合评估，发布《2023年中国中小微外贸企业竞争力指数》，该指数显示（见图2-9），2023年中国中小微外贸企业竞争力指数呈现较大波动，但相较于2022年依然有所提升。

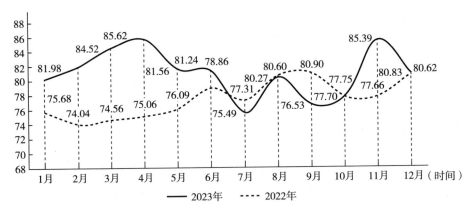

图2-9 2023年中国中小微外贸企业竞争力指数

资料来源：Xtransfer商业智能中心。

河南省中小企业在全球经济中扮演着重要角色，它们是经济增长和就业的主要驱动力。新冠疫情期间，这些企业加快了数字化转型，适应在线销售的新趋势。河南省中小企业的国际化现状也表现积极，具体体现在以下四个方面：

（1）技术合作与引进：河南省中小企业与跨国公司合作密切，如可口可乐、嘉吉等在河南的投资促进了当地食品产业的发展。

（2）国际供应链的参与：河南省中小企业积极参与国际供应链促进博览会，与全球供应链体系深度对接，寻求新的合作机会和市场。

（3）市场采购贸易：河南省通过中欧班列和市场采购贸易的结合，为中小微企业开辟了新途径，节省了时间和物流成本。

（4）经济结构转型：河南省经济结构从传统农业转向制造业、信息技术和服务业等现代产业，中小企业在机械设备、化肥、农产品、纺织品、电子产品等行业逐步进入国际市场。

（三）中欧班列与河南省中小企业的契合点

中欧班列为河南省中小企业提供了新的发展机遇，加快了其"走出去"的步伐。它不仅解决了小批量多批次贸易的规范化问题，还通过定制化服务如绿豆专列、板材专列等满足特殊需求，增强了企业的国际市场竞争力。具体来说，中欧班列在以下四个方面与中小企业取得了契合点：

（1）市场采购贸易方式。中欧班列与市场采购贸易方式相结合，为河南省中小微企业开辟了新的出口途径。市场采购贸易方式允许符合条件的经营者在指定的市场集聚区内进行小批量、低货值的商品采购，并办理出口通关手续，解决了无票出口的问题，实现了小批量、多批次、多品种贸易的规范化。

（2）物流成本和时间成本的节省。中欧班列相较海运更高效、比空运更具成本优势，帮助企业节省物流和时间成本。以前，河南省及周边的中小微企业需通过沿海口岸装船，流程复杂且时效差；而现在，企业可直接在本地通过火车运输到国外，简化了流程并节约了成本。

（3）农产品和冷链运输。中欧班列（郑州）冷链班列的开通，为河南农产品出口提供了新方式。近期，430多吨河南大蒜通过冷链班列运抵老挝万象。冷链物流不仅保持温度稳定，还成为郑州国际陆港"一带一路"贸易的特色服务，帮助企业降低物流成本。

（4）跨境电商专线。中欧班列（郑州）首条跨境电商专线"菜鸟号"的开行，为跨境电商包裹出口提供了新的物流模式和通道。该专线由菜鸟与郑州国际陆港等合作伙伴共同运营，提供了更快捷、经济的运输服务，帮助中小企业拓展了欧洲市场。

三、中欧班列助力河南省中小企业国际化的实践

中欧班列在河南省中小企业供应链管理中的实践为企业带来了显著的优化效果，主要体现在运输、库存管理、国际化拓展等多个方面。河南省作为中欧班列的重要通行点，凭借这一物流通道，中小企业能够更高效地管理其跨境供应链，提高竞争力。

（一）提升物流效率与时效性

中欧班列为河南省中小企业提供了快速可靠的运输选项，相较海运能节省大量时间。班列能在15~18天将货物从中国运至欧洲，而海运通常需要30天以上。郑州中欧班列自2013年开通以来，已成为中国与欧洲贸易的重要物流通道，大幅缩短了电子产品等货物的运输时间，提升了企业的市场竞争力。至今，中欧班列（中豫号）累计开行超10020列，进出口货运量660多万吨、货值330多亿美元，郑州成为中东部唯一的中欧班列集结中心。河南省通过中欧班列的运营，推动了区域外向型经济的繁荣，为中小企业创造了更多的商业机会。

整体来看，河南省在2023年的出口表现相对较好，尤其是机电类产品（见表2-2）例如，郑州的电子产品制造商"河南中科电子"就通过中欧班列将其生产的各类电子配件、智能手机和家用电器等产品出口到欧洲国家。制造商不仅提高了交货效率，也减少了运输成本。但是，郑欧班列的运作不只限于电子产品，还包括机械设备、日用消费品等多类商品，这表明中欧班列已经成为河南省企业走向国际市场的重要物流通道。随着中欧班列网络的进一步扩展和班列运力的提升，预计河南更多的电子产品制造商会加入这一物流渠道，进一步加强与欧洲市场的贸易联系。

表2-2　2023年河南省货物进出口总值及其增长速度

指标	金额（亿元）	比上年增长（%）
进出口总额	8107.88	-3.8
出口	5279.97	2.4
其中：一般贸易	3190.29	9.4
加工贸易	3673.24	-28.2
其中：机电产品	3427.37	5.3
高新技术产品	2663.75	-2.9
进口	2827.91	-13.5

资料来源：河南省人民政府。

（二）优化库存管理

中欧班列为河南省中小企业提供了稳定、定期的运输时效，使得企业能够更

精确地预测运输周期，合理管理库存水平。尤其在快速消费品、机械配件等对时效性要求高的行业中，稳定的运输时间让企业在保持低库存的同时，确保产品及时供应。通过分析中欧班列的时刻表、运输线路和时长，并结合实时数据、追踪系统、延迟因素以及机器学习技术，河南企业能精准预测零部件到货时间，优化供应链管理。例如，郑州至德国杜伊斯堡的运输时间 10~14 天，企业可以根据这个时间段预测到货时间。实时追踪系统使企业能够了解货物位置和运输进度，动态调整预测时间，确保生产线顺利进行。此外，中欧班列的运输涉及多国，需预留时间冗余应对不确定因素，通过使用历史数据和机器学习模型，企业能更精准预测未来运输时效，优化生产和库存管理。

（三）跨境供应链协同

河南省中小企业通过中欧班列实现了跨境供应链的高效协同，促进了从原材料采购到成品出口的全过程。中欧班列不仅帮助企业进口欧洲的零部件和原材料，还支持河南产品出口到欧洲和中亚，加强了产业链的衔接。河南省作为纺织产业的重要基地，利用中欧班列快速进入欧洲市场，同时引进高端纺织原材料和设备，支持本地产业升级。郑州作为中欧班列的重要起点城市，多家纺织品生产企业通过班列将产品出口到德国、波兰、法国等欧洲国家，同时进口高端原材料和设备，提升产品质量和生产效率，增强企业竞争力。中欧班列的稳定运行和时间优势为企业节省了运输成本，缩短了运输时间，提高了市场响应速度，推动了河南省纺织产业的技术水平和产品附加值，促进了产业的转型升级。

（四）增强供应链透明度与可追溯性

中欧班列的高可追溯性为河南省中小企业提供了显著的供应链管理优势。企业可以利用 GPS 跟踪、物联网技术等数字化手段实时监控货物运输状态，从而精准掌握供应链进度，及时解决问题。例如，河南省的家电制造企业如格力电器、海尔集团，通过中欧班列将产品出口到欧洲，并结合现代物流信息系统实现全程实时监控，确保货物安全和状态。这些企业通过安装 GPS 定位系统和传感器等设备，能够实时报告货物的位置、温度和湿度，优化供应链管理。同时，中欧班列的数字化管理提升了运输效率和服务水平，如国铁集团推进国际联运办理流程电子化，与俄罗斯、哈萨克斯坦、蒙古铁路间信息交换，大幅提升了口岸站单证交接和运输组织效率。随着中欧班列网络的完善和信息技术的提升，预计未来将有更多企业参与这一跨境物流模式，增强中国家电产品在全球市场的竞争力。

（五）降低整体物流成本

相较于传统的海运或空运方式，中欧班列的运输成本相对较低，同时也能避免传统海运中可能出现的滞港费、超载费等费用。中小企业通过使用中欧班列这一综合运输方式，可以在确保时效的同时，降低整体物流成本。

中欧班列通过铁路运输，相比海运和空运更具时效性且价格相对较低，适合大宗货物和高价值商品的长距离运输。中欧班列运行时间稳定，减少了因海关、天气等因素造成的延误，进而提升了企业的供应链效率。通过班列进入欧洲市场，中小企业能够实现更广泛的国际业务拓展，减少依赖其他传统贸易方式所需的额外费用。河南省地处中部，利用中欧班列的运输网络，可以更加便捷地连接国内外市场，优化物流路线，减少中间环节。

四、中欧班列助力河南省中小企业国际化面临的挑战与对策

（一）中欧班列助力河南省中小企业国际化面临的挑战

（1）物流成本和时效性问题。虽然中欧班列比海运具有时效优势，但与空运相比，仍存在一定的时效差距。此外，中欧班列的运输成本相对较高，尤其是对于一些小型企业而言，跨境运输费用仍然是一大负担。高物流成本会直接影响中小企业的产品定价竞争力，尤其是在面对全球化竞争和价格敏感型市场时，可能导致市场份额的丧失。

（2）国际市场需求和文化差异。中小企业在国际化过程中，往往面临不同国家和地区的市场需求差异和文化壁垒。中欧班列虽然促进了物流的便捷性，但并不能直接帮助企业了解目标市场的文化偏好、消费者行为以及法律法规。由于缺乏深入的市场调研和文化适应，可能导致企业进入新市场后遭遇销售低迷和品牌认知度低的问题。

（3）供应链管理与信息不对称。中小企业的供应链管理普遍较为薄弱，跨境贸易中的供应链环节复杂多变，涉及跨国结算、海关申报等问题。信息不对称和缺乏有效沟通会导致供应链不畅，影响企业的国际化步伐。如果供应链中的各环节不能高效协调，可能导致产品交货延迟、库存管理不善，甚至影响产品质量，进而损害企业的国际信誉。

（4）资金问题与风险控制。许多中小企业面临资金链紧张的问题，尤其是在拓展海外市场时，需要支付前期高额的营销费用、物流费用和产品定制费用。加上国际市场的不确定性，如汇率波动、政治风险等，企业的资金压力增大。缺乏足够的资金支持可能导致企业无法在海外市场进行持续的投入，导致国际化战略受阻。同时，跨境贸易的风险管理能力较弱，可能面临巨大的财务和运营风险。

（5）政策和法律法规的不确定性。跨境贸易涉及多个国家的法律法规和税务政策，中小企业往往缺乏国际化运营的法律支持和合规经验。虽然中欧班列有政府支持，但在不同国家的政策和市场环境差异仍然存在较大不确定性。由于政

策变动或未能及时了解和适应国外市场的法律法规，企业可能会面临法律诉讼、关税提高或市场准入壁垒等问题，影响其国际化进程。

（二）中欧班列助力河南省中小企业"出海"的对策

（1）稳步推动中欧班列规模增长，合理规划区域布局。随着我国全面开放新格局的加速形成和"一带一路"倡议的深入推进，中欧班列将在建设贸易强国、实现均衡发展等战略目标中发挥更加关键的作用。为了推动其高质量发展，首先，政府应做好顶层设计和协调工作，制定完善铁路运输规则和多联式运输规则，鼓励进出口企业使用中欧班列。其次，要扩大中欧班列的运行线路和车次，特别是推动中西部城市如郑州、成都、西安等地向外围城市扩展，形成区域运输网络，提升班列对出口的促进作用。最后，政府应根据各城市的产业结构和贸易发展水平，合理布局中欧班列，避免重合和恶性竞争，促进城市间良性合作，确保班列规范运行，推动区域贸易枢纽建设。

（2）发挥政府、市场、企业作用，引导河南省中小企业把握班列发展机遇。地方政府应继续完善针对中小企业的国际化政策，提供更加细化的法律支持和税收优惠。政府可以与国外的商会、法律事务所合作，帮助企业解决法律合规问题。政府可通过设立"中小企业国际化咨询服务中心"，为企业提供一站式的政策解读、法律咨询、市场拓展等服务，帮助企业降低法律风险，减少政策障碍。

（3）优化物流模式与成本控制。河南省政府应推动与中欧班列合作的物流企业建立灵活的定价机制，优化运输路线和增加频次以降低物流成本。同时，河南省中小企业可通过集货和合并运输提高效率，降低单个货物运输成本。企业还应与更多物流公司合作，争取优惠价格和服务，并探索"门到门"一体化物流服务，减少中间环节。

（4）提升供应链管理与信息化建设。中小企业应加大在供应链管理上的投入，利用信息化手段提升透明度和效率，如通过云平台和大数据分析监控运输进度、预测需求、优化库存管理。河南省中小企业可推动供应链数字化转型，加强与国际供应商和物流企业的数据对接，提升供应链反应速度与精确度，并借助第三方物流和海关清关等专业服务简化跨境贸易流程。

五、中欧班列助力河南省中小企业"出海"：未来路在何方？

（一）巩固中欧班列（中豫号）物流枢纽地位

当前，中欧班列（郑州）已将其覆盖范围拓展至长江三角洲、珠江三角洲以及东北老工业基地，形成了运输与贸易相互促进的良性循环。然而，尽管发展势头强劲，郑州在实现其"四位一体"国际综合交通枢纽——即铁路港、公路港、航空港和内陆无水港一体化目标方面，仍面临显著的不足。为缩小这一差距，河南省亟须加快推进郑州内陆港的建设，增强港口综合能力，并与国际化、专业化物流企业开展深度合作，借助其全球市场布局和海外网络资源，推动本地物流企业全面融入国际市场。

同时，河南省应围绕郑州积极建设相关产业带，以"四港一体化运营"模式强化其作为内陆港的核心地位。这些举措将为河南省实施"大枢纽带动大产业、大产业促进大枢纽"的发展战略奠定坚实基础，从而加速郑州迈向世界级国际交通枢纽的步伐。

（二）加强双边、多边协调合作

河南省应通过加强与"一带一路"共建国家的经济和贸易合作，推动中欧班列的发展。企业可通过签署合作协议促进商品进出口，提升双边贸易，并通过建立姐妹城市关系推动地方政府和企业之间的合作，促进人员、技术和资金流动。同时，企业应加强与中亚、东欧等地区的基础设施建设，提升物流效率、降低运输成本。河南省应积极融入国际合作框架，如上海合作组织（SCO）和亚欧博览会，通过中欧班列推动多边合作，并通过国际贸易展览和对接会吸引更多国家参与，从而提升中欧班列的国际知名度和市场份额，推动区域产品进入国际市场。

（三）优化供应链管理，提升国际物流竞争力

利用中欧班列的快速运输优势，相比海运能大幅缩短运输时间，提升货物的交付速度，提高物流效率、降低物流成本。中欧班列相比空运成本更低，有助于减少中小企业的物流开支，提高价格竞争力。优化供应链服务，加强技术创新与数字化转型。通过建立供应链综合服务平台，提供采购执行、物流服务、分销执行等一体化服务，增强供应链的响应速度和服务质量。提高供应链的透明度和可追溯性，降低运营成本和风险。通过提升产业链供应链的透明度与稳定性，减少中间环节，降低信息和时间延误的风险，保障经济平稳运行。

六、结束语

中欧班列作为连接中国与欧洲的重要物流通道，促进了河南省中小企业的国际化。通过高效的跨境物流和供应链创新，中欧班列为河南的中小企业提供了便捷且成本可控的国际贸易路径，推动了地方经济发展和产业升级。它缩短了运输时间、提高了物流效率、降低了跨境运输风险和成本，支持企业开拓国际市场，并通过供应链协同提升了产业链的竞争力。

总之，中欧班列是河南省中小企业国际化的重要渠道，也是推动区域经济转型升级的关键动力。随着班列的进一步发展，河南的中小企业将在国际舞台上展现更强竞争力，为全球经济增长作出持续贡献。

教学指导书

一、课程思政

本案例通过分析中欧班列对河南省中小企业国际化的助推作用，强调了高效跨境物流体系和供应链创新在促进区域经济发展、企业国际化转型中的核心地位。课程思政要点融入以下两方面：

（1）鼓励学生从案例中学习河南中小企业如何通过中欧班列抓住创新机遇，突破物流成本高、国际竞争激烈等困境，积极探索解决方案。可以结合河南企业的实践经验，引导学生提出基于创新的物流和供应链管理策略，激发实干精神。

（2）借助河南省中小企业通过中欧班列走向国际舞台的案例，展示中国制造、中国服务的全球竞争力，增强学生的民族自豪感和责任意识。分析案例中的"中豫号"对区域经济的辐射带动效应，鼓励学生思考如何以实际行动推动家乡产业升级和经济发展。

二、启发式思考题

（1）中欧班列如何推动河南省中小企业参与全球价值链分工，并在国际市场中建立差异化优势？全球价值链指出企业需专注于高附加值环节。河南中小企业可利用中欧班列快速高效的物流通道参与国际供应链中的中高端环节，如定制化产品设计或精加工出口。通过分析欧洲市场需求特点，企业可定位于某一特定产品或服务领域（如农产品的精深加工），实现差异化竞争。同时，中欧班列的绿色物流属性可作为企业的市场营销优势，契合国际绿色经济发展趋势。

（2）中欧班列如何通过协同创新推动河南省中小企业在国际化进程中实现区域竞争力的整体提升？协同创新理论认为多主体间的协同合作能够提升整体竞争力。河南中小企业应与地方政府、物流企业和跨国贸易组织形成合作网络，共同优化中欧班列的资源配置和服务模式。例如，政府可支持跨境电商生态体系的构建；企业可共享物流信息和仓储资源；跨国贸易组织可协助建立国际市场渠道。这种协同创新机制可显著提升区域产业集群的竞争力和抗风险能力。

（3）如何利用中欧班列提升河南省中小企业在国际市场中的品牌影响力，同时避免因国际物流不确定性对品牌形象造成冲击？品牌建设强调在国际市场中塑造独特价值，风险管理则关注对不确定性的预见和应对。河南企业可通过中欧班列高效交付服务提升品牌形象，同时在物流环节加入透明度管理（如实时货物追踪），建立国际客户的信任机制。为应对运输延误等风险，企业应制定应急预案，如建立备用库存和双向物流通道，降低对国际品牌形象的负面影响。

参考文献

[1] 肖婧文. 新发展格局下国际运输通道与区域技术创新——来自中欧班列的证据 [J]. 统计与决策, 2024, 40 (14)：179-183.

[2] 徐紫嫣, 姚战琪. 国际运输通道对提升中国国际竞争力的影响——来自中欧班列开通的证据 [J]. 财经问题研究, 2024 (8)：116-129.

[3] 潘安, 宋帅琦. 中欧班列开通能否提升企业劳动收入份额——来自中国 A 股上市公司的经验证据 [J]. 国际贸易问题, 2024 (7)：140-157.

[4] 肖挺, 陈周永. 中欧班列对中国城市绿色全要素生产率的影响研究 [J]. 广东财经大学学报, 2024, 39 (3)：95-113.

[5] 张伟广, 李家峰, 韩超. 中欧班列开通对企业进入和空间布局的影响效应研究 [J]. 产业经济评论, 2024 (3)：38-54.

[6] 汪克亮, 赵斌, 刘家民. 国际交通运输通道与双循环新发展格局——基于中欧班列开通的准自然实验 [J]. 山西财经大学学报, 2024, 46 (5)：1-15.

[7] 洪俊杰, 詹迁羽. 中欧班列对我国企业出口的影响研究 [J]. 国际贸易问题, 2024 (4)：28-46.

[8] 王跃生, 朱子阳, 李亚楠. 国际运输通道对地区创业活跃度的影响研究——基于中欧班列开通的准自然实验 [J]. 新视野, 2024 (2)：22-33.

[9] 王萌, 谢宇平. 中欧班列开通对中国城市出口结构升级的影响研究 [J]. 湖南大学学报（社会科学版）, 2024, 38 (2)：85-94.

[10] 顾欣, 杨亚丽. 中欧班列开通是否提升了城市创业活跃度——来自中国地级市的经验证据 [J]. 国际贸易问题, 2024 (3)：157-174.

[11] 孙林, 陈霜. 中欧班列开通、贸易网络效应与中国企业出口韧性 [J]. 国际贸易问题, 2023 (10)：71-89.

案例 9　中老铁路跨境物流通关便利化措施与区域合作

案例内容

摘要：中老铁路作为"一带一路"倡议的重要项目，是中国通向东南亚的首条国际铁路，对推动中老两国及东南亚地区的跨境物流和经济合作具有重要意义。为提升铁路的物流效率，中老两国实施了一系列通关便利化措施，包括绿色通道、多式联运"一单制"和"一箱制"、单一窗口和数字口岸建设、提前申报制度和智能化监管设备的应用。这些措施显著缩短了物流时间，降低了运输成本，为区域经济一体化提供了重要支撑。同时，中老铁路在"一带一路"倡议、区域全面经济伙伴关系协定（RCEP）、东盟互联互通总体规划（MPAC 2025）等多边政策框架下，发挥了重要的经济和战略价值。尽管面临基础设施差异、政策协调难度大等挑战，中老铁路通过数字化和绿色物流的创新发展，将进一步巩固其作为东盟和中国区域合作核心枢纽的地位。

关键词： 中老铁路；跨境物流；通关便利化；区域经济合作

一、背景介绍

自"一带一路"倡议提出以来，中国积极推动沿线国家和地区的基础设施互联互通、政策协调与人文交流，以促进区域经济一体化。作为该倡议下的标志性项目，中老铁路不仅是中国通向东南亚的首条国际铁路，也肩负着支持老挝"变陆锁国为陆联国"战略的重任。这条铁路全长约 1035 千米，北起中国云南省昆明市，南至老挝首都万象，全面采用中国标准设计、建设和运营，展示了中国铁路技术与管理标准的国际化水平。项目建成后极大改善了两国间的交通基础设施条件，为双边经贸关系与区域合作提供了重要的支撑。

中老铁路项目分为中国段和老挝段。中国段（玉磨铁路）全长约 508 千米，连接了昆明、玉溪、普洱和西双版纳等多个重要城市，设计时速为 160 千米，采用电气化双线；老挝段自磨丁至万象，长约 414 千米，为电气化单线铁路。项目于 2016 年开工建设，历时五年，于 2021 年底正式通车。该铁路项目的总投资达数百亿元人民币，中国和老挝政府共同出资，分别承担总投资的 10% 和 30%，其余部分由两国国有企业共同承担。作为老挝政府的"一号工程"，中老铁路的建设直接带动了沿线地区的经济活力，对建筑、建材、电力、物流等多个行业的就业增长产生了积极作用。

云南省在"一带一路"倡议中是中国通向东南亚的门户和关键节点，拥有连接老挝、缅甸和越南的独特区位优势。通过中老铁路，云南的农产品、矿产品等可以更快捷地出口至东盟国家，而东南亚的商品也得以便捷进入中国市场。双向物流的增强进一步推动了云南作为中国对东盟开放战略中的枢纽地位，使其成为东南亚物流网络中的重要节点。铁路运输成本的降低和物流速度的提高，吸引了更多企业选择通过云南开展跨境业务，带动了区域内双向贸易和投资的增长。

为保障中老铁路的高效运行并提升跨境物流效率，两国在铁路开通后实施了一系列通关便利化措施，包括提前申报制度、"铁路快通"监管模式和智能监管设备的应用，以简化跨境运输流程。这条铁路不仅显著缩短了中老两国之间的物流时间、降低了运输成本，也通过推动区域内交通网络的互联互通，为双边贸易和投资注入了新的活力。随着跨境物流效率的提升，中老两国间的商品、资本和人员流动变得更加便捷，进一步促进了沿线地区的经济融合与发展，并为未来更广泛的区域合作奠定了坚实的基础。

二、跨境物流通关便利化措施

中老铁路的建设为两国之间的跨境物流提供了重要的运输通道，但要充分发挥铁路的物流优势，还需要进一步提升通关效率。为此，中老两国实施了一系列通关便利化措施，以简化跨境手续、缩短通关时间并提高运输效率。这些措施主要包括绿色通道和优先保障机制、多式联运"一单制"和"一箱制"、单一窗口和数字口岸建设、提前申报制度、"铁路快通"模式以及智能化监管设备的应用，具体体现在以下六个方面：

（一）绿色通道和优先保障机制

对于生鲜、医药等时间敏感性货物，通关速度直接影响其质量和经济价值。传统的通关流程通常较为耗时，可能导致易腐货物在等待过程中出现品质下降甚至变质，进而造成经济损失。因此，为保障这些货物的品质和市场竞争力，中老铁路专门设立了绿色通道和优先保障机制，确保这些货物能够享受快速通关服务，减少延误带来的损失。

在绿色通道的具体操作中，海关部门为生鲜和医药类货物提供了优先查验和快速放行的流程。为提高效率，查验过程中应用了自动测温系统和核辐射探测门等智能化设备，减少人工操作干预。这些设备的使用确保了时间敏感型货物能快速通关，以最短时间顺利通过边境。

绿色通道和优先保障机制显著缩短了生鲜和医药类货物的通关时间，有效地保障了货物的新鲜度和品质。数据显示，生鲜货物的平均通关时间减少了30%以上，大大提高了客户的满意度和市场竞争力。这一机制不仅维护了时间敏感型货物的质量，也增强了物流企业在市场中的竞争力，进一步推动了生鲜、医药等货物的跨境运输。

（二）多式联运"一单制"和"一箱制"

多式联运通过整合铁路、公路、海运等多种运输方式，能够有效提高物流效率并降低运输成本。然而，不同运输方式间衔接不畅，常常导致物流环节中发生延误、重复操作等问题，造成效率低下和运输成本上升。为解决这一问题，中老铁路实施了"一单制"和"一箱制"，以简化多式联运流程，实现不同运输方式间的无缝衔接，进一步提高物流效率。

"一单制"指的是在多式联运过程中制定统一的运输单证，实现一次委托、全程单一单据管理，避免了在转运时重新办理单证的烦琐手续。"一箱制"则推广了标准化集装箱和货物追踪技术，使货物能够全程使用同一箱体运输，避免在不同运输方式间的反复装卸。同时，在关键节点设置多式联运枢纽，确保货物能快速、安全地从一种运输方式切换到另一种。

"一单制"和"一箱制"显著减少了货物在不同运输方式之间的中转时间，有效降低了货物损坏和丢失的风险。借助全程货物追踪，客户可以实时了解货物状态，增强了物流流程的透明度和信任度。这些措施提高了整体运输的效率，并降低了物流成本，有效增强了企业在市场中的竞争力。

（三）单一窗口和数字口岸建设

随着全球贸易规模的不断扩大，传统的通关模式难以满足现代跨境物流对快速通关的需求。单一窗口和数字口岸建设应运而生，旨在通过技术手段整合通关流程，实现各部门数据的协同共享。通过一站式服务，企业可以简化多部门间的往返操作，大幅提高通关效率并降低贸易成本。

在单一窗口和数字口岸的运作过程中，政府部门整合了海关、税务、外汇等多个部门的数据，建立了统一的数据平台，确保信息共享和业务协同。企业可以在线提交电子单证，减少了纸质文件的使用，提高了申报效率和准确性。系统还利用智能校验和自动比对技术，快速完成数据核对，减少了人为干预，同时通过大数据分析优化监管资源配置，实现更加高效的通关。

单一窗口和数字口岸显著缩短了货物的通关时间。通过单一窗口，企业整体通关时间缩短了20%~30%，有效减少了人为错误和延误，提高了透明度，降低了通关成本。此举不仅节省了企业的时间和费用成本，也提高了企业在国际市场中的竞争力。

（四）提前申报制度

提前申报制度是中老铁路沿线通关便利化的重要举措，其主要目的是减少货物在口岸的等待时间，提高通关效率。随着中老铁路货运量的增加，传统的口岸申报方式难以满足高效运输的需求。提前申报制度允许企业在货物到达口岸之前完成所有的海关申报手续，使海关可以提前审核货物信息，避免货物在口岸滞留。

在提前申报模式下，企业通过电子系统提交所有必需的通关文件，包括货物的申报单、发票、装箱单和运输合同等。海关部门在货物到达之前对这些文件进行预审，核查货物的完整性和合法性。当货物抵达口岸后，经过简单的查验即可快速通关，无须进行长时间的等待。

实施提前申报制度后，中老铁路国际货运列车整体通关时间从原来的40多小时缩减至目前的5小时以内。例如，以出口到老挝的生鲜农产品为例，在实施提前申报制度后，货物的通关时间从原先的2~3天缩短至1天以内，大大降低了企业的物流成本，并且保证了货物的新鲜度，提高了市场竞争力。提前申报制度对于跨境物流中的时间敏感型商品尤其适用，显著提高了铁路跨境运输的整体效率。

（五）"铁路快通"通关模式

"铁路快通"是为适应铁路运输的特点而推出的一种新的通关模式。铁路运输的高效和便捷对通关速度提出了更高要求，而传统的通关流程可能导致货物在口岸停留时间过长，进而影响物流效率。因此，海关部门在中老铁路沿线口岸实行了"铁路快通"模式，旨在减少货物在口岸的滞留，实现更为顺畅的通关流程。

在"铁路快通"模式下，通关手续可以在铁路运输过程中完成。货物抵达口岸后无须下车或换装即可通过海关查验。企业通过电子系统提交申报信息，海关在铁路沿线的指定地点设立检查点，货物在通过这些检查点时进行快速查验，而不需要传统的卸货、装货等步骤。在查验无误的情况下，货物可直接通关，进入后续运输环节。

这一模式的实施大幅缩短了通关时间，使得铁路运输的优势得以充分发挥。据统计，自"铁路快通"模式实施以来，中老铁路的跨境货物通关效率提升了40%~60%。例如，中国出口至老挝的机械设备在采用"铁路快通"模式后，运输周期平均减少了2~3天，显著降低了企业的物流成本，同时增加了货物的周转率。

（六）智能化监管设备的应用

随着中老铁路跨境物流需求的增长，传统的人工检查方式难以满足高效、安全的通关需求。为此，中老铁路沿线口岸引入了多种智能化监管设备，包括H986集成嗅探机器人、核辐射探测门、测温系统和自助服务终端等。这些设备不仅提升了货物查验的速度，也保证了通关过程中的安全性。

H986集成嗅探机器人能够快速检测化学物质和危险品，尤其适用于大批量货物的安全检查，扫描整列列车仅需1~2分钟；核辐射探测门用于识别和排除放射性物质，确保货物符合国际安全标准；智慧测温系统尤其在疫情期间提供了卫生保障，对进出人员和货物的体温进行监控；自助服务终端则简化了货主和司机的信息录入和通关手续办理过程。这些智能设备能够实现自动化查验，极大地减少了人力检查的时间。

智能化监管设备的应用显著提升了通关效率和准确性。数据显示，智能设备的使用将平均查验时间缩短了20%~30%。此外，智能设备的应用还有效减少了因人工操作而产生的误差，为中老铁路沿线口岸的通关安全提供了重要保障。

三、区域合作对跨境物流的推动作用

（一）多边政策支持与区域经济合作

中老铁路的建设得到了中老两国政府和多边合作机制的强力支持，成为"一带一路"倡议的重要组成部分和区域合作的典范工程。为保障铁路的顺利建设和运营，中老两国签署了一系列合作协议，从基础设施投资到运营管理，以及跨境通关便利化的多项政策协同，提供了全面支持。这些政策和协议涵盖了资金投入、技术标准、物流便利化、税收优惠等领域，为中老铁路的高效运营奠定了制度基础。

"一带一路"倡议作为推动全球互联互通和贸易发展的重要政策框架，为中老铁路提供了战略指引。通过这一倡议，中老铁路得到了全球贸易促进和基础设施互联互通政策的支持，使其成为提升跨境物流效率的重要枢纽。此外，《东盟互联互通总体规划2025》（MPAC2025）也为中老铁路的建设提供了重要支持，该规划旨在优化东盟地区的物流效率，加强供应链关键节点的协调和建设。通过这些政策，中老铁路不仅是双边合作的成果，也成为推动东盟与中国合作的重要桥梁。

同时，中老铁路进一步得益于区域全面经济伙伴关系协定（RCEP）的政策支持。RCEP的实施降低了区域内货物贸易的关税和非关税壁垒，为中国与东盟国家间的经贸往来创造了更多机遇。铁路运输在关税减免、贸易便利化措施中直接受益，使跨境货物运输更加高效。以跨境电商为例，RCEP的规则使中国跨境电商卖家享受更低的关税、更便捷的市场准入条件，推动了中国与东盟国家间的贸易和投资自由化。此外，东盟经济共同体（AEC）在促进货物、服务、投资、劳动力等要素自由流动方面也为中老铁路带来了新的政策红利。通过区域间的政策协同，中老铁路在推动双边和区域合作中发挥了不可或缺的作用。

（二）区域合作带动跨境物流发展

中老铁路的开通不仅促进了中国与老挝之间的双边贸易，也在更广泛的东南亚地区推动了跨境物流的发展。通过铁路运输，老挝的木薯粉、橡胶等特色农产品能够快速进入中国市场，同时中国的机械设备、电子产品等也能方便地进入老挝市场。这种物流效率的提升大幅缩短了两国之间的物流时间，降低了运输成本，为双边贸易带来了实质性的收益。

铁路的便利化措施和区域合作的深化，使跨境物流更加系统化和规模化。中老铁路不仅降低了运输成本，还显著提升了跨境物流运营效益。作为区域经济合作的重要载体，中老铁路在畅通国内国际双循环方面发挥了重要作用，推动了中老经济走廊的加速建设，为东盟区域经济一体化注入了新的动力。依托这一铁路

运输平台，中国可以进一步打造跨境物流国际联运的品牌优势和规模优势，为国际多式联运提供运输基础保障。

从长远来看，中老铁路的开通还将满足大宗商品和战略物资的运输需求，为中国的跨境物流提供了高效的运输网络，降低了社会总物流成本。通过中老铁路的区域合作，中国与东盟国家之间的贸易、投资、人员交流更加便利，为促进区域经济增长提供了重要支撑。

（三）关键政策框架的支撑

1.《区域全面经济伙伴关系协定》（Regional Comprehensive Economic Partnership，RCEP 2020）

RCEP 是全球最大规模的自由贸易协定之一，涵盖中国、东盟十国、日本、韩国、澳大利亚和新西兰共 15 个成员国。通过降低关税、简化通关手续和减少非关税壁垒，RCEP 为中老铁路的跨境物流创造了更加开放和便利的市场环境。协定的实施使中老铁路承担了更多区域内货物运输的任务，例如，中国和东盟国家间的贸易大幅增长，其中铁路运输成为重要的物流通道。通过这一协定，中老铁路有效促进了区域内的贸易流动和物流成本的降低。

2.《东盟互联互通总体规划 2025》（Master Plan on ASEAN Connectivity 2025，MPAC 2025）

MPAC 2025 明确了提升东盟地区物流互联互通水平的目标，并将中老铁路列为区域内基础设施互联互通的重要组成部分。这一规划的重点是加强区域供应链的效率和可持续性，通过优化关键物流节点和交通走廊，提升区域经济的竞争力。中老铁路的建设直接符合 MPAC 2025 的目标，推动了老挝融入东盟物流网络，并通过铁路连接东南亚和中国市场，为跨境贸易和投资带来了新的机会。

3.《东盟经济共同体蓝图 2025》（ASEAN Economic Community Blueprint 2025，AEC Blueprint 2025）

《东盟经济共同体蓝图 2025》旨在实现东盟地区内货物、服务、投资和劳动力的自由流动，打造单一市场和生产基地。中老铁路作为东盟地区的重要基础设施项目，在促进东盟成员国间经济一体化中发挥了关键作用。通过铁路连接，中老铁路缩短了东盟国家间的物流时间，降低了运输成本，成为东盟经济共同体实现区域贸易便利化目标的重要支撑。

4.《中老经济走廊建设规划》（2019-2030）

《中老经济走廊建设规划》明确了中老铁路在中老经济走廊中的核心地位，将铁路作为支撑区域经济一体化和产业合作的基础设施纽带。通过铁路经济带的建设，中老经济走廊以中老铁路为骨干，推动沿线地区的资源开发和产业升级。

5.《中长期铁路网规划》（2016-2030）

中老铁路作为中国"一带一路"倡议的重要实施项目，被列入《中长期铁路网规划》中"走出去"战略的重点项目。该规划明确提出通过中国铁路技术和标准的输出，推进与周边国家的铁路互联互通。中老铁路在规划中被定位为连接中国与东盟国家的重要国际通道，为中国与东盟国家间的跨境物流提供了高效的运输保障。规划还对铁路的资金筹措、技术标准以及国际合作模式提出了具体要求，为铁路的顺利建设提供了政策依据。

四、挑战与未来展望

（一）面临的挑战

尽管中老铁路在跨境物流和通关便利化方面取得了显著成效，但在实际运行中仍面临诸多挑战。这些问题不仅制约了铁路运输效率的进一步提升，也对跨境物流的可持续发展提出了考验。

（1）基础设施和技术标准的差异是中老铁路跨境物流的主要瓶颈之一。中国和老挝在铁路建设中的技术标准存在差异，例如，铁路轨道的宽度、信号系统和运营管理模式的不同，导致跨境货物运输时需要在边境进行换装。这一操作不仅增加了货物运输的时间成本，也对通关效率产生了一定影响。

（2）政策和操作流程的协调难度较高。尽管中老两国在政策层面签署了多项合作协议，但在具体实施过程中，由于海关政策、检验检疫要求以及监管标准的差异，导致跨境通关流程仍存在一些障碍。例如，不同的检疫标准可能导致货物滞留，影响物流效率。此外，两国间信息共享的机制尚不完善，信息传递滞后进一步加剧了物流的不确定性。

（3）区域合作机制的局限性也是一大挑战。虽然中老铁路已融入东盟区域合作框架，但在扩大铁路网络覆盖面和协调更多国家参与铁路互联互通方面仍需付出更多努力。当前，仅有中老两国在铁路运输上实现了直接连通，其他东南亚国家尚未完全融入这条跨境铁路运输网络，限制了中老铁路的潜力发挥。

（二）改进措施

为进一步提升中老铁路跨境物流的效率，同时应对上述挑战，可以采取以下三个改进措施：

（1）建立物流信息共享平台。通过中老两国联合开发的数字化物流信息系统，实现货物信息的全程追踪和实时共享，避免因信息不对称导致的货物滞留问题。该平台还可整合海关、运输公司和企业的物流数据，提升跨境运输的透明度和协调性，从而优化通关流程。

（2）推进区域多边合作与铁路网络延伸。通过与泰国、柬埔寨、越南等东南亚国家开展多边合作，推动中老铁路向南延伸，融入更广泛的区域铁路网络。这不仅能够进一步提升区域内的物流效率，还可扩大中老铁路的服务范围，使其在区域经济一体化中发挥更重要的作用。此外，统一区域铁路标准也是关键，通过协调铁路技术规范减少换装操作，从而提高铁路运输的整体效率。

（3）完善通关政策与监管机制。在现有通关便利化措施的基础上，推动检验检疫标准的对接与统一。两国海关可通过设立联合检查站，简化货物查验流程，同时加强智能化监管设备的使用，减少人工检查环节，提高通关速度。

（三）未来发展方向

未来，中老铁路的发展目标是成为连接东盟国家和中国的主要国际交通走廊，并在区域经济一体化中发挥核心作用。通过持续扩展和完善铁路网络，中老铁路有望进一步延伸至泰国、马来西亚、新加坡等东南亚国家，形成贯通东南亚和中国的铁路运输体系。

在物流技术层面，中老铁路将加快数字化转型，全面建设智能化跨境物流管理系统，实现货物全流程的数字化跟踪和管控。在政策支持方面，中老铁路将继续融入《区域全面经济伙伴关系协定》（RCEP）、《东盟互联互通总体规划2025》（MPAC 2025）等多边合作框架，通过释放政策红利，促进铁路沿线贸易和投资的自由化与便利化。

此外，中老铁路未来将聚焦于打造绿色、可持续的物流模式。例如，通过优化铁路运输能耗结构、推广新能源货运列车，进一步降低跨境物流的碳排放，为全球绿色供应链建设贡献力量。同时，铁路运输的规模化和系统化也将降低社会物流总成本，为区域经济增长提供更加可靠的运输保障。

通过克服现有挑战，深化区域合作与政策协同，中老铁路将在未来进一步巩固其作为东南亚与中国互联互通核心枢纽的地位，为推动东盟区域经济一体化作出更大贡献。

教学指导书

一、课程思政

通过案例教学，学生不仅可以掌握中老铁路跨境物流与通关便利化的核心理论和实践，还能够理解"一带一路"倡议下中国在国际合作中的责任担当，感受到区域经济合作和绿色发展的重要意义。课程思政要点融入有以下三方面：

1. 彰显中国推动国际合作的责任担当

中老铁路作为"一带一路"倡议的标志性项目，不仅促进了中国与老挝的双边合作，还通过技术输出和管理经验展示了中国在区域经济一体化中的积极作用。教学过程中可引导学生思考中国在推动区域合作中的独特优势，以及如何通过政策和技术支持，为发展中国家提供"中国方案""中国智慧"。

2. 强调绿色物流与可持续发展

中老铁路在建设和运营过程中充分体现了低碳环保理念，例如，通过铁路运输减少了跨境物流的碳排放，优化了运输效率。这与国家"双碳"战略（2030年前碳达峰、2060年前碳中和）高度契合。教学中可以引导学生结合案例分析绿色供应链管理的重要性，培养学生的环保意识和社会责任感。

3. 区域经济一体化与命运共同体意识

中老铁路连接了中国与东南亚国家，推动了区域经济合作的深化和互联互通。通过案例教学，学生可以理解中国在区域经济一体化中的贡献，思考如何将个人的职业发展与国家战略、全球经济格局相结合，树立服务国家、服务社会使命感。

二、启发式思考题

（1）中老铁路如何通过通关便利化措施提升物流效率？物流系统理论认为，提升物流效率依赖于优化通关流程、协调运输方式和推动技术创新。一个高效的物流系统需要各环节的紧密衔接，以减少不必要的停滞和重复操作。交易成本理论指出，降低跨境物流中的时间和成本是提高整体竞争力的关键。通过减少交易环节中的成本和不确定性，可以显著提高跨境运输效率，并增强企业的市场竞争力，中老铁路通过实施一系列通关便利化措施显著提升了物流效率。例如，提前申报制度允许企业在货物到达口岸前完成海关申报手续，大幅缩短了通关时间；"铁路快通"模式进一步优化了铁路运输的查验流程，使货物无须卸载即可快速通过；智能化监管设备如 H986 嗅探机器人和核辐射探测门的应用，极大减少了人工检查时间，提高了查验精度。这些措施不仅降低了跨境运输成本，还使得时间敏感型货物如生鲜产品得以更高效流通，从而增强了中老铁路在跨境物流中的竞争力。

（2）中老铁路如何推动双边和区域经济合作？比较优势理论认为，中老铁路通过促进两国资源和商品的双向流通，帮助两国在各自的比较优势领域实现更高效的资源配置。区域经济一体化理论强调，通过基础设施的互联互通，推动区域内贸易、投资和生产要素的流动，从而促进区域经济增长和产业联动。作为东南亚物流网络的重要节点，中老铁路为区域经济合作提供了坚实的基础。

中老铁路的开通为两国之间的经济合作搭建了高效的交通纽带。老挝利用铁路快速出口木薯粉、橡胶等特色农产品，同时从中国进口机械设备、电子产品等工业品，双向贸易得到了极大提升。此外，中老铁路的延伸为老挝融入东盟互联互通框架和区域全面经济伙伴关系协定（RCEP）提供了新的机遇，推动了东南亚区域内的经济合作。铁路经济带的形成也促进了沿线地区的产业集聚和要素流动，为区域经济一体化注入了强劲动力。

（3）智能化监管设备在中老铁路物流中如何发挥作用？物流自动化与技术创新理论认为，智能化设备通过应用自动化技术减少人工操作和潜在误差，优化查验流程，从而提高物流效率和可靠性。物联网与数字物流理论指出，智能化设备（如嗅探机器人和核辐射探测门）能够实现物流的实时追踪和动态监控，增强整体透明度和安全性，为跨境运输提供坚实的技术支持。

中老铁路在沿线口岸引入了 H986 集成嗅探机器人、核辐射探测门等智能化监管设备，这些设备显著提高了货物通关的效率和安全性。例如，嗅探机器人在1~2 分钟即可完成整列列车的危险品检测，核辐射探测门用于快速排查放射性物质，智慧测温系统为疫情期间的货物安全提供了保障。这些技术的应用减少了人为检查的时间和误差，使得物流过程更加高效透明，同时增强了对跨境货物的监管能力。

📚 参考文献

［1］中老铁路官方网站：https：//www. crecg. com/web/10089120/index. html.

［2］中国国家铁路集团有限公司：http：//www. china-railway. com. cn/.

［3］国家发展和改革委员会—中老铁路：https：//www. ndrc. gov. cn/xwdt/ztzl/zltl/index. html

［4］鱼耀. 从"陆锁国"到"陆联国"：中老铁路对老挝空间格局的重塑［J］. 云南民族大学学报（哲学社会科学版），2024，41（4）：53-64.

［5］黄洁，熊美成，王姣娥，等. 多情景模拟下的跨境铁路运输时效研究——以中老铁路为例［J］. 地理科学，2024，44（1）：91-98.

［6］张姗. 多重共同体构建视角下的中老铁路研究［J］. 世界民族，2023（4）：115-124.

［7］马剑峰. 中老铁路沿线产业发展研究［J］. 学术探索，2023（3）：86-90.

［8］王淑芳，孙士宽，叶帅. 中国海外投资项目的凑组模式研究——以中老铁路为例［J］. 地理研究，2022，41（7）：1814-1825.

［9］尹君. 超越连通：中老铁路对澜湄区域地缘态势演进的结构性影响研究［J］. 学术探索，2022（6）：51-57.

［10］翁凌飞，白昊男，沈镭. 中老铁路建设对沿线景观格局影响的尺度效应［J］. 资源科学，2021，43（12）：2451-2464.

［11］张喆，王晓梦，姜雨皓，等. 中老泰铁路建设对云南省及沿线国家空间联系格局的影响——基于城市流网络的分析［J］. 世界地理研究，2019，28（3）：43-53.

［12］Rowedder S. Railroading land-linked Laos：China's regional profits，Laos' domestic costs？［J］. Eurasian Geography and Economics，2020，61（2）：152-161.

［13］Xiao C，Wang Y，Yan M，et al. Impact of cross-border transportation corridors on changes of land use and landscape pattern：A case study of the China-Laos railway［J］. Landscape and Urban Planning，2024（241）：104924.

案例 10　成都国际陆港与西部跨境物流通道建设

📖 案例内容

摘要：成都国际陆港作为中国西部的重要跨境物流枢纽，在"一带一路"倡议的推动下，逐步成为连接中国与东南亚、中亚、欧洲等地区的重要物流通道。其建设不仅促进了四川省及成都市的经济转型，也为企业提供了高效、便捷的跨境物流服务，推动了西部地区的对外开放与全球化进程。成都的地理位置和产业基础为跨境物流发展提供了坚实支撑，特别是在多式联运体系的构建上，优化了全球供应链，提升了物流效率。此外，成都国际陆港还积极推动数字化转型，利用大数据、人工智能等技术简化了跨境贸易流程，增强了物流的透明度与安全性。然而，在全球化竞争加剧和跨境物流复杂性增加的背景下，成都国际陆港仍面临运输成本控制、全球市场竞争等挑战。未来，成都国际陆港将继续深化基础设施建设、优化运输网络，并加强国际合作，提升在全球跨境物流中的地位，为西部地区及企业提供更多的支持与发展机会。

关键词：成都国际陆港；跨境物流；多式联运；数字化转型

成都国际陆港作为西部地区的重要跨境物流枢纽，在中国"一带一路"倡议的框架下，逐渐成为推动西部经济发展和国际贸易的关键节点。其建设与发展不仅加速了四川省及成都市的经济转型，也为国内外企业提供了高效便捷的物流通道，推动了西部地区对外开放和全球化进程。面对全球物流行业日益复杂的市场需求、多变的运输模式以及日益严峻的供应链挑战，成都国际陆港凭借其得天独厚的地理位置和多式联运优势，逐步构建起了连接东南亚、中亚、欧洲等重要经济体的跨境物流网络。

自建设以来，成都国际陆港确立了明确的发展目标，不仅满足地方企业的跨境物流需求，还致力于提升四川省在全球贸易中的竞争力。通过持续的技术创新和模式升级，成都国际陆港优化了跨境物流流程，提升了运输效率，降低了成本，并为企业提供了更加灵活和高效的物流服务。与此同时，成都国际陆港不断推动数字化转型，借助信息化手段简化跨境贸易流程，增强了物流的透明度和安全性。

本案例将深入分析成都国际陆港的建设背景、跨境物流通道与基础设施建设、技术应用与数字化转型和跨境物流服务等方面，结合其成功经验与面临的挑战，探讨成都国际陆港在促进西部跨境贸易中的重要作用及未来发展方向。

一、成都国际陆港建设背景

（一）成都地理与经济优势

成都，作为四川省的省会，地处中国西南，地理位置优越，交通便利，具备连接中国与东南亚、中亚、欧洲等地区的独特优势。作为中国西南的政治、经济、文化中心，成都不仅在国内具有重要地位，而且在全球交通网络中也占据着关键枢纽位置，成为国内外市场重要的连接点。

得天独厚的地理条件，使成都成为跨境物流发展的理想平台。随着全球化进程的加速，成都在促进中国与沿线国家的贸易往来中发挥着越来越重要的作用。特别是在"一带一路"倡议的推动下，成都的战略地位得到进一步凸显，成为连接中欧、中亚和东南亚等经济区域的重要物流枢纽，这为其在跨境物流通道建设中的独特作用奠定了基础。

成都的经济发展为跨境物流提供了强有力的支撑。作为中国重要的制造业和高技术产业基地，成都不仅拥有完善的产业链和强大的产业基础，涵盖电子信息、汽车、航空航天、机械制造等多个领域，而且在新兴产业方面也不断发力，包括生物医药、人工智能、数字经济等，推动了产业结构的优化与升级。这些发展不仅提升了成都在国内市场的竞争力，也使其在全球范围内吸引了大量国际投资与合作。

随着国际贸易的持续增长，成都迫切需要一个高效的跨境物流平台，以实现与全球市场的无缝对接。成都国际陆港的建设正是为了满足这一需求，通过完善的物流通道和综合服务体系，为进出口企业提供便捷、高效的物流保障。该平台不仅增强了成都在全球产业链中的地位，也为企业提供了低成本、高效率的贸易解决方案，进一步推动了区域经济的国际化与全球化发展。

（二）国家政策背景

成都国际陆港的建设得到了国家政策的全力支持，特别是在"一带一路"倡议的框架下，成都逐步确立了作为国际物流枢纽的战略地位。自2013年"一带一路"倡议提出以来，成都凭借其独特的地理位置和经济优势，成为连接中国与中亚、欧洲、东南亚等地区的重要物流和贸易节点。国家将成都纳入西部地区对外开放的重点区域，推动了四川省与国际市场的深度融合，进一步增强了成都在全球物流网络中的地位。

为了确保成都国际陆港的顺利建设，国家和地方政府提供了全方位的政策支持。政府通过优化政策环境、降低税费负担、提供财政补贴等方式，保障了项目的顺利推进。此外，地方政府在土地使用、基础设施建设、通关便利等方面的积极支持，也为项目创造了有利的营商环境。这些政策不仅提升了物流效率，还进一步巩固了成都作为国际贸易中心的地位。

特别是在多式联运政策方面，国家出台了多项政策，推动了成都国际陆港的发展。多式联运通过铁路、公路、航空和海运等多种运输方式的高效衔接，大幅提升了跨境物流的效率并降低了运输成本。国家的支持在建设物流枢纽、推动区域交通一体化、提升港口和铁路货运设施等方面提供了强大动力，帮助成都国际陆港与其他国际物流枢纽实现了高效对接，逐步扩大其在全球物流网络中的影响力，推动西部地区跨境物流能力的提升。

（三）成都国际陆港设立目标

成都国际陆港始建于2013年，旨在促进四川省及西部地区的对外开放，提升国际贸易与物流效率，响应国家政策并加速"一带一路"倡议的实施。其建设目标不仅为成都及四川省的企业提供便捷的跨境物流服务，更重要的是提升西部地区在全球市场中的竞争力，推动区域经济发展。

成都国际陆港的核心目标是通过建设高效的多式联运体系，打通中亚、欧洲、东南亚等重要市场的物流通道，成为连接中国西部与全球经济的重要纽带。通过提供便捷、高效、低成本的物流服务，成都国际陆港致力于支持跨境电商、制造业及其他行业企业发展，尤其是在跨境电商蓬勃发展的背景下，成都国际陆港为国内外企业提供了一个高效的跨境物流平台，减少了传统贸易中的时间和成本壁垒。

此外，成都国际陆港还通过建设一系列现代化物流设施和服务体系，推动西部地区产业的全球化布局。陆港不仅注重基础设施建设，还结合物联网、大数据、人工智能等现代技术，推动物流服务的智能化与数字化。这些创新为西部地区的企业带来了新的发展机遇，使成都国际陆港不仅在国内市场中占据重要地位，也逐渐成为国际跨境物流的核心节点。

通过成都国际陆港的建设，四川省及成都市的产业结构得到优化，产业链条得以延伸，尤其是高新技术产业、汽车、机械制造、航空航天等领域的出口能力和竞争力显著提升。这一战略性项目不仅使成都成为中国西部地区的跨境物流中心，也使其在全球物流网络中占据了越来越重要的位置。

二、跨境物流通道与基础设施建设

（一）跨境物流通道建设

成都国际陆港通过建设连接多个国际市场的跨境物流通道，增强了成都及四川省在全球物流体系中的地位。成都的跨境物流通道包括传统的铁路、公路和航空线路，并通过海运连接了中国与其他重要经济体。成都国际陆港的通道设计充分考虑了不同市场的需求，特别是针对中亚、东南亚和欧洲市场，提供了多条物流路线，满足了不同企业的运输需求。

其中，中欧班列的开通标志着成都作为连接中国与欧洲的重要交通枢纽的地位。通过这一物流通道，成都不仅为欧洲市场提供了稳定的供应链保障，也推动了西部地区与全球市场的深度对接。此外，成都还通过海运和航空等其他方式，进一步扩大了与全球各主要经济体的物流联通，为企业的跨境贸易提供了强有力的保障。

（二）多式联运体系的构建

成都国际陆港的核心竞争力之一是其多式联运体系。该体系通过铁路、公路、航空等多种运输方式的有效衔接，打造了一个集运输、仓储、分拨和配送于一体的综合物流平台。这一体系不仅提升了跨境物流的运输效率，降低了运输成本，还优化了整体物流网络，减少了货物在运输过程中的转运次数，从而极大提高了物流通道的通畅度。

通过多式联运，成都国际陆港能够灵活应对不同类型货物的需求，特别是在大宗商品、重型货物以及紧急需求的物流运输中，能够快速、高效地实现物流目标。这种灵活的运输方式使得成都能够为企业提供量身定制的物流服务，提升了市场竞争力。

（三）核心物流设施与枢纽港口建设

为了支撑跨境物流通道的顺利运营，成都国际陆港加快了核心物流设施的建设。这些设施包括现代化的集装箱码头、铁路货运站、货运机场等，极大地提升了货物的处理能力。这些基础设施不仅为成都国际陆港的物流服务提供了有力保障，也为其在国际化运营中奠定了基础。

成都国际陆港的枢纽功能随着基础设施的逐步完善而日益显现，成为西部地区对外开放的重要平台。未来，随着更多设施的建设和完善，成都国际陆港将在推动全球物流网络和区域经济发展方面发挥越来越重要的作用。

三、技术应用与数字化转型

(一) 数字化平台与"一单制"物流

成都国际陆港积极推动跨境物流的数字化转型，推出了基于"一单制"的物流管理平台，这一平台极大地简化了跨境物流的操作流程，实现了从货物出库到目的地的全程跟踪与管理。通过"一单制"平台，所有物流环节的数据都被数字化记录，提供了更加透明、高效的物流管理方案。

这一平台不仅提高了运输效率，还增强了物流过程的透明度，提升了客户的信任度。平台的推行促进了物流信息的共享与协同，使各方能够实时了解物流状态，并及时进行调整，提高了跨境物流服务的整体质量。

(二) 区块链技术与跨境贸易金融创新

区块链技术的应用是成都国际陆港数字化转型的重要组成部分。通过区块链技术，成都国际陆港搭建了一个去中心化、信息共享的跨境贸易金融平台——"中欧e单通"，为跨境电商及其他国际贸易企业提供更加安全、便捷的支付和结算环境。

该平台能够确保物流、银行、港口等多方之间的信息可信任共享，大幅降低了跨境贸易中的风险和成本，尤其是为中小企业提供了更便捷的融资渠道和支付手段。此外，区块链技术还提高了跨境贸易的透明度，增强了交易双方的信任，进一步推动了四川及西部地区的贸易发展。

(三) 智能化系统与数据驱动的物流优化

成都国际陆港引入了智能化系统，通过数据分析与人工智能优化物流路线、库存管理和配送网络。智能化系统使得成都国际陆港能够实时掌握物流状况并做出迅速决策，极大提高了整体运营效率。

此外，智能化系统还能够通过大数据和机器学习对物流流量进行预测和调度，从而减少运输成本、提升货物运输的精准度和效率。通过不断优化的智能调度，成都国际陆港在保障运输高效性的同时，也进一步降低了运营成本，提高了企业的竞争力。

四、成都国际陆港跨境物流服务

成都国际陆港通过多种创新举措，为跨境物流提供了高效且便捷的服务。作为西部地区的重要物流枢纽，成都国际陆港不仅是一个简单的物流平台，而且是一个综合性的物流服务系统，融合了多式联运、数字化技术和跨境贸易支持，为各类企业提供全面、定制化的物流解决方案。

（一）多式联运服务

成都国际陆港的核心优势之一是其多式联运体系，通过铁路、公路、航空和海运等多种运输方式的高效衔接，成都能够提供快速、高效的跨境物流服务。尤其是在中欧班列的运营方面，成都已成为连接中国西部与欧洲、中亚及东南亚的重要物流通道。

通过多种运输方式的无缝衔接，成都国际陆港为不同货物提供灵活的物流选择，满足了跨境电商、制造业等多个行业的需求。

（二）跨境电商物流服务

随着跨境电商的快速发展，成都国际陆港充分利用其在中欧班列等运输通道的优势，为跨境电商企业提供了定制化物流服务。成都国际陆港为电商企业提供了从商品采购、仓储、清关到配送的一站式服务，确保电商商品能够快速、低成本地进入国际市场。

通过集成的物流信息管理系统，成都国际陆港能够实现订单全程追踪和实时监控，提升了物流流转效率，减少了传统贸易的时间和成本壁垒。

（三）跨境贸易金融支持

成都国际陆港还为跨境物流提供了全面的金融支持，尤其是通过与金融机构的合作，推出了基于物流数据的融资服务。这些金融产品包括信用证、贸易融资和保险等，特别是为中小型企业提供了资金保障，减少了资金压力，提高了交易效率和安全性。

五、成都国际陆港的挑战与未来发展

（一）面临挑战

尽管成都国际陆港在建设和运营过程中取得了显著成绩，推动了西部地区的对外开放与经济发展，但仍然面临多方面的挑战。

1. 跨境物流的复杂性与高成本问题

跨境物流的本质复杂性决定了其高成本特点。跨境运输涉及多个国家的法规与政策，运输方式多样，且各国的海关规定、检验检疫程序、关税政策等方面存在差异，这使跨境物流过程中的各环节需要高度的协调与合作。例如，不同国家之间的检验检疫标准差异以及海关清关流程的复杂性，都可能造成物流延误、成本增加和服务不稳定性。这些复杂性要求成都国际陆港不断优化流程，并通过科技手段提高物流效率，从而降低因政策差异造成的成本。

此外，全球供应链的不确定性和风险也增加了跨境物流的复杂性，尤其是在全球疫情、自然灾害、国际政治经济形势等外部因素的影响下，成都国际陆港需要更加灵活且高效地调整应对策略，以保证物流流畅运行。

2. 运输成本的控制与效率提升

尽管成都国际陆港具备多式联运的优势，能够通过铁路、公路、航空和海运等多种运输方式的联动提升物流效率，但如何在降低运输成本的同时提高服务质量依然是一个亟待解决的问题。运输成本高昂仍然是制约企业参与国际市场的主要障碍之一，尤其是在全球竞争日益激烈的背景下，如何通过科技创新、运营优化以及政策支持来降低物流成本是成都国际陆港面临的关键问题。

在此背景下，成都国际陆港需要不断优化其运输路线，提升运输工具的效率，并加大对绿色、低碳物流的投资。通过引入先进的自动化技术、智能化调度系统和物联网技术减少人工操作，提高运输效率，降低运输过程中的各类隐性成本。此外，与国内外合作伙伴的联合运作，尤其是与地方政府和物流企业的协同合作，也能够进一步降低运营成本。

3. 全球竞争加剧，提升市场竞争力

随着全球市场的竞争愈加激烈，成都国际陆港必须在众多跨境物流枢纽中脱颖而出。面对日益激烈的竞争，成都国际陆港需要不断提升其在全球市场中的影响力和吸引力，吸引更多的国内外企业入驻，增加其市场份额。为了提升竞争力，成都不仅需要不断改善自身的服务质量、优化运输路线、降低成本，还需要灵活应对多元化的物流需求和不断变化的国际市场。

与全球其他物流枢纽相比，成都国际陆港在品牌影响力、国际合作伙伴网络、科技创新等方面仍有进一步提升的空间。首先，成都国际陆港需要加强与全球其他重要物流枢纽的合作，扩展国际物流网络，并通过品牌建设提升国际知名度。其次，成都还需要加大在创新技术方面的投入，通过推动智能化、自动化技术应用，加强在供应链管理和物流优化方面的科技创新。最后，成都国际陆港应更加注重本地化服务与个性化需求的结合，提升服务多样化并加强对不同行业和市场的针对性支持，从而进一步增强其全球竞争力。

（二）成功经验

尽管面临挑战，成都国际陆港在多个领域取得的成功经验为其他地区提供了宝贵的借鉴。

1. 完善物流基础设施，打造高效低成本的物流通道

成都国际陆港通过持续投资与建设铁路、公路、航空和海运等多式联运基础设施，成功打造了一个高效、低成本的跨境物流通道。这一多元化的物流网络不仅提升了物流效率，也促进了西部地区的开放与发展，推动了区域经济的融合与全球化进程。特别是中欧班列的开通，使成都成为连接中国与欧洲的重要枢纽，进一步增强了成都国际陆港的竞争力。

2. 数字化转型，提升物流透明度与效率

成都国际陆港通过一系列数字化技术的应用，显著提升了物流过程的透明度、准确性与效率。其中，基于"一单制"的平台和智能化调度系统，简化了物流操作流程，减少了人为操作的错误和延误。这些创新不仅推动了成都国际陆港的数字化进程，也为跨境电商、制造业等企业提供了更加便捷、低成本的物流服务，提升了企业参与全球竞争的能力。

3. 区块链技术应用，提升跨境贸易安全与透明度

成都国际陆港在区块链技术的应用方面走在了行业前沿。通过建立去中心化的贸易金融平台——"中欧e单通"，为跨境贸易提供了更加安全、透明的支付与结算环境。这一平台确保了物流、银行、港口等多方之间的信息可信任共享，大大降低了交易风险和成本，提升了跨境贸易的透明度和信任度。成都国际陆港的这一成功经验为其他跨境物流枢纽提供了可复制的模式，尤其是对于"一带一路"沿线国家和地区，具有重要的借鉴意义。

4. 跨境金融服务创新，解决中小企业资金瓶颈

成都国际陆港在跨境金融服务上的创新也是其成功的重要组成部分。通过提供包括信用证、贸易融资、保险等在内的一系列金融产品，成都国际陆港为中小企业解决了资金瓶颈问题，帮助其顺利开展跨境贸易。特别是在全球化背景下，这一创新金融服务为推动中小企业国际化提供了重要支持，并为其他地区的跨境金融服务提供了具有推广价值的模式。

（三）未来发展方向

展望未来，成都国际陆港将继续在巩固现有优势的基础上，推动其数字化、智能化和绿色化发展，进一步提升在全球物流体系中的影响力和竞争力。

1. 数字化转型与智能化物流技术的深化应用

数字化技术的应用将继续作为成都国际陆港发展的核心动力。成都将进一步推动"一单制"平台的推广，结合大数据、人工智能、物联网等先进技术，提升物流调度效率，逐步实现运输过程的智能化、自动化管理。通过这些技术的应用，成都国际陆港将能够优化运输路线、提高货物追踪的精确度，并动态调整运输计划，确保物流服务的灵活性和时效性。

在物流服务智能化方面，成都国际陆港将加大对自动化仓储、无人机配送和智能货运等技术的投资应用，进一步提升物流运作效率和减少人工干预，从而减少物流过程中的人工成本，提高整体运营效率。通过智能化系统与大数据分析的结合，成都国际陆港还可以实时监控物流状态，预判市场需求变化，迅速调整战略，以适应快速变化的全球市场需求。

2. 国际物流网络的扩展与全球布局

成都国际陆港将持续拓展其国际物流网络，进一步提升其在全球物流体系中的地位。成都将通过优化中欧班列的运营，进一步增强与欧洲和亚洲市场的物流连接。同时，成都国际陆港还计划增加通往新兴市场的物流线路，进一步拓展与全球经济体的合作关系。通过这些措施，成都国际陆港不仅能够更好地服务国内外企业，还能为参与"一带一路"倡议的国家和地区提供更加高效的物流通道。

随着"一带一路"倡议的深入实施，成都国际陆港将继续发挥作为全球物流桥梁的重要作用，推动全球范围内的物流合作与经济交流。通过进一步加大与其他经济体的合作，成都国际陆港将在全球物流网络中扮演更加关键的角色，促进跨国贸易与投资的流通。

3. 绿色物流与可持续发展

成都国际陆港将更加注重绿色物流与可持续发展的理念。在未来的发展中，成都将推动绿色物流技术的应用，致力于减少碳排放，提高物流效率。成都国际陆港计划引入更多绿色环保技术，如新能源汽车、绿色包装等，以减小物流运输过程中的环境影响。通过这些举措，成都国际陆港不仅能够提升自身的全球竞争力，还能为全球物流业的绿色转型做出贡献。

在政策支持方面，成都国际陆港将积极争取政府对绿色物流、技术创新等领域的支持，利用政策优势进一步推动自身的技术创新和产业升级，为打造可持续发展的国际物流枢纽提供坚实保障。

4. 加强政策合作与产业生态系统建设

未来，成都国际陆港还将更加注重与政府、企业和社会组织的合作，促进跨部门、跨地区、跨国界的协调与合作。通过建立完善的产业生态系统，成都国际陆港将吸引更多的企业与资源，形成互利共赢的局面。同时，成都国际陆港也将加强与国际物流枢纽的战略合作，推动全球物流服务与解决方案的整合。

教学指导书

一、课程思政

通过成都国际陆港与西部跨境物流通道建设案例教学，学生不仅能够掌握跨境物流与多式联运的核心理论与实践，还能深刻理解成都国际陆港作为"一带一路"倡议下关键枢纽的独特定位及其在区域经济开放、多式联运创新和数字化技术应用中的重要作用。案例以成都国际陆港的实际发展为切入点，展示其通过高效物流网络推动西部开放、服务区域经济与优化物流体系的成功经验，同时引导学生关注数字化转型对物流行业的深远影响。课程思政要点融入有以下四方面：

1. 彰显西部开放与国际合作的责任担当

通过成都国际陆港的发展实践，学生可以深刻认识其在"一带一路"倡议中的关键角色。作为连接中亚、欧洲和东南亚市场的重要枢纽，成都国际陆港不仅体现了中国西部在国际合作中的地位，还通过多式联运和高效物流网络，为"一带一路"沿线国家提供了"成都经验"。教学中引导学生理解国家如何通过政策支持和技术输出，为区域经济合作提供保障，并增强学生对中国在全球经济合作中责任担当的认同感和自豪感。

2. 聚焦多式联运的系统化实践与创新

成都国际陆港的多式联运体系，将铁路、公路、航空和海运有效结合，打造了高效低成本的跨境物流解决方案。教学中，通过分析其多式联运的具体模式和创新点，帮助学生掌握物流系统整合的思维方式，启发他们理解复杂物流网络中系统优化的必要性，提升解决实际问题的能力，同时培养其实践创新意识。

3. 服务区域经济，增强家国使命感

成都国际陆港通过降低物流成本、提升物流效率，为四川及西部地区企业带来了参与国际市场的更多机会，有力推动了区域经济的开放与发展。案例教学中可以通过数据与实例，分析国际物流对制造业、高技术产业和跨境电商等领域的支持，帮助学生理解物流平台如何服务地方经济与国家战略，进而树立"立足本地、服务国家"的职业使命感。

4. 突出数字化技术的应用与未来竞争力

成都国际陆港通过"一单制"平台和区块链技术，实现了物流透明化与效率的双提升，为跨境贸易提供了创新型解决方案。教学中可引导学生探讨数字化技术如何解决传统物流痛点，并结合数字经济发展趋势思考未来的职业发展方向，从而激发学生的技术创新兴趣，培养其适应未来数字化需求的竞争力。

二、启发式思考题

（1）成都国际陆港如何通过数字化技术优化物流管理？数字经济理论认为，数据的实时共享和透明化是提升物流效率的关键，可以显著降低交易成本和运输风险。系统协调理论指出，数字化技术能够实现物流系统内各个环节的协调与统一，从而减少信息不对称，提升整体运行效率。成都国际陆港采用"一单制"物流管理平台，简化了物流操作流程，实现货物运输全程可视化。区块链技术的引入则确保了信息共享的可信度，减少了数据篡改风险。此外，智能化调度系统通过数据分析和预测，实现了物流线路的优化和资源的高效配置，大幅提升了物流效率与透明度。

（2）成都国际陆港如何推动西部区域经济发展？区域经济增长理论认为，

基础设施建设和物流网络优化能够促进区域产业的发展，推动资源流动，从而促进经济增长。价值链理论指出，高效的物流服务提升了区域产品的市场竞争力，推动了产业链的延伸和升级。成都国际陆港通过降低跨境物流成本和提升物流效率，为四川及周边区域的制造业和高技术产业提供了进入国际市场的便利条件。跨境电商得以利用陆港的物流服务高效对接欧洲和东南亚市场，同时产业链上游和下游环节也因物流效率提升而更加紧密联结。这不仅增强了区域经济的整体竞争力，还吸引了更多国际投资。

（3）成都国际陆港如何通过国际合作提升全球竞争力？国际贸易理论认为，区域物流枢纽的发展依赖于与国际市场的有效对接和协调，提升物流效率有助于增强国际贸易的竞争力。全球价值链理论指出，高效的物流能够减少国际贸易中的时间成本，从而提高区域产品在全球市场中的竞争力。成都国际陆港通过中欧班列和与国际物流枢纽的深度合作，建立起覆盖欧洲、中亚和东南亚的物流网络。凭借高效的多式联运和便捷的数字化通关流程，成都国际陆港成为区域商品出口的重要通道。同时，通过共享管理经验和技术，陆港为"一带一路"沿线国家提供了高效物流解决方案，提升了中国物流体系在国际市场中的影响力和竞争力。

参考文献

［1］成都国际陆港运营有限公司：http：//www. chinainlandport. org. cn/.

［2］国际班列物流服务平台：https：//www. cdirs. com/s/home.

［3］西部陆海新通道门户网：https：//www. xibulhxtd. cn/index. html.

［4］孙天阳，陆毅．中国—东盟经贸合作：西部陆海新通道的现状考察［J］．经济与管理评论，2024，40（4）：19-30.

［5］石福才，李光辉．新形势下加快西部陆海新通道建设：成就、挑战与新思路［J］．广西大学学报（哲学社会科学版），2024，46（3）：193-200.

［6］汪田姣，陈金源，温可仪．国际贸易通道建设与中国向西开放——来自西部陆海新通道的经验证据［J］．南方经济，2024（3）：101-120.

［7］马永腾，蒋瑛，鲍洪杰．交通基础设施、数字经济与贸易增长——基于西部陆海新通道沿线区域的实证分析［J］．改革，2023（6）：142-155.

［8］黄光宇，赵鹏军，何张源，等．我国西部陆海新通道的港口腹地分析［J］．地域研究与开发，2024，43（2）：7-14.

［9］陈万灵，陈金源，温可仪．参建通道经济能促进欠发达地区对外开放吗——来自西部陆海新通道的经验证据［J］．国际贸易问题，2024（1）：105-121.

［10］谭庆红．西部陆海新通道建设的机遇、问题及路径［J］．社会科学家，2022（8）：88−95+103.

［11］Gao T，Tian J，Huang C，et al. The impact of new western land and sea corridor development on port deep hinterland transport service and route selection［J］. Ocean & Coastal Management，2024（247）：106910.

［12］Zhang Z，Zeng W. What would be necessary to construct a rule framework for sustainability in the New Western Land−Sea Corridor? An analysis based on green international rule of law［J］. Sustainability，2023，15（24）：16888.

第三章 传统行业的供应链创新

案例 11 云南鲜切花产业：一朵鲜花的旅程

📚 案例内容

摘要： 云南鲜切花产业凭借得天独厚的自然条件和政策支持，已成为全国乃至亚洲的鲜切花生产、交易和科技创新中心。随着物流体系的迭代升级，鲜切花流通从早期"以路为市"的本地销售，发展为航空、冷链、电商等多渠道协同的全国性网络，极大地拓展了市场覆盖范围。同时，"悦己消费"趋势和鲜花电商的崛起进一步催生出千亿级"鲜花经济"。然而，产业仍面临物流成本高、种植端波动性大、同质化竞争等问题，未来需通过优化市场结构、加强供需精准对接、提升数字化和标准化水平等方式，提升产业竞争力，助推鲜花经济持续高质量发展。

关键词： 鲜切花；物流；流通；电商

一、中国花卉行业发展大局与愿景

我国花卉种质资源丰富，栽培历史悠久，文化底蕴深厚，花卉产业发展前景广阔。花卉业的发展对于推动生态文明建设、美丽中国建设以及满足人民日益增长的美好生活需要具有重要意义。近年来，花卉产业已成为我国生态文明建设和乡村振兴战略的重要支柱产业，种植面积和增速连续多年居全球首位，已逐渐成为国际花卉业的重要组成部分。我国花卉产业规模持续扩大，现代化产业格局日趋完善，并从规模化发展向高质量发展稳步迈进。截至 2022 年底，全国花卉种植面积约 150 万公顷，总销售额突破 2200 亿元，花卉进出口贸易额达到 7.20 亿美元，使我国稳居世界最大花卉生产国和消费国之列。

2021 年，我国花卉零售市场规模达到 2205 亿元，同比增长 17.5%。到 2031 年，在人均 GDP 预计达到 2 万美元的经济背景下，全国花卉市场消费需求有望达到 5000 亿元。此外，海外市场也取得显著突破。2021 年，我国花卉进出口贸易总额首次突破 7 亿美元，同比增长 12.66%。其中，出口额为 4.65 亿美元，较 2020 年增长 20.24%。2022 年出口额进一步增至 4.86 亿美元，同比增长 4.52%，而进口额则为 2.34 亿美元，同比小幅下降 0.85%。①

为推动花卉产业高质量发展，2022 年 11 月，国家林业和草原局与农业农村部联合发布《关于推进花卉业高质量发展的指导意见》（林生发〔2022〕114 号），明确了我国花卉产业未来的发展思路、基本原则、发展目标和重点任务。文件提出，将从种质资源保护、种业创新、产品质量提升、产业布局优化、产业链延伸、物流体系健全、市场体系完善、数字化赋能、绿色发展、消费促进、文化弘扬以及国际合作 12 个方面推进工作。目标是到 2035 年，健全花卉种业创新体系，显著提高商品花卉国产化水平，优化产业布局，提升质量效益，繁荣花卉文化，扩大花卉消费和出口，基本建成完善的花卉产业体系，力争实现年销售额突破 7000 亿元。

未来，我国将通过统筹布局、各方协作和深化国际合作，稳步推动花卉产业发展，进一步提升中国花卉产品的国际影响力。通过讲述中国花卉故事，传播中国花卉文化，我国正由花卉生产大国向花卉产业强国迈进。

二、云南鲜切花独占鳌头

云南地处低纬高原地区，拥有得天独厚的自然条件，几乎全球所有的花卉品种都能在此找到适宜的生长环境，被誉为全国乃至全球花卉种植的"福地"。与享有"欧洲花园"美誉的荷兰相比，云南的物候生长期多出 116 天，光照时间为荷兰的 1.6 倍，有效积温更是达到其 2.2 倍。云南已经成为世界最重要的花卉产区之一，拥有亚洲最大的鲜切花批发市场和全球排名第二的花卉拍卖交易中心。其鲜切花的生产面积、产量和出口额已连续 27 年位居全国首位，是全国乃至亚洲地区鲜切花种植栽培的核心基地，同时也是交易流通和科技创新的中心，为"世界花园"的建设提供了重要支持。

经过近 40 年的发展，云南省花卉产业仍保持着强劲的行业优势，在面积和产值上位居全球第三，增速更是位列全球第一。云南省花卉产业总产值首次突破千亿元大关，达到 1034.2 亿元。截至 2021 年，云南共有花卉企业 7950 家，其中包括 6 家国家级重点龙头企业和 36 家省级重点龙头企业。全省年营业额超过 1000 万元的企业达到 158 家，其中年营业额过亿元的企业有 7 家，进一步巩固了云南作为花卉大省的地位和影响力。②

① 《2021 年中国花卉产业发展报告》《2022 年中国花卉产业发展报告》。
② 《2021 年度云南省花卉产业发展报告》。

花卉经理人常说"市场上流通的每 10 枝花，有 7 枝来自云南"，足以说明云南鲜切花行业在全国举足轻重的地位。经过不断的努力，"云花"已经是云南花卉行业的响亮名片，一部分国产鲜切花，如月季、绣球、康乃馨、菊花、茶花已经走出国门，出口欧美、澳大利亚、日韩、南亚、东南亚等国家和地区，将是打开国际鲜切花市场的重要"敲门砖"。

三、物流改变鲜切花流通业态

物流是鲜切花运输的必要工具和流通渠道，物流的渠道和形式决定了鲜花可以"走到哪里"，途经"哪些站点"，可以进行怎样的"旅程"，最后到达"目的地"。多年来，鲜切花传统物流渠道经历了几次转变，走出了一条具有中国特色的路线。从物流 1.0 版本，迭代到 3.0 版本，深刻地影响了鲜切花行业交易模式以及流通渠道。

（一）以路为市，鲜花只能"串串门"

20 世纪 80 年代，鲜切花消费市场尚处于萌芽阶段，全国范围内的鲜花消费观念刚刚兴起。此时，各地的鲜切花生产主要以销地为中心向周边区域辐射。由于各省都存在一定程度的花卉生产，鲜花产地的辐射范围较小，流通渠道相对单一，通常是从生产者直接流通到消费者或花店。"以路为市"的现产现销模式成为鲜切花流通的主要特点，销售通常依托固定的"花街"，通过地摊形式进行，例如，以"斗南街"为代表的花街。受限于这种模式，鲜切花的流通范围和产量较小，产业化水平较低，仅能在局限性区域内进行流通。

（二）直飞添翼，鲜花可以"出远门"

20 世纪 90 年代，花卉集散中心初步形成，花卉产销分离现象出现，形成了以广东、云南为鲜切花的主要生产地，取代了全国各地零星分散生产的局面，产品实现跨区域流动。以航空为主的物流方式助推云南主产区向全国各地输送鲜切花，进而产业依赖航空网络，物流网络较为发达和便捷的北京、上海、广州等交通中转城市成为花卉交易集散中心。这一阶段鲜切花的流通环节和物流途径增加，从点对点变成有一级产地批发、二级销地批发，甚至三级（二级销地周边城市）批发的产销环节。鲜切花产量和交易量逐年增加，产业化水平较高，交易形成主产区辐射销售全国的局面。

（三）形成合力，鲜花可以"自由行"

2000～2014 年，物流行业的快速发展深刻重塑了鲜切花行业的流通格局。区域集散中心的主导地位逐步被弱化，大市场流通网络以省会城市为核心，向周边城市扩散，形成更广泛的覆盖范围。尤其是在东部地区的长三角、珠三角和京津冀等中心城市圈，借助"两小时城市圈"的优势，销地三级批发商的数量显著减少。同时，鲜切花的流通方式、交易形式和市场环节日趋成熟和多样化，依托航空、公路运输网、冷链运输和汽运等多种方式构建起高效的物流体系。

自 2015 年电商直播兴起后，云南鲜切花生产基地开始大力发展"一件直发"的物流运输模式。到 2020 年以后，跨境电商直播平台的兴起进一步推动了鲜切花交易的快速发展，尤其是在南亚和东南亚的周边国家市场，鲜切花出口贸易额逐年增长。在此背景下，鲜切花流通形式变得更加多元化和便利化，能够在保鲜期内到达大部分城市，形成了竞争激烈、百花齐放的市场格局（见图 3-1）。

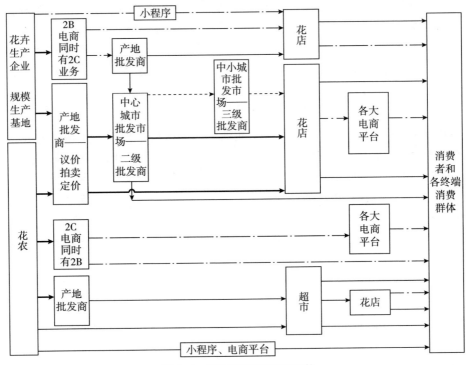

图 3-1 鲜切花交易流通现状

资料来源：《2023 全国花卉产销形势分析报告》。

目前，鲜切花的主要流通形式包括以下三种：①从种植基地直接到消费者，实现"一手交易"；②通过各级批发商、花店、超市等中间环节，经过"多方转手"最终到达消费者手中；③通过线上平台实现便捷购买，消费者可利用"叮咚买菜""美团"等线上应用轻松下单，实现"鲜花外卖"。

四、新观念催生新业态

（一）"悦己消费"新观念的形成

随着中国社会价值观日益多元化，女性意识的增强以及青年人个性表达的释放，消费者的购物动机正在发生显著转变，情绪驱动型消费需求也在不断提升。一个显著的趋势是消费理念从"取悦他人"逐渐转向"取悦自己"。悦己消费的核心动机是关注自我感受，以自身的满足为导向，而不再过多考虑外界的评价。根据京东消费及产业发展研究院发布的《高质量驱动发展——2021 年消费现象及产业洞察报告》，悦己消费已占生活消费的六成以上。同时，艾媒咨询的数据显示，在 2020 年中国网民购置鲜花的原因中，73.4% 选择了表达感情，54.9% 为节日庆祝，47.6% 为装饰环境，而为愉悦自身的消费比例也达到了 28.8%。这种情绪消费的增长为鲜切花行业带来了新的市场红利，使鲜花逐渐从"节日礼品"向"日常消费品"转型，培养了一代甚至几代人的鲜花消费习惯。[①]

（二）年轻人的"鲜花外卖"

近年来，特别是在疫情的推动下，年轻人的消费习惯加速转变，使同城配送成为零售业的核心需求之一，鲜花外卖业务因此在短时间内迅速崛起，并由一、二线城市向三、四线城市及乡镇市场延伸。与此同时，随着小红书、微博等社交平台的兴起，以及 plog 和 vlog 等内容形式的流行，商家通过与 KOL 合作，分享鲜花带来的仪式感与精致生活，引发了大量消费者的模仿和跟风。

鲜花电商已成为鲜花消费的重要渠道之一。艾媒咨询数据显示，2016 ~ 2021 年，鲜花电商市场规模持续扩大，从 2016 年的 168.8 亿元增长到 2019 年的500 多亿元，并预计 2022 年首次突破千亿元大关，2025 年将超 1600 亿元。相较零售行业整体平均增速，鲜花电商的增长速度明显更快，其中鲜花外卖电商的增速尤为显著，呈现倍速级的扩张。以 2021 年为例，"饿了么"平台的鲜花外卖业务规模同比翻倍增长，动销商户数和单日订单量在大促期间屡创历史新高。此外，京东、叮咚买菜、盒马鲜生等电商巨头也凭借自身供应链优势纷纷布局鲜花销售业务。鲜花由此成为生鲜电商继肉类、蛋类、果蔬之后的全新业务品类。

在物流方式上，叮咚买菜舍弃传统的航空运输，转而采用汽车冷链运输，确保鲜花品质，2021 年其鲜花销售量达 1.8 亿支。盒马鲜生则通过改革运输线路，进一步推动鲜花业务发展。目前，盒马在全国拥有 40 多个鲜花直采基地，其中约七成位于云南，全年供应玫瑰、绣球、百合、康乃馨等多种花材。自云南产地仓投入运营以来，盒马的基地直采鲜花销量增长超过 60%。[②]

五、机遇与挑战并行的"鲜花经济"

一束鲜花的浪漫永不过时。鲜花始终是浪漫和情感表达的象征，近年来，随

---

① 方宇．一朵鲜花下的经济学 [J]．经理人，2022（6）：56-59.
② 中商产业研究院。

着鲜花电商的快速发展和零售模式的创新，鲜花经济正催生出一个潜力巨大的千亿级消费业态。

（一）危机意识

从现状来看，鲜花经济面临着多重挑战。主要体现在以下三个方面：

（1）成本控制是鲜花行业亟待解决的问题。尽管"鲜花+互联网"模式在一定程度上削减了传统销售模式中的差价，但鲜花的时效性决定了物流成本居高不下。鲜切花在采摘后必须在24小时内完成一系列处理流程，包括去除多余叶片、喷洒驱虫药剂以及标准化包装。这些环节不可或缺，因此相关的人力和包装成本难以进一步压缩。

（2）种植端的不确定性给行业带来了巨大风险。节假日的高峰需求、极端天气和突发灾害可能引发供应链断裂，甚至造成大规模鲜花的销毁，从而导致市场价格剧烈波动。例如，2020年疫情叠加雪灾的影响，昆明斗南花市暂停交易，云南鲜花产业损失超40亿元，仅2月10日一天便有上百万枝玫瑰被销毁。

（3）同质化竞争问题在鲜花行业中普遍存在。这种同质化不仅表现在线上平台的运营模式中，也反映在种植端的花卉品种上。消费者对新品种的需求持续增加，但前端的研发能力却难以跟上终端市场的多样化需求。鲜花种植需要高度专业化，而市场的需求却趋于多元化，这对单一的种植户或企业提出了更高要求。然而，由于行业的标准化和信息化建设不足，供应链效率低下，市场信息在传递过程中滞后，导致花农在种植决策中无法准确匹配市场需求，从而加剧供需脱节的现象。

（二）破局之道

1. 利用政策红利优化市场结构

抓住"构建全国统一大市场"的政策机遇，调整鲜花市场的区域与产品结构。通过产业集群化发展，实现生产端对终端市场的高效辐射，同时整合行业资源，推动鲜花产业链的数字化和标准化进程，为行业持续发展奠定了坚实基础。

2. 深挖终端市场的情绪消费潜力

紧抓"情绪消费"兴起的机遇，精准把握消费者在特定场景下的心理需求，将情绪价值作为品牌占领消费者心智的重要突破口，逐步培养代际性的鲜花消费习惯。在品牌建设方面，可探索鲜花售卖以外的增值业务，例如，开设线上线下的花艺课程，与家居、服装等品牌合作推出联名产品，以此提升品牌知名度和影响力。

3. 实现生产端与市场终端的协调平衡

鲜花种植涉及引种、试种及调配等复杂环节，周期较长，如何快速响应市场的多样化需求成为关键。通过加强生产端与终端市场的有效沟通，不仅能够推动行业实现供需匹配，还能加速行业良性循环。特别是终端市场对新品种的热情和推广能力较强，通过两端协作可激发更大的市场活力。

4. 构建互联网生态圈与立体化渠道网络

以多方共赢为目标，打造具有核心竞争力的互联网生态圈。借助移动互联网技术和平台理念，紧扣鲜花市场的下沉趋势，构建融合本地化和社交属性的线上、线下互动电商平台。通过社区化运作与乡镇网点覆盖，实施多品牌、多品种的多元化策略，形成竞争力突出的立体化渠道网络，助推"鲜花经济"在时代风口下走得更远，为市场注入持久动力。

📚 教学指导书

一、课程思政

通过案例教学，学生不仅能掌握现代物流与供应链管理的核心理论与实践，还能从案例中感受到中国鲜切花产业的迅速发展以及中国人民对美好生活的向往，是建设美丽中国和花卉文化消费观念的重要体现。课程思政要点融入以下两个方面：

（1）中国鲜切花产业的蓬勃发展，不仅代表了在花卉产业发展中的创新力量、科技力量，也代表了中国人民生活水平的不断提高、花文化消费观念的不断普及和对美好生活的日益向往。引导学生思考如何在全球花卉行业竞争中更好地体验"四个自信"，尤其是"文化自信"。

（2）强调物流行业发展和变革对鲜切花产业格局形成的影响，体现科技创新对产业发展的重要作用，与国家"科技强国"理念相结合，培养学生的创新意识。

二、启发式思考题

（1）如何通过优化物流网络提升鲜切花产业链的效率与竞争力？供应链管理理论认为高效的物流网络是供应链运作效率的核心。冷链物流运输在保证鲜切花品质方面至关重要。优化物流网络需要整合冷链运输、航空网络和公路运输，确保鲜切花在运输过程中保持新鲜度。建立区域集散中心和产地直采模式，可以减少中间环节，提高配送效率，降低物流成本，从而增强鲜切花产业的竞争力。

（2）面对鲜切花产业的同质化竞争，如何实现产品和服务的差异化？差异化战略理论认为通过创新和个性化服务获得竞争优势。创新扩散理论认为新技术和产品的推广能够塑造市场地位。通过引入新品种、研发独特包装和提供定制化服务，鲜切花企业可以在产品和服务上实现差异化。同时，通过与其他生活类品牌合作，开发花艺衍生品（如香氛、摆件），拓展盈利点，从而在竞争中脱颖而出。

（3）鲜切花产业如何借助情绪消费趋势进行品牌塑造和市场拓展？情绪消费理论认为消费者购物行为受到情绪驱动。品牌建设理论认为独特的品牌定位能够增强消费者忠诚度。鲜切花品牌可以围绕情绪消费打造"悦己"主题，通过社交媒体营销展示生活美学和仪式感，吸引年轻消费者。品牌可结合花艺课程、跨界联名等多元化营销方式，增加品牌附加值，同时强化消费者对品牌的情感联结。

📚 参考文献

［1］方宇. 一朵鲜花下的经济学［J］. 经理人，2022（6）：56-59.

［2］高红玲. 从2022年花拍大数据看鲜切花产业链——全国鲜切花产销形势分析［J］. 中国花卉园艺，2023（4）：13-18.

［3］钱晔，孙吉红，彭琳，等. 基于智能模型群的鲜切花产业平台的构建［J］. 北方园艺，2019（4）：162-166.

［4］宋昌昊. 新冠肺炎疫情对中国花卉产业发展的影响［J］. 北方园艺，2020（20）：142-145.

［5］赵帅，李亚城，李文立，等. 平台型企业的商业模式创新及其内在机理——以斗南花卉产业集团为例［J］. 管理案例研究与评论，2019，12（2）：192-209.

［6］Ahmed J U，Linda I J，Majid M A. Royal Floraholland：Strategic supply chain of cut flowers business［M］. SAGE Publications：SAGE Business Cases Originals，2018.

案例 12　花卉新品种权如何守护供应链稳定：从知识产权到市场的全链条探索

📚 案例内容

摘要：随着全球花卉市场的发展壮大，以及产业链的重塑和不确定性的加剧，花卉产业的供应链管理面临着诸多挑战。花卉产业的供应链参与者众多，涵盖了从上游的花卉育种、种植企业，到中游的花卉加工、包装企业，再到下游的批发商、零售商以及电商平台等。而花卉育种作为供应链的最前端，直接决定了产业的发展源头活力。种业在全球花卉产业的发展中发挥着不可替代的作用。在这一背景下，花卉品种权的管理显得尤为重要。花卉品种权保护不仅关乎品种的创新和保护，更直接影响到整个供应链的稳定性，成为花卉产业以及市场参与者实现可持续发展的关键因素。未来，企业在制定供应链战略时，应更加重视知识产权的布局与管理，以增强自身的竞争力和抗风险能力，从而确保供应链的稳定与安全。本案例将详细探讨花卉品种权管理如何影响花卉产业供应链的各个环节，并为相关企业提供管理建议。

关键词：花卉；新品种保护；知识产权；供应链管理

一、一粒种子如何缔造千亿产业

花卉产业作为绿色经济的重要组成部分，不仅美化了人们的生活环境，还促进了农业结构的调整与升级。该产业涵盖花卉的育种、种植、加工、销售等多个环节，形成了一个复杂而精细的产业链。从上游的种植基地和花卉种子供应，到中游的花卉加工、包装和物流，再到下游的批发零售和市场推广，每个环节都紧密相连，共同推动花卉产业的蓬勃发展。

近年来，中国花卉产业保持了稳步增长的态势。据中研普华产业院研究报告《2024—2029年花卉产业现状及未来发展趋势分析报告》，中国已成为全球最大的花卉生产基地之一，花卉市场规模不断扩大。2022年全国花卉零售市场总规模达1986.8亿元，[①] 到2023年，这一数字增长至2165.8亿元，比2022年增长9.0%。[②] 这表明，随着经济的发展和人民生活水平的提高，花卉消费需求持续增长。

花卉产业的市场参与者众多，涵盖了从上游的花卉育种、种植企业，到中游的花卉加工、包装企业，再到下游的批发商、零售商以及电商平台等。而花卉育种作为供应链的最前端，直接决定了产业的发展源头活力。种业在全球花卉产业的发展中发挥着不可替代的作用，通过提高花卉的产量与质量，推动产业升级，促进可持续发展，为花卉产业的长期健康发展提供了强有力的支撑。随着市场需求的不断增长，种业的创新与发展将继续成为保障全球花卉产业繁荣的重要力量。因此，关注种业的发展，推动其创新与进步，不仅是花卉产业发展的必然要求，也是实现经济与社会可持续发展的重要途径。

种质资源作为花卉产业发展尤其是新品种选育的源头，是未来产业的核心竞

---

① 人民日报："颜值"变产值花开富万家。
② 《2024全国花卉产销形势分析报告》。

争力所在。中国花卉新品种的育种研发，大致经历了三个阶段：第一阶段主要依靠从国外引进新品种。科技人员按照不同花卉种类对应不同克隆配方进行摸索，生产出的种苗品质和销量都很好，但是没有解决根本性的新品种研发问题，即核心的知识产权依然掌握在国外的育种商手上。第二阶段提升行业对自主知识产权新品种的重视程度。从单纯"引种"到"引智引才"，引进了许多高层次研究人员，追随国外先进的育种技术攻坚克难。第三阶段逐步实现独立创新。各大花卉企业与国内外科研院所、育种单位之间建立紧密合作关系，不仅持续突破技术难关，也在花卉品种研发、栽培技术、生产装备、组织体系、产业模式上探索出了一条新路。据不完全统计，截至 2022 年底，中国累计自主育成花卉新品种 2000 余个，部分品种具有很好的商品价值以及优良特性。

二、如何打造种子"保护伞"

具有自主知识产权的品种被育种家培育出来后，如何在国际和国内环境下得到保护？法律是首选答案，法律赋予了新品种合法的地位以及维权的法律依据。花卉新品种权是对新培育的花卉品种所赋予的知识产权。这种权利不仅保护了研发者的利益，同时也对花卉产业的供应链稳定性产生了重要影响。

（一）UPOV 公约

国际上保护植物新品种权的主要法律依据是《国际植物新品种保护公约》（*International Union for the Protection of New Varieties of Plants*，以下简称《UPOV 公约》）。《UPOV 公约》成立于 1961 年，是依据该公约设立的，现已成为种业知识产权领域最具有影响力的政府间国际组织，拥有 78 个成员，覆盖 97 个国家。《UPOV 公约》作为一项旨在保护育种者权益的国际协议，为植物新品种的保护建立了专门制度，明确了保护范围、条件、期限以及育种者的权利。它旨在通过保障品种权，推动植物新品种的研发、技术转让、合作交流以及农产品贸易的国际化发展。

中国于 1999 年加入了《UPOV 公约》1978 年版本，并开始接受品种权申请和授权工作。公约对实质性派生品种（EDV）的保护进行了规定，并自 1991 年以来对植物品种知识产权保护形式进行了更新。《UPOV 公约》要求受保护的植物新品种具备新颖性、特异性、一致性和稳定性（DUS）。未经品种权人授权，任何人不得出于商业销售目的，生产、许诺销售或在市场上销售受保护品种的繁殖材料（包括整株植物）。

根据 2022 年植物新品种保护统计数据，中国的品种权申请量达 13027 件，授权量达 4026 件，均位居全球首位。这表明《UPOV 公约》的实施对推动中国植物新品种的创新选育、优良品种的推广应用以及现代种业的快速发展发挥了重要的促进作用。①

（二）《中华人民共和国植物新品种保护条例》

在国内，植物新品种权的主要法律依据是《中华人民共和国植物新品种保护条例》。该条例于1997年3月20日颁布，并自1997年10月1日起实施。条例旨在保护植物新品种权，鼓励育种和推广新品种，以促进农业和林业的发展。其核心内容包括以下四个方面：

（1）权利归属与保护。条例规定，完成育种的单位或个人对其授权品种享有独占性权利，未经权利人许可，任何单位或个人不得出于商业目的生产或销售该品种的繁殖材料。

（2）申请与审查。植物新品种权的申请与审查由国务院农业与林业行政部门共同负责。

（3）激励机制。针对具有重大应用价值并对国家利益或公共利益有突出贡献的育种成果，县级以上人民政府或相关部门应给予奖励。

（4）保护期限。条例对植物新品种权的保护期限作出了具体规定，以确保育种者权益。

2022年11月21日，条例的修订草案面向社会公开征求意见，这是自1997年实施以来首次进行全面修订。修订内容涵盖7个方面，包括对实质性派生品种（EDV）的制度实施细则、扩大保护范围与环节、延长保护期限、完善侵权案件处理机制、明确权利恢复情形、强化对不诚信行为的处罚以及组建植物新品种保护专业队伍等。

自条例实施以来，在促进植物新品种权申请与保护方面成效显著。截至2022年，中国已发布11批农业植物新品种保护名录，涉及191个植物种属，累计申请5.8万件，授权2.2万件，连续5年在国际植物新品种保护公约（UPOV）成员中居于首位。随着知识产权强国建设的深入推进，中国植物新品种保护领域持续快速发展，自2017年起年申请量已连续5年位居世界第一。截至2022年9月，农业农村部已受理申请57863件，授权21652件，国际影响力显著增强。

云南作为花卉新品种培育的重要省份，截至2024年，花卉新品种权申请总数达到1100件，授权总数为700件。这表明，《中华人民共和国植物新品种保护条例》在激励创新育种、增强种业竞争力、服务现代农业发展等方面发挥了重要作用。②

---

① UPOV官网。

② 农业农村部新闻办公室。

（三）成立花卉新品种保护联盟

2023 年 2 月 20 日，由昆明杨月季园艺有限公司牵头成立云南省花卉新品种保护联盟，联盟单位有昆明杨月季园艺有限责任公司、云南英茂花卉产业有限公司、昆明缤纷园艺有限公司、玉溪迪瑞特花卉有限公司、云南西露斯园艺有限公司、玫昂园艺科技（云南）有限公司、昆明虹之华园艺有限公司七家单位。这些单位在月季、绣球、康乃馨、菊花育种中均为走在前列的"业内大佬"。该联盟的成立旨在推动花卉育种行业持续健康发展，构建花卉新品种良好市场秩序，保护花卉育种人、育种企业及种植者的合法权益。通过团体的力量，以成员之间的合作和资源整合，通过法律手段和联盟影响力，努力构建花卉新品种健康发展的市场环境。联盟致力于解决种业短板问题，探索创新科技成果转化机制，促进建强云南花卉种业"芯片"。

三、从知识产权管理到花卉产业市场的全链条探索

花卉品种权管理是提升花卉产业供应链稳定性的关键因素之一。通过促进创新、提升市场信任度、减少供应链风险以及影响生产计划，良好的品种权管理能够为产业的可持续发展提供保障。花卉产业的供应链通常包括以下四个环节：①育种和品种开发：通过科学技术手段培育出新花卉品种。②生产和种植：在适宜的环境中进行花卉的种植和养护。③加工和包装：对采摘的花卉进行加工和包装，以满足市场需求。④分销和销售：通过批发商、零售商及电商平台将花卉产品销售给最终消费者。

（一）育种阶段——供应链源头活力

"每朵独一无二的花，都是育种者的骄傲。"育种公司用数年甚至十年时间培育出一款新品种，它不仅是技术的结晶，更是市场的潜在热点。但一旦这些新品种被非法扩繁或模仿，育种者的努力可能付诸东流。新品种权如同一把法律"利剑"，为育种者撑起"保护伞"。花卉品种权管理可以有效激励育种者进行创新，开发出更多优质、独特的花卉品种。这种多样性不仅可以满足市场对不同花卉的需求，还能够为供应链中的各个环节提供更多选择，从而增强整体的市场竞争力和稳定性。

花卉新品种选育工作有以下四个特点：①育种周期长：花卉新品种的选育通常需要较长的时间，从收集资源到新品种的推广可能历时数十年。②研发投入大：新品种选育涉及大量的资金投入，包括国家科技计划资助、中央财政林业科技推广示范项目等。对人力、财力、物力都需要持久的投入。③技术要求高：选育过程需要综合运用遗传育种学、观赏植物学等多个学科的知识，采用种内杂交、多性状综合选择等技术。④资源收集困难：新品种选育过程中，优秀育种资源的国际交流渠道单一，数量有限，难以满足育种发展的要求。

花卉育种遇到的难题：我国花卉企业在国际市场上的品牌声誉较低，无法获取较大的利润空间，与花卉强国在育种、花卉样式培育等方面存在较大差距。品种权保护中的难题：品种权侵权诉讼过程中，"取证难、鉴定难、执行难""侵权成本低、维权成本高""有法难依、违法难究"问题突出。

新品种权的保护对于激励育种商的热情、保护其研发成果、促进花卉产业的高质量发展具有重要作用。通过法律保护、政策支持和市场激励，可以有效地激发育种商的创新活力，推动花卉新品种的研发和应用。新品种权确保育种者的智慧和劳动成果得到合理回报，这为育种者提供了经济上的激励，鼓励他们继续投入研发。新品种权通过法律手段保护育种创新，从源头上解决种子同质化问题，激励原始育种创新。新品种保护通过提高侵权成本，加大惩罚性赔偿数额，提高对侵害植物新品种权行为的威慑力，保护育种者的合法权益，为供应链源头注入活力。

（二）种植阶段——供应链延伸动力

新品种从实验室走向田间地头，迎接它的是广阔的种植园。但并非每个种植者都能参与这个旅程。通过新品种权授权机制，育种公司选择了经验丰富且合规的种植企业，实现双赢局面。然而，未经授权的非法繁殖却屡见不鲜，不仅扰乱市场，也打破了供应链的平衡。育种公司通常采用多种合理的授权模式进行授权许可种植。授权模式不仅可以保护育种商的知识产权，还能促进新品种的广泛传播和商业化。一般授权模式包括直接授权模式和三方合作共赢模式。

（1）直接授权模式。育种商直接授权种植商种植新品种，种植商需支付一定的授权费用。在这种模式下，育种商对种植商的种植行为有直接的控制和管理权。直接授权模式又分为独占授权、非独占授权。独占授权是指育种商将新品种的使用权完全授予某一特定的种植商，其他种植商不得使用该品种。种植商可以在指定区域内独占市场，获取更高的利润。育种商能够确保其新品种的市场形象和品质得到维护。而潜在的风险点为，在缺乏市场竞争的情况下影响价格。另外，如果种植商未能确保产品质量以及未能进行有效的推广，可能导致育种商的潜在收益损失。而非独占授权是指育种商授权多个种植商使用同一新品种，各参与者可以同时进行种植和销售。该授权方式扩大了新品种的市场覆盖率，促进了多样化的推广。种植商间可以形成良性竞争，有助于保持价格的稳定。潜在的风险点为市场上可能出现质量参差不齐的情况，影响消费者的信任。不同种植商的推广策略可能导致市场混乱。

（2）三方合作共赢模式。育种企业、种植者与第三方（如昆明国际花卉拍卖交易市场）签订产品销售协议。种植商与育种企业签订新品种种植协议，产品上市销售前不收取知识产权费，产品上市后通过拍卖市场销售，知识产权费从销售额中扣除。在该模式下简化了育种商和种植商之间的交易流程，通过交易平台代收专利费，保证了育种商的收益，同时也促进了新品种的市场流通。但存在的潜在风险是该模式依赖于交易平台的信誉和效率，如果交易平台出现问题，可能会影响育种商和种植商的利益。

获得授权种植花卉新品种的企业可以更加自主地进行种植计划和库存管理，根据市场需求灵活调整生产计划，从而避免过剩或短缺的情况，也不会出现盲目跟风。这种灵活性使供应链能够更有效地响应市场变化，提高整体的运营效率，及时调整生产策略，成功避免了因季节性波动而导致的库存积压。与此同时，育种公司在对种植企业进行授权后还要对其提供种植环节中的技术支持和服务，推动标准化种植，从而使花卉新品种的产品质量得到保证。

（三）分销和物流阶段—供应链续航助力

如何让花卉产品在国内外"自由行"，物流是重要的支撑体系。近年来，物流产业的发展，为花卉产品流通提供了重要的动力。物流环节繁多，从发货、运输、接货、核验到配送，每一环节都至关重要。尤其是跨境物流，不同国家的法律规范不尽相同，花卉品种多样，报关、清关手续烦琐，都可能成为影响供应链稳定的关键。新品种授权则为流通中的花卉提供了"合法身份"，未经授权或者"冒名顶替"的"非法花卉"将会在流通环节被及时拦截，杜绝随之引发的市场混乱。

随着数字化发展，区块链技术在花卉新品种流通过程中的应用也越来越多。如基于区块链的溯源技术可以确保全球名贵花种基因和资讯的自由流通，同时保证信息的透明性和不可篡改性。这种技术可以帮助追踪花卉新品种从育种到市场的整个流通过程，确保品种的真实性和质量。区块链数据管理技术可以用于花卉种质资源的数据管理，包括数据溯源、安全传输和品种确权。解决育成品种在市场上流通时的权属问题，通过建立种质从共享利用到市场流通各环节的信息链，记录所有关于品种和育种的数据，为花卉新品种知识产权维护提供数据支撑。

（四）零售阶段—供应链落脚着力

新品种进入市场后，并不意味着旅程的结束。面对消费者的审美变化，品牌价值成为新品种的核心竞争力。一家零售商通过专属授权模式，独家销售一种兰花新品种。这款花因其独特的形态在高端市场大受欢迎。而同样的新品种，却在另一地区因非法销售引发价格战，影响了品牌形象。这场关于品牌与市场的博弈，让知识产权的重要性再次显现。新品种的市场推广与品牌塑造必须依靠新品种权的法律保护，增强品牌价值，并帮助消费者识别合法新品种。

作为花店等销售者企业，要利用好新品种的市场溢价优势，要通过建立品牌质量、信誉和独特卖点来打造积极的品牌响应，运用感性诉求广告等情感营销策略，与消费者建立情感连接。通过 CBBE 模型（认知、品牌含义、品牌响应、品牌共鸣）来塑造品牌价值，形成品牌独特的竞争优势，并注重顾客忠诚度的建立和市场响应能力的提升。企业应充分认识到知识产权与品牌密不可分的关系，要强化知识产权保护意识，从创新主体、创新要素、创新机制、创新环境等方面制定企业的品牌战略，将知识产权的申报和保护纳入建设知名品牌的全过程。要主动运用法律武器保护自身合法权益，对非法侵权企业要予以打击和处罚，维持社会和市场的公平公正，依法依规助力加强知识产权领域信用体系建设。

①作为消费者要自觉维护了解知识产权法律：消费者应该了解相关的知识产权法律，包括植物新品种权的保护范围和侵权行为的界定，这样才能够识别哪些花卉新品种是未经授权的。②识别合法标识：合法的新品种通常会有明确的品种权标识和认证标签，消费者在购买时应检查这些标识，确保所购买的花卉新品种是经过授权的。③选择信誉良好的商家：在购买花卉新品种时，选择信誉良好的商家是关键。这些商家更有可能销售合法授权的品种，并且对侵权产品有更严格的控制。④报告侵权行为：如果消费者怀疑或发现有销售未经授权的侵权花卉新品种，应向当地农业部门或相关执法机构报告，以便采取相应的法律行动。⑤不购买价格异常低廉的产品：侵权花卉新品种往往以低于市场价的价格销售。如果一个新品种的价格异常低廉，消费者应提高警惕，避免购买可能的侵权产品。⑥参与公众教育和宣传活动：参与或支持有关植物新品种权保护的公众教育和宣传活动，增强社会公众对知识产权保护的意识，共同抵制侵权行为。⑦关注官方公告和新闻：关注官方关于植物新品种权保护的公告和新闻，了解最新的侵权案例和法律动态，以便更好地识别和抵制侵权产品。

四、知识产权对供应链稳定性的重要意义

随着全球花卉产业链的重塑和不确定性的加剧，知识产权的保护将成为企业实现可持续发展的关键因素。知识产权对供应链稳定性的重要意义体现在多个方面，通过保护创新、增强市场信心、防范风险及促进产业升级，知识产权能够为企业在复杂的市场环境中提供强大的支持。主要体现在以下五个方面：

（1）激励与保护创新。新品种权的存在激励了企业和研究机构进行花卉新品种的研发。通过保护创新成果，企业能够不断推出符合市场需求的新产品，增强市场竞争力，进而推动整个供应链的稳定发展。企业在拥有知识产权的情况下，能够更好地控制技术的应用与转让，从而维护自身的市场竞争力。创新是供应链稳定的核心，只有通过不断的技术迭代和产品升级，企业才能适应市场变化，保持供应链的灵活性和响应能力。创新能力的提升直接关系到供应链的韧性，能够有效应对外部环境的变化。

（2）保障供应链的多样性。新品种的引入能够丰富花卉产品的种类，满足不同消费者的需求。多样化的产品线使得企业能够更灵活地应对市场变化，降低因单一产品导致的风险，从而增强供应链的稳定性。

（3）提升市场反应速度。新品种权使企业能够在市场中快速占据先机，及时满足消费者的需求变化。当消费者的偏好发生变化时，拥有新品种权的企业可以迅速调整生产，保持供应链的流畅性和稳定性。在新一轮科技革命和产业变革中，企业需要不断调整自身的产业结构，以适应市场需求的变化。知识产权作为战略性资源，能够引导企业进行合理的资源配置和产业布局，提升产业链的整体竞争力。这种竞争力的提升不仅有助于企业自身的发展，也为整个供应链的稳定提供了保障。

（4）促进合作与协调。新品种的研发和推广通常需要多方合作，包括育种者、生产者、批发商和零售商等。知识产权的有效保护能够增强市场参与者之间的信心。当企业知道其知识产权受到法律保护时，它们更愿意进行合作与投资。这种信心不仅限于企业内部，也扩展到供应链的各个环节，包括原材料供应商、生产商、分销商等。在稳定的知识产权环境下，各方能够形成更紧密的合作关系，降低交易成本，提高效率，进而增强整个供应链的稳定性。

（5）防范不确定性与风险。在全球化的背景下，供应链面临着诸多不确定因素，如政策变化、市场波动等。知识产权能够为企业提供法律保障，防止竞争对手抄袭或模仿，从而降低市场风险。尤其是在关键技术和核心竞争力的保护上，企业通过知识产权的保护能够有效避免因技术泄露或侵权导致的经济损失，增强自身在供应链中的掌控力。通过建立良好的合作关系，供应链中的各方能够更有效地协同工作，减少信息不对称和资源浪费，进一步提升供应链的稳定性。

供应链稳定性在花卉产业中具有重要的意义，不仅关乎企业的运营效率和市场竞争力，同时也影响消费者的满意度。而花卉新品种权的有效运用，能够促进创新、保障供应的多样性、提升市场反应速度以及促进各方合作，从而为花卉产业的供应链稳定性提供强有力的支持。因此，企业在追求增长和盈利的同时，应重视新品种权的管理与运用，以提升供应链的整体稳定性和竞争力。

五、知识产权对供应链风险的防控

花卉新品种权在供应链风险管理中的作用至关重要，它不仅保护了育种商的合法权益，还通过确保合法供应、减少非法流通和提供法律框架来保护供应链免受外部冲击，增强供应链的抗风险能力。

（一）防控非法扩繁

非法扩繁可能导致市场上新品种花卉的供需失衡，影响价格和质量，进而破坏整个供应链的稳定性。这种行为不仅侵犯了育种商的知识产权，还可能因为非授权的种植和销售导致市场上出现大量未经质量控制的产品，从而影响整个供应链的稳定性和可靠性。通过授权模式，育种商可以通过合同明确种植数量和区域限制，有效防控非法扩繁行为。这种合同约束为育种商提供了法律手段来保护其新品种不被未经授权的第三方非法复制和销售。某育种公司通过跨国诉讼阻止了非法扩繁的新品种玫瑰进入市场，保护了公司的知识产权和市场份额，确保了供应链中产品的合法性和质量。

（二）降低跨境贸易障碍

各国植物品种保护法规差异影响供应链稳定。不同国家的法律法规差异可能导致跨境贸易中的法律风险，影响花卉新品种的国际流通。国际公约（UPOV）框架下的新品种权保护减少了跨境流通中的法律风险。通过国际公约，育种商的新品种权在多个国家得到认可和保护，降低了跨境贸易中的法律障碍。荷兰通过 UPOV 公约推动其郁金香新品种顺畅进入亚洲市场，显示出了国际合作在降低跨境贸易障碍中的重要性。

（三）提升抗风险能力

供应链中断（如疫情或地缘政治）对花卉产业冲击大。这些突发事件可能导致供应链中断，影响花卉产业的稳定运营。稳定的授权合作和法规保护确保供应链不易因外部因素中断。知识产权保护为供应链提供了一层额外的保护，确保即使在面临外部冲击时，授权的合作关系和法律框架也能维持供应链的稳定。疫情期间，中欧班列成为某新品种花卉跨境物流的稳定支持。这种稳定的物流支持减小了疫情对供应链的影响，保障了花卉新品种的稳定供应。

教学指导书

一、课程思政

通过案例教学，学生不仅能掌握花卉产业供应链管理的核心理论与实践，还能从案例中感受到中国花卉育种的不断发展以及中国花卉产业在全球花卉经济发展中的重要角色，种业资源一直是花卉育种和产业发展的"卡脖子"问题，要不断提升知识产权的重要性，课程思政要点融入以下两点：

（1）全球产业链供应链创新链的重塑与挑战：在当前国际形势下，全球产业链、供应链和创新链正经历深刻调整，其不稳定性和不确定性显著增强。知识产权已成为国家发展的重要战略资源，也是国际竞争与博弈的核心领域，对国家经济安全、科技安全及其他领域的重大利益具有至关重要的影响。

（2）掌握核心技术的重要性：确保关键核心技术掌握在自己手中，是保障国家经济安全、科技安全及其他领域安全的根本途径。为有效保护我国自主研发的核心技术，突破产业瓶颈并化解重大风险，需要培养学生的知识产权保护意识和社会责任感，使其能够主动参与到科技创新和知识产权保护中，助力国家实现自主可控的技术发展目标。

二、启发式思考题

（1）花卉新品种权在跨境贸易中如何减少供应链的法律风险？国际贸易理论强调，法律规范的一致性是推动国际贸易顺畅开展的关键因素，有助于降低跨国交易中的法律风险和不确定性。《UPOV 公约》通过为植物新品种提供统一的知识产权保护框架，有效减少跨境贸易中的法律障碍，促进新品种的全球流通与技术交流。通过《UPOV 公约》的国际认可机制，育种商可在多国获得新品种权保护，降低跨境贸易中的知识产权争议。此外，统一的品种保护法规能减少不一致的法律环境对供应链的冲击，确保新品种花卉顺畅进入国际市场。

（2）如何将消费者行为与花卉新品种推广结合，提升品牌价值和市场竞争力？品牌建设理论指出，品牌价值的提升能够增强产品的溢价能力，帮助企业在市场竞争中占据有利位置，吸引更多高端消费者，并提高客户忠诚度。消费者行为理论强调，情感驱动型消费是消费者购买决策的重要动因，能够显著影响市场需求，特别是在注重体验与个性化的产品领域，通过情感共鸣提升购买意愿和市场潜力。结合消费者的情感需求，通过情感营销策略（如感性诉求广告、品牌故事塑造）提升新品种的市场吸引力。借助合法授权和品牌化运营，加强新品种的品牌溢价能力，同时增强消费者对品牌合法性和质量的信任。

（3）在花卉供应链中，如何通过授权模式实现育种企业与种植企业的双赢？合作博弈理论认为，通过合作实现资源共享与优势互补，参与各方能够在协作中提高整体利益。双赢的合作模式能够优化资源分配，促进供应链中各主体的互利共赢，最终提升整个产业的竞争力和稳定性。授权模式理论强调，合理的授权模式是调节育种者与种植者关系的重要机制。通过授权协议明确权责分配，不仅保护育种者的知识产权，还为种植者提供稳定的生产保障，促进新品种的推广和商业化，实现供应链的高效衔接和可持续发展。通过直接授权（独占或非独占）或三方合作模式，育种企业可确保新品种的推广质量，同时保障知识产权收益。种植企业获得明确种植权后，可灵活调整生产计划，减少库存压力，从而实现双方利益最大化。

参考文献

[1] 国家林业和草原局,农业农村部.全国花卉业发展规划(2022-2035年)(林生发〔2023〕39号)[EB/OL].(2023-05-05)[2024-12-02].https://chinafloweralliance.bjfu.edu.cn/docs/2024-01/a0fe9393651b41b5adb416c0b4a3964a.pdf.

[2] 胡丁猛,许景伟,王立辉,等."蕊沁"等7个海棠新品种[J].南京林业大学学报(自然科学版),2021,45(4):238-242.

[3] 李建奇.实施种业供应链管理 提升民族种业竞争力[J].作物杂志,2011(6):124-126.

[4] 前瞻网.预见2024:《2024年中国花卉行业全景图谱》[EB/OL].(2024-04-10)[2024-12-02].https://www.qianzhan.com/analyst/detail/220/240410-bfdd2d8b.html.

[5] 桑静银.农作物品种保护法律制度比较分析[J].分子植物育种,2024,22(3):1038-1044.

[6] 孙雪松,王镭,梁莹杉,等.植物新品种权侵权纠纷案件举证责任分配规则与完善——兼论举证责任倒置规则在类案中的适用性[J].农业农村部管理干部学院学报,2023,14(3):50-58.

[7] 周衍平,綦一霖,陈会英.基于改进Shapley值的植物新品种资本化利益分配方式研究[J].科技管理研究,2019,39(2):117-121.

案例 13　云南跨境电力交易的"来淘电"模式

案例内容

摘要:云南跨境电力交易"来淘电"模式是中国电力市场化改革的重要实践,体现了区域电力合作和数字化技术的深度融合。依托云南水电资源丰富的优势和东南亚地区电力需求的迫切性,云南构建了高效的跨境电力交易体系,并通过"来淘电"平台开创了基于电子商务的跨境电力零售模式。平台通过市场化交易、智能化管理以及绿色电力交易等创新机制,不仅提升了电力交易效率,还助力了"双碳"目标和区域经济协同发展。云南作为中国与东南亚能源合作的枢纽,通过电网互联互通及智能调度,持续推动东南亚电力市场一体化,为"一带一路"倡议注入新动能。

关键词:跨境;电力交易;"来淘电"模式

云南位于中国西南，与越南、老挝、缅甸等东南亚国家接壤，拥有独特的地理位置优势。虽然这些国家经济发展迅速，但电力基础设施薄弱，电力短缺长期存在，对外部电力需求迫切。云南水资源丰富，澜沧江—湄公河流域蕴含巨大的水能资源。通过建设小湾、糯扎渡等大型水电站，云南年发电量大幅超出本地需求，为跨境电力出口提供了充足的电力支持，使其成为中国与东南亚跨境电力交易的枢纽。

近年来，中国与东南亚区域电网互联互通进展显著。云南通过 21 条输电线路与越南、缅甸、老挝电网联网，实现多电压等级的无缝对接。[①] "十三五"期间，云南跨境电力交易累计超过 176 亿千瓦时，交易额超过 12 亿美元，成为云南第三大出口商品。[②] 传统跨境电力贸易由云南电网公司与境外企业开展，但手续复杂，交易周期长，电价固定，企业需承担电价波动风险。

随着数字化技术发展，云南推出跨境电力交易平台，允许境外企业在线签订电子合同，简化流程并降低交易成本。该平台提供多样化电力产品，满足用户个性化需求，并在疫情期间为跨境贸易提供了便利。平台建设不仅提高了效率，还推动了买卖双方的直接互动。

在"双碳"政策背景下，绿色电力成为跨境电力交易的重要方向。平台支持风电、水电、光伏等清洁能源交易，提供绿色凭证，引导企业使用低碳电力。这不仅促进国内外企业采用清洁能源，还提升其品牌形象和竞争力，为全球低碳发展贡献力量。

一、数字贸易技术破解电力交易的"痛点"与"难点"

（一）电力供需矛盾

1. 电力供需不均衡

由于资源禀赋的不同，各国电力能源供给差异较大。同时，经济社会发展水平、产业结构和人口数量等因素导致各国用电特性存在明显不同，进而引发了国家内部电力资源生产和消费的不均衡。为了保障电力资源的供需平衡，国家间以及不同地区间常通过电力生产和消费开展贸易。然而，各国和地区之间电力基础设施、经济发展水平以及系统技术架构、数据标准的差异，成为限制电力贸易进一步发展的主要障碍。

2. 供电稳定性不足

虽然我国发电装机绿色转型成效显著，2023 年煤电装机占比首降至 40% 以

① 昆明日报：打造面向南亚东南亚跨境电力交易平台。
② 国复咨询：跨境电力交易实践与关注要点。

下，[①] 但供电仍以化石燃料为主。传统煤炭能源在供给上受环保政策所限，其短缺问题给电力生产造成巨大影响。而新能源中，风电和光伏发电受天气影响大，水电受丰枯水期限制。随着风电和光伏发电占比提高，其随机性和波动性对电力系统的稳定性提出了严峻挑战，降低了整体供应稳定性。且新能源在储能和调峰能力上仍有不足，无法有效填补长周期供需缺口。此外，分布式发电增加了输配电的复杂性，不同电源成本和属性的差异加剧了核算难度。

3. 电力需求预测困难

电力需求受多重因素影响，具有高度的不确定性。经济发展水平、产业结构调整、能源与环保政策、人口规模、气候变化、价格波动以及技术进步，都会对电力需求产生复杂且动态的影响。此外，用电季节性和时段性差异也使电力需求预测难以精准。

（二）电力供销复杂化的多重挑战

1. 电力交易复杂且信息不对称

云南电力市场化交易品种丰富，包括省内直接交易（双边协商交易、集中竞价交易、连续挂牌交易、挂牌交易、日前交易）、电网代理购电、事前合约转让交易、偏差电量交易、省内电厂跨省跨区交易等[②]。虽然这种多周期、多品种的交易设计为市场提供了灵活性，但也增加了交易的复杂性和对专业化的要求。

中小微企业由于用电量小、用电特性差异大，在与发电企业协商议价时处于不利地位，难以获得满意的价格。它们通常通过售电公司获取规模效应，以期获得更优惠的价格和增值服务。[③] 然而，售电公司数量众多、价格信息不透明、信息获取成本高，使中小微企业在选择售电公司和协商电价时面临困难，交易决策周期长、时间成本高。此外，电力用户习惯于传统的照单付费模式，对于通过售电公司购电存在信任问题，担心售电公司在协议中规定不合理条款或不严格执行协议约定的电价。[④]

2. 交易环节多，计量结算复杂

电力交易涵盖生产、传输、配电、结算等环节，涉及售电主体、购电主体、输电主体和交易机构，分为中长期交易（多年、年度、月度）和现货交易（日前、日内、实时）模式。电能需实时生产和消费，跨区域双向输电使贸易统计和结算复杂化，同时输电损耗的不可避免性进一步增加了核算难度。

---

① 中国能源大数据报告（2024）。

② 黄国日，尚楠，梁梓杨，等. 绿色电力消费与碳交易市场的链接机制研究［J］. 电网技术，2024，48（2）：668-678.

③ 光明网：云南"来淘电"探索售电侧改革模式。

④ 腾讯新闻：建设南亚东南亚能源合作新通道——昆明电力交易中心跨境"淘电"模式。

（三）能源结构转型的挑战

尽管"3060"双碳目标为能源转型指明了方向，但能源消费结构调整存在滞后性，新能源取代传统能源的速度难以匹配用电增长。传统火电作为基础调节资源的比例正在下降，而新能源调节能力弱，灵活调节资源不足，易导致电网在极端情况下无法快速响应。在新能源大规模接入电网后，其波动性可通过储能技术平衡，然而当前储能规模和经济性仍无法满足需求，储能技术面临较大瓶颈。[①]

另外，清洁能源系统建设和升级需要巨额投入。2023年，中国的能源转型投资虽达6760亿美元[②]，但仍面临平衡技术与经济可行性的问题。[③] 且区域消纳能力差异巨大，我国新能源的生产集中在资源丰富的西部和北部，但需求则集中在东部和南部，跨区域输电网络负担加重，而部分地区的清洁电力资源出现富余却难以有效利用的现象。

随着全球对绿色能源需求的增长，中国通过"一带一路"倡议输出清洁能源技术，但也面临不同国家技术标准和政策环境差异的挑战，跨境能源合作仍需进一步加强协调[④]。

（四）用户痛点与跨境交易难题

在复杂的电力交易体系中，跨境电力用户面临着陌生、繁杂的交易过程，跨境电力用户面临诸多的难题：

如何获取低价、可信、安全的购电方案？

如何简化流程、缩短交易时间，提升交易效率？

如何充分利用云南电力市场及区位优势，扩大与周边国家的电力合作？

数字贸易技术的引入为解决这些"痛点"提供了可能，通过技术手段提升透明度、优化流程并降低交易门槛，为云南打造国际能源枢纽奠定了基础。

二、"电子商务+电力零售"的跨境电力交易新模式

云南"来淘电"平台借鉴电商模式，将电力转化为标准化的电子商品，为跨境电力交易构建了市场化、数字化的运营体系。该模式基于昆明电力交易中心的资源和平台优势，在国内率先开创了电力市场的"云南模式"，在简化跨境电力交易流程、降低运营成本以及提升交易效率等方面取得了显著成果。

（一）云南跨境电力交易的市场化运作机制的总体设计

为适应周边国家不同的市场需求与制度环境，"来淘电"平台设计了灵活的

---

① 2024年版《世界能源展望》。

②④ 《中国的能源转型》白皮书。

③ 光明日报：新型电力系统：清洁高效又智能。

市场化交易模式：

第一阶段：对于国外电厂与用户不具备独立参与交易条件的，利用代理机构，帮助境外用户和发电企业进入平台，实现交易试点。

第二阶段：直接匹配境外电厂与用户，形成去中介化、市场直连的高效交易方式。这种设计旨在逐步消除国界对电力资源分配的限制。

随着云南电力市场化交易机制及市场体系的不断完善，2023 年云南省市场化交易电量已突破 1850 亿千瓦时，同比增长 9.01%，市场化交易比例占云南省社会用电量的 73.64%，在全国处于领先水平。[①]

（二）云南电力交易"来淘电"模式的创新实践

云南跨境电力交易的市场化运作机制总体设计，旨在打造一个规范、透明、开放且充满活力的跨境交易平台。这一设计充分借鉴了电子商务模式，并结合昆明电力交易中心在能源大数据和云平台方面的优势，于 2020 年 12 月成功上线了"来淘电"平台。

"来淘电"平台通过电子商务的操作界面（见图 3-2），极大地简化了跨境电力交易的流程。用户在平台上选择售电公司并输入所需电量后，可以在线支付，系统随即生成具有法律效力的电子合同。这种透明化、标准化的操作模式，显著降低了跨境购售电的沟通和交易成本。此外，平台还提供多种交易套餐设计，以满足用户的个性化需求。

图 3-2 "来淘电"交易平台

资料来源：来淘电官网。

---

① 人民网："云南模式""走出去"电力交易亮点多。

截至 2024 年 6 月，已有超过 33 万户市场主体注册参与该平台，其中包括来自老挝、缅甸、越南等南亚、东南亚国家的 80 多家境外电力主体。[①] 这表明"来淘电"平台不仅为国内用户，也为国际市场提供了一个便捷、高效的电力交易渠道。

"来淘电"平台的上线，是云南电力市场化改革的重要一步。它通过整合电网、电厂、售电公司等整个电力系统资源，有效解决了买卖双方信息不对称的问题，帮助中小微企业节省购电成本。平台的前台实现平台化、商城化模式运作，后台则整合了电力系统资源，为用户提供了一个权威、可信、安全、规范、真实、可靠的"电力生态圈"。[②]

（三）云南跨境电力的交易流程

为了与传统模式的衔接及国家间的有效沟通与协调，"来淘电"交易平台以昆明电力交易中心、云南国际有限责任公司等为核心打造了聚合功能的整合平台。基于该平台跨境电力交易分为跨境电力出口交易和跨境电力进口交易。

1. 跨境电力出口交易

对于国内电力出口交易，境外用户通过"来淘电"平台注册签订年度购电协议，平台根据境外用户需求参与"来淘电"平台的交易，具体流程如图 3-3 所示。

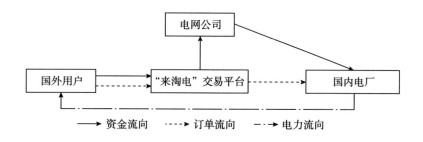

图 3-3　跨境电力出口交易流程

2. 跨境电力进口交易

对于国外电力进口交易参与省内电力交易中心，境外电厂直接参加"来淘电"的市场化交易，获得市场化的售电价格。对于国外电力参与跨区、跨省的交易部分，境外电厂通过"来淘电"平台以"网对网"交易的形式进行交易。境外电力进口交易流程如图 3-4 所示。

---

①② 人民网：""云南模式""走出去"电力交易亮点多。

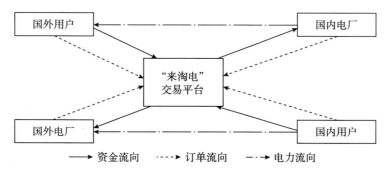

图3-4 跨境电力进口交易流程

3. 跨境电力交易的结算机制

云南跨境电力交易的结算流程已经实现了全自动化和电子化，简化了交易环节，大幅提升了交易的安全性和效率。通过创新性的流程设计和数字化管理，"来淘电"平台将传统15天的结算单生成时间缩短至3个工作日[①]，为跨境交易节省了大量时间，极大地提高了结算效率。

在具体流程上，"来淘电"平台通过全流程电子化实现了交易、计量和结算的无缝连接。整个过程包括以下五个环节：

（1）计量自动抄表：输电线路和终端用户用电量通过智能化设备实时采集。

（2）系统确认电量：平台根据抄表数据自动核准实际电量。

（3）交易平台算费：依据平台交易价格，系统自动计算应收应付电费。

（4）营销系统发布清单：生成并向相关主体发布结算清单。

（5）系统收费（支付）：平台对电费完成自动收缴和分配。

这种全电子化的结算方式有效降低了人工操作的失误风险，并提升了整体操作的透明度和可靠性。此外，"来淘电"平台采取月度结算、年度清算的模式，确保资金流转的及时性和准确性。每月平台会出具结算单，统一收取购电方电费并结算至售电方，构建了稳定的资金管理链条。

在跨境输电的结算细节上，平台根据实际线损率将交易电量从发电站到终端用户进行精准计算。具体结算电量结合了省内线路、省间超高压输电线路、云南与邻国互联线路的损耗率进行核算，确保输电路径和分配的透明性与准确性。

三、跨境电力交易的"云生态"

绿色电力交易的开展在推动区域低碳发展、减排二氧化碳等方面具有重要意

[①] 人民网："云南模式""走出去"电力交易亮点多。

义。据统计，每使用1兆瓦时的绿色电力可减少二氧化碳排放838千克，[1] 这为实现"双碳"目标提供了有力支持。昆明电力交易中心通过创新绿色电力交易机制，开创了绿色用电凭证体系，有效助力国内外企业实现碳足迹核查及低碳认证。

（一）绿色用电凭证的作用与机制

绿色用电凭证是企业购买和使用绿色能源的凭证，成为国内碳排放核查和国际碳足迹认证的重要工具。其主要功能有三个：①激励企业更多地选择绿色电力，提升能源使用的环保效益；②减少二氧化碳排放，为全球减缓气候变暖作出贡献；③在国际市场中，为出口产品提供碳足迹认证支持。例如，通过欧盟碳边境调节机制（CBAM），符合低碳排放标准的产品可以减免碳边境税，从而提高竞争力。

昆明电力交易中心在全国率先开具绿色用电凭证。自2021年首张凭证颁发以来，截至2022年末，该中心已累计开具441张凭证，覆盖电量超过1600亿千瓦时，其中清洁能源电量占比高达1400亿千瓦时，相当于减排二氧化碳9322万吨，这一体系帮助企业如隆基绿能、云铝等实现国际碳足迹认证，并为其打造"零碳工厂"提供技术保障。[2]

（二）"区块链+能源"技术的应用

昆明电力交易中心通过区块链技术，构建了绿色电力市场存证及溯源系统（见图3-5），为绿色用电凭证的生成提供以下三个技术支撑：

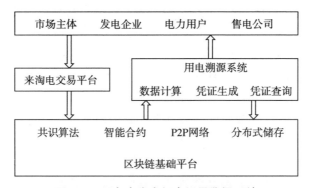

图3-5 绿色电力市场存证及溯源系统

（1）数据存证与溯源。交易数据通过区块链技术上链存储，确保交易、结算等数据防篡改、公开透明。

（2）自动开具凭证。企业可在"来淘电"平台上自由选择绿色能源，系统

---

① 昆明日报：自贸试验区昆明片区今年试点任务实施率100%。
② 云南省能源局：昆明电力交易中心深耕"区块链+能源"显成效。

根据电力合同及结算数据，计算用电来源及比例，并自动生成绿色用电凭证。用电企业可通过二维码查看其交易记录及绿色电力消费情况。

（3）国际化支持。绿色用电凭证可为出口企业在海外市场获得低碳认证，助力其突破国际市场碳关税壁垒。有利于提高产品竞争力，进一步助力企业对接国际标准、进军海外市场。

（三）示范与推广

昆明模式作为"绿色用电+区块链"的创新典范，已被列为国家区块链创新应用试点，成为能源领域全国 11 个试点之一。

四、跨境电力交易的关键保障

（一）构建高效的电力物流链条

1. 电力传输与运输网络

跨境电力交易不仅是电力的买卖，还涉及电力从生产端到消费端的高效传输与调度。云南通过与邻国的电力网络互联，构建了跨境电力的运输"路线图"，这需要一个高度协调的物流系统来确保电力资源能够按时、按量到达目的地。类似于传统的商品物流，电力的"运输"涉及跨境传输线路的建设与维护、变电设施的运营以及电力负荷的实时调度。

2. 物流平台与智能调度

在现代跨境电力交易中，物流系统不再局限于传统的物理物流，更加依赖于数字化、智能化的电力调度平台。例如，"来淘电"平台，云南实现了电力交易的市场化和智能调度，优化电力流动，减少传输损耗，提升供应链效率。

（二）应对电力供应链中的挑战

1. 复杂的供应链管理

跨境电力交易涉及多国政策协调、市场规则对接及技术标准统一。这要求供应链中的各个环节能够高效协作，加强区域合作，制定统一的技术标准和应急响应机制。

2. 供应链透明度与安全性

跨境电力交易的供应链还需要保障信息的透明和安全。利用区块链等技术，可以确保电力的来源与流向清晰透明，避免可能的能源欺诈行为。同时，这也有助于提升跨境电力交易的信任度，为国际合作伙伴提供更强的保障。

五、云南跨境电力交易的未来

（一）区域能源合作助力"一带一路"倡议

云南凭借其丰富的水电资源和地理优势，成为"一带一路"倡议中的重要能源枢纽。通过跨境电力交易，云南不仅能为东南亚能源需求增长较快的国家（如老挝、缅甸、越南等）提供稳定的电力供应，还推动了区域电力市场的互联互通和一体化。通过建设跨境电力传输线路和灵活的电力调度机制，云南促进了区域电力资源的共享与优化配置，助力提升整体能源效率和区域经济发展。

（二）可持续发展与绿色目标

云南凭借丰富的水电、风能和太阳能资源，具备成为绿色能源交易领导者的潜力。通过推动绿色电力交易，云南能够帮助邻国实现能源结构的绿色转型，并借助绿色电力认证和碳交易机制吸引国际投资。云南的绿色电力不仅能减少区域碳排放，还可以通过数字化技术确保绿色电力的透明流动，推动国际绿色能源合作，为全球气候变化应对提供数据支持，进一步促进可持续发展。

（三）"来淘电"拓展助推东南亚电力市场一体化

"来淘电"平台的成功为云南跨境电力交易提供了创新模式，未来将扩展到更多东南亚国家，如泰国和柬埔寨，成为更大范围的电力交易与结算中心。通过这一平台，云南有望整合区域电力网络，打造高度互联的电力市场，实现能源资源共享，提升电力供应的可靠性和灵活性。随着平台的扩展和跨境电力网络的整合，东南亚电力市场将逐步一体化，推动电力价格统一和资源最优配置，进一步促进区域能源合作。

教学指导书

一、课程思政

通过案例教学，学生不仅可以掌握现代物流与供应链管理的核心理论与实践，还能感受到中国企业在推动区域合作、实现绿色发展、承担国际责任方面的实践与贡献。课程思政要点融入以下两个方面：

（1）服务"一带一路"倡议，彰显中国担当。云南"来淘电"模式在支持周边国家经济发展、解决能源短缺问题方面起到了重要作用，助力中国与东南亚国家的合作共赢，体现了"一带一路"倡议的核心精神。鼓励学生探讨如何通过创新的供应链模式向国际市场提供"中国智慧"和"中国方案"。

（2）科技赋能与创新引领。"来淘电"平台通过区块链、智能调度等数字技术，实现了跨境电力交易的高效运转，展示了科技对传统行业的颠覆性变革。强调科技创新的重要性，引导学生认识自主创新对国家核心竞争力提升的作用。

二、启发式思考题

（1）云南跨境电力交易如何利用区块链技术？区块链技术不可篡改和去中

心化的特性，为供应链管理提供了透明度和安全性。云南跨境电力交易通过区块链技术，构建了绿色电力市场存证及溯源系统。这不仅确保了交易数据的防篡改和公开透明，还自动开具绿色用电凭证，为用电企业提供了碳足迹认证支持，增强了供应链的透明度和安全性。

（2）电力物流如何通过逆向物流理论解决云南水电"弃水"问题？逆向物流理论在供应链中专注于设计回收和再利用过剩资源或废弃物的流程，以减少资源浪费。云南水电存在季节性过剩问题，部分富余电力无法及时消纳。利用逆向物流理论，通过储能设施和跨区域调配，将富余水电"储存"后再用于用电需求较高的时间段。此外，平台与一些周边国家电网互联，利用需求错峰将富余电力输送至缺电地区，从而减少"弃水"现象，提升能源物流系统的整体效率。

（3）云南如何利用其独特的地理和资源优势，推动区域能源合作与一体化？区域经济一体化理论表明，可以通过加强跨境合作与资源共享，推动区域经济和能源市场一体化。跨境供应链管理可以加强区域内资源的有效配置和优化，提高能源供应的稳定性和效率。云南通过建设与东南亚国家的跨境电力传输线路和电网互联，利用丰富的水电资源为周边国家提供稳定电力。这不仅促进了能源的共享，还推动了区域能源市场的互联互通，推动"一带一路"倡议中的区域经济一体化。

📚 参考文献

［1］高佛雁．云南自贸试验区昆明片区制度创新引领高水平对外开放［N］.云岭先锋，2022-02-01.

［2］顾欣．"一带一路"跨境电力贸易研究［M］．北京：经济管理出版社，2020.

［3］李竹，庞博，李国栋，范孟华，曲昊源．欧洲统一电力市场建设及对中国电力市场模式的启示［J］．电力系统自动化，2017，41（24）：2-9.

［4］聂新伟，史丹．跨境电力互联互通的制度安排：理论演绎、国际经验与中国选择［J］．财经智库，2019，4（1）：64-91+142-143.

［5］史丹，聂新伟．电力贸易的制度成本与GMS电力合作中的中国选择［J］．财贸经济，2014（9）：124-136.

［6］王蓓蓓，陈中瑶，顾欣，刘贞瑶．"一带一路"沿线国家跨境电力贸易格局与建设时序研究［J］．全球能源互联网，2021，4（1）：77-85.

［7］王胜寒，郭创新，冯斌，张浩，杜振东．区块链技术在电力系统中的应用：前景与思路［J］．电力系统自动化，2020，44（11）：10-24.

［8］王长山，庞明广，陈永强．云南"来淘电"探索售电侧改革模式［N］.

经济参考报，2022-01-11（005）．

　［9］吴洁，蔡丞浩．全国首张"绿色用电凭证"在昆开出［N］．昆明日报，2021-04-16．

　［10］吴洁．打造面向南亚东南亚跨境电力交易平台［N］．昆明日报，2021-11-01．

　［11］吴洁．全国首创跨境"淘电"模式［N］．昆明日报，2021-02-01．

　［12］吴洁．自贸试验区昆明片区今年试点任务实施率100%［N］．昆明日报，2021-06-24．

　［13］张锐，王晓飞．中国东盟电力互联的动力与困境——基于区域性公共产品理论的研究［J］．国际关系研究，2019（6）：71-89+153-154．

　［14］张雁群，蔡丞浩．中国（云南）自贸试验区昆明片区开出全国首张"绿色用电凭证"［N］．云南日报，2021-04-18．

　［15］朱彤．电网跨国互联的制度分析：欧洲经验与中国问题［J］．当代财经，2019（2）：3-13．

　［16］昆明电力交易中心：《云南电力市场2023年运行总结》及《2024年预测分析报告》．

　［17］《国家发展改革委关于进一步深化燃煤发电上网电价市场化改革的通知》．

　［18］《澜湄国家能源电力发展报告（2023年）》．

案例 14　基于供应链视角的永辉超市盈利模式的研究

📖 案例内容

　　摘要： 自1998年成立以来，永辉超市凭借农超对接以及独具一格的生鲜销售模式迅速发展，成为国内领先的零售超市。随着消费者行为以及所处竞争市场的变化，传统消费市场以及零售行业面临着前所未有的挑战。虽然永辉超市通过整合供应链、构建直采体系和长短半径生鲜采购模式、与企业达成战略合作、建设自有品牌以及进行数字化转型来优化其盈利模式，但仍然面临人工成本高以及后备人才不足的问题。因此，永辉超市应当持续推动数字化供应链体系的完善，同时培养专业化人才，推动创新型改革。

　　关键词： 永辉超市；供应链；盈利模式

　　在当今竞争激烈的零售市场中，供应链管理已成为企业获得竞争优势的关键。永辉超市，作为中国零售行业的佼佼者，其供应链管理的成功经验被业界所瞩目。本案例教学旨在深入探讨永辉超市如何通过创新的供应链管理策略实现盈利模式的优化，以及这些策略如何帮助企业在激烈的市场竞争中保持领先地位。

一、永辉超市简介

1998 年，张轩松与张轩宁在福建省福州市火车站地区创办了永辉超市，这成为永辉超市股份有限公司的前身。2001 年，福建省推行农改超政策，旨在实现农贸市场超市化运作。两兄弟敏锐地抓住这一机遇，积极响应政府"将生鲜引入超市"的号召，注册成立永辉超市股份有限公司，总部设立在福州市，并于同年开设了第一家以生鲜产品为特色的永辉超市屏西店。在短短三年内，永辉超市门店数量迅速增长至 50 家，成功跻身全国超市零售业百强行列。2010 年，永辉超市正式在上海证券交易所主板上市，如今已发展为覆盖全国 29 个省份近百个城市，拥有千余家连锁门店的民营上市企业。

永辉超市股份有限公司先后荣获中国超市百强、中国连锁百强、中国零售百强、中国企业五百强及中国上市公司五百强等称号，同时被认定为国家级"流通"和"农业产业化"双龙头企业。作为中国大陆最早将生鲜农产品引入现代超市的先驱之一，永辉超市通过农超对接模式以及独特的生鲜经营方式，为顾客提供了物美价廉的商品，成为国家七部委认可的中国"农改超"推广典范，被广大消费者誉为"民生超市、百姓永辉"。

永辉超市秉持"专注、热爱、创造美好价值"的开发理念，致力于为消费者提供高品质、价格合理且安全的商品与服务。其视食品安全为企业发展的根本，以推动绿色消费为使命，始终坚持"绿色低碳"的发展方向，致力于构建企业、社会与自然的可持续发展生态系统。

二、市场分析

（一）消费者行为变化

互联网技术的不断发展和深入应用使传统消费市场受到冲击，大量的消费者不断流入线上消费市场，网络消费逐渐成为消费市场的主导部分。随着生活压力以及不确定性的增加，广大消费者渐渐避免冲动消费，精打细算的消费观念深入人心，人们越来越关注所需商品的性价比，这样的消费观念成为中国消费市场的主流思想。在海量的信息中，消费者会通过多家比价，在做出充分考察和比较后，选择质量最优、价格最低的、最符合需求的商品。同时，得益于网络信息的透明化，消费者的议价能力显著提升，消费者可以轻松比较所需商品和服务的质量和价格，对于品牌的忠诚度也随之降低，这也使零售商必须不断提升产品和服超商，永辉超市的业务开展始终以超市为核心，也就是永辉云超。旗下包括大众化普通门店——永辉超市红标店，定位中高端的精品化门店——永辉超市绿标店以及 2018 年底推行试点的代表着新零售业态的永辉 mini。永辉云创科技有限公司创立于 2015 年 6 月 10 日，立足于零售新业态和供应链体系，专注于创新业态，为客户提供品质优良的生鲜商品，旗下包含永辉生活店、超级物种、永辉生活 App。其中永辉生活 App 通过整合永辉超市旗下各种业态，搭建新零售线上服务平台，使线上线下一体化；而超级物种通过链接线上线下，打造了"高端超市+生鲜餐饮"新业态，引领了行业变革。超级物种和永辉 mini 的初衷是为了提供最便利的社区生鲜商品，这大大降低了供应链环节中的物流配送仓储成本。

（五）数字化转型

随着互联网时代的快速发展，传统的线下零售行业萎靡，相较于传统的零售模式，线上零售具有其无法比拟的优势，例如，节约线下采购的时间、多品类的商品选择以及低廉的价格，越来越多的消费者选择线上消费。为了更好地适应大环境的趋势，2015 年起，永辉超市开始了对新零售模式的探索，优化升级供应链全链路环节，构建数字化供应链，提振中国零售行业。新零售模式以消费者为中心，通过人工智能以及大数据等新兴互联网技术，提升零售商品从采购到最终消费者流程的效率，最大限度地为消费者创造价值。永辉超市构建了具有国际竞争力的消费供应链系统平台，围绕供应链物流、工程、HR、财务共享，优化整合商品流、订单流、财务流和信息流整体流程，搭建了从采购源头到运营管理再到物流配送全流程的数字化供应链体系。

四、存在的问题

（一）供应链人工成本高

作为永辉超市供应链环节中最重要的一环，采购环节所花费的资金占据了成本中的大部分，对于成本管理的意义非同寻常。然而，由于永辉超市采取的是源头直采模式，这也意味着采购团队规模庞大，人工成本高居不下。此外，尽管这种垂直化供应链模式能够大幅减少中间商环节，降低成本，但是产品的质量检验也面临着考验。由于中间并无其他的供应商和经销商，产品质检往往依靠源头的制造商，也就是农户和农业基地。但这些农户和基地的人员缺乏专业的质检技术，难以保证产品的品控质量，在进入永辉超市仓库后，工作人员还需对这些产品进行检查，增加了工作量。

（二）后备人才不足

永辉超市不仅是产品基地缺乏专业的质检人才，中高层管理人才也存在不足，这也意味着企业在进行战略改革时投入成本偏高。以永辉超市战略定位为例，在面临山姆超市、盒马鲜生等同行业竞争者带来的压力时，虽然永辉超市为了更好地适应市场变化，做出了一系列战略举措，但这些举措存在偏差，永辉超市虽然在进行全国性的门店扩张，但也伴随相当数量的门店倒闭。

五、建议

作为目前国内少数全国性零售企业之一，永辉超市已经基本覆盖全国大部分省市地区。盲目的扩张会带来巨大的资金压力，因此，永辉超市在不断探索供应链转型的过程中放缓门店扩张的步伐，着眼于打造智能供应链体系，使各个环节更好地调节协作，提升效率，而非单纯增加门店数量。同时，企业通过内部培训和外部招聘相关人才，培养一支具有专业素养和独到眼光的数字化人才队伍，以推动企业不断进行创新性的数字化改革。

教学指导书

一、课程思政

本课程旨在通过永辉超市供应链盈利模式的教学，培养学生的爱国主义精神以及社会责任感。通过对永辉超市供应链管理的深入分析，学生能够理解供应链管理在国家经济发展中的重要作用，增加对中国制造和供应链自主可控的信心，坚定"四个自信"。课程思政要点融入以下两方面：

（1）通过分析永辉超市如何通过优化供应链管理，激发学生对如何提升国家在全球供应链中的地位的思考，激发学生的爱国热情。

（2）探讨永辉超市在食品安全、环保等方面的社会责任，培养学生的社会责任感。

二、启发式问题思考

（1）永辉超市在全球供应链中扮演什么角色，这对企业盈利模式有什么影响？供应链整合是指企业与其供应链上下游企业进行战略性合作以及组织内和组织间流通的程度。永辉超市在全球供应链中扮演的角色是积极的整合者和创新者。通过与国际公司的合作，永辉超市不仅提升了进口国外直采商品的效率，还构建了 S2B 全球供应链服务平台，这有助于在全球范围内优化资源配置，降低采购成本，并提升效率和服务质量。

（2）永辉超市如何在追求盈利的同时履行社会责任，特别是食品安全和环保方面？企业社会责任是指企业在追求利益的同时，应当承担对消费者、员工、社会和环境的责任。可以通过构建和完善食品安全管理体系降低永辉超市在经营过程中的食品安全风险。响应国家政策，推行环保供应活动，例如，采用可降解塑料袋，鼓励消费者使用环保袋等。同时，推行供应链绿色化，研发和普及绿色产品，升级设备减少能耗。

参考文献

［1］李玉霞，庄贵军，卢亭宇．传统零售企业从单渠道转型为全渠道的路径和机理——基于永辉超市的纵向案例研究［J］．北京工商大学学报（社会科学版），2021，36（1）：27-36.

［2］江积海，王若瑾．新零售业态商业模式中的价值倍增动因及创造机理——永辉超级物种的案例研究［J］．管理评论，2020，32（8）：325-336.

［3］汪旭晖，赵博，刘志．从多渠道到全渠道：互联网背景下传统零售企业转型升级路径——基于银泰百货和永辉超市的双案例研究［J］．北京工商大学学报（社会科学版），2018，33（4）：22-32.

［4］陈红华，徐芬．基于不同O2O模式的实体零售商融合策略——以步步高集团、永辉超市、天虹商场调研为例［J］．中国流通经济，2017，31（10）：81-88.

［5］杨坚争，齐鹏程，王婷婷．"新零售"背景下我国传统零售企业转型升级研究［J］．当代经济管理，2018，40（9）：24-31.

［6］曹裕，段瑞姗，戴泽宇，等．考虑绿色技术投入的"农超对接"模式研究［J］．运筹与管理，2024，33（3）：125-132.

［7］刘迪，孙剑，王攀．生鲜农产品供应链模式数字化演进形态与机理——以永辉超市为例［J］．农村经济，2021（7）：25-33.

［8］李保勇，马德青，戴更新，等．考虑参考质量效应的"农超对接"供应链动态质量改进策略［J］．运筹与管理，2021，30（5）：52-59.

［9］徐广姝，张海芳．"新零售"时代连锁超市发展生鲜宅配的策略——基于供应链逆向整合视角［J］．企业经济，2017，36（8）：155-162.

［10］周树华，张正洋，张艺华．构建连锁超市生鲜农产品供应链的信息管理体系探讨［J］．管理世界，2011（3）：1-6.

［11］Shen L，Li F，Li C，et al. Inventory optimization of fresh agricultural products supply chain based on agricultural superdocking［J］. Journal of Advanced Transportation，2020（1）：2724164.

案例 15 无印良品 SPA 模式供应链结构
解析与优化策略研究

案例内容

摘要：无印良品（MUJI）作为一家全球性零售品牌，以其简约、环保、功能性的产品理念和独特的 SPA（品牌全程掌控的供应链管理）模式，在全球零售市场中占据重要地位。其供应链管理模式强调从设计、生产到销售的高度垂直整合，确保产品质量和品牌形象一致性。在中国市场，无印良品通过优化供应链、加强本土化策略和数字化转型取得了显著的市场增长，但在面临全球化扩展和消费多样化需求的同时，也面临供应链灵活性不足和利润空间压缩的挑战。通过深入推进绿色供应链、数字化创新和全球化布局优化，无印良品正积极应对市场变化，巩固其在国际零售领域的竞争优势。

关键词：无印良品（MUJI）；SPA 模式；供应链管理

一、品牌历史与背景

无印良品（MUJI，日语：无印良品）是一家源于日本的全球性零售品牌，以其简约、功能性强、环保、无品牌标签的产品理念而著称。无印良品的产品涵盖家居、生活用品、食品、文具、服装等多个领域，致力于为消费者提供简洁、实用、高品质的商品（见图 3-6）。

无印良品创立于 1980 年，其品牌名寓意为"无标签的优质商品"。自品牌诞生以来，无印良品始终坚持三大核心原则：精选原材料、优化生产工艺、简化包装设计。这些原则旨在通过优化商品生产流程，为消费者提供简约、舒适且价格合理的产品。例如，无印良品省略了纸浆漂白过程，使纸张呈现天然的淡米色，并将其用于包装材料和标签，成功打造出一系列纯粹且富有新意的商品。

目前，无印良品在全球范围内运营超过 900 家门店，产品种类广泛，涵盖服装、生活杂货、食品及家居用品等，产品总数超过 7000 种。其门店网络遍及日本本土以及美国、欧洲、中国、韩国、东南亚等多个国家和地区。

图 3-6　门店

资料来源：无印良品官网。

　　采用 SPA 模式（自有品牌专卖模式）的无印良品，在产品设计、生产和销售等全链条上保持自主掌控，确保了产品质量与品牌形象的高度统一。通过线上电商与线下门店的有机结合，品牌进一步扩大了全球市场份额。在中国市场，无印良品表现尤为抢眼，已成为许多消费者的日常选择。品牌不仅在一线城市广泛布局门店，还通过电商渠道进一步吸引年轻消费群体。

　　自 2017 年开始，良品计划的业绩进入低迷期。2018 年与 2019 年的增长乏力，再加上之后三年新冠疫情影响，无论在日本国内市场还是中国市场，品牌运营都面临着巨大挑战。2022 财年财报显示，尽管收入同比增长了 9.4%，但运营利润下滑了 22.8%，净利润下降了 27.6%。这些数据反映出企业在面对全球经济变化和市场竞争中显著压力。

二、前景明亮的中国市场

（一）在华市场规模

　　近年来，无印良品加快了中国市场的开拓速度。截至 2024 年 8 月无印良品国内外店铺总数为 1331 个店铺（见表 3-1），其中日本国内 626 个，海外 705

个，总体增加了 143 个，处于持续增长状态。从开店、关闭店铺数量变化来看，主要变化在日本国内、中国大陆、欧美市场。中国店铺数量已经接近日本国内店铺数量，仅 2024 年 5 月和 6 月，就分别在国内新设了 7 家和 10 家门店。[①]

表 3-1　良品计划的店铺覆盖区域（个）

	日本国内	东亚（括号内为中国）	东南亚	欧美	合计
开店数	75	70（57）	26	—	171
关闭数	11	12（10）	1	4	28
增加数	64	58（47）	25	4	143
期末数	626	540（408）	112	53	1331

资料来源：新浪科技-无印良品揭开中国大陆新战略。

2023 财年，无印良品在中国的扩张速度超过了其他海外市场，贡献了全球第二的销售总额。进入 2024 财年后，尽管中国市场继续保持增长，但增速有所放缓，数据显示，从 2024 年 8 月到 2026 年 8 月的新中期计划中，销售额为 8500 亿日元，营业利润为 750 亿日元。现有店铺的业绩增长率，包括网店在内，年均增长 2%，其中日本国内增长 1%，中国增长 5%。店铺数量基数为 1750 个，企业的重点经营方向是维持日本国内和中国的开店进度。

（二）产品渠道策略与数字化转型

无印良品在中国市场提供了包括服装、生活杂货、食品等在内的多种优质商品，种类超过 7000 种。无印良品持续加强线下门店的建设，计划在未来重点布局一、二线城市，并继续拓展三线城市。面对中国消费者日益增长的线上购物需求，无印良品加强了与各电商平台的合作，推动线上线下融合。通过电商平台，无印良品能够更加便捷地触达更多潜在消费者，提高品牌曝光度和销售额。

无印良品在中国市场积极推进供应链整合，实现企划→生产→销售→回收的全流程闭环。这不仅提高了运营效率和客户体验，还降低了成本和风险。

三、无印良品 SPA 模式供应链优化策略

（一）SPA 模式概述

SPA（Specialty Store Retailer of Private Label Apparel）模式，即"专卖店自有品牌零售商模式"，是指品牌商从产品设计、研发、生产、采购到销售，全部由自己控制和管理。其供应链通常采用垂直一体化的管理模式，具有以下四个特点：

---

① 北京商报网 https：//www.bbtnews.com.cn/2024/0620/519077.shtml。

（1）自主设计与生产。品牌商直接控制产品的设计与生产过程，从而确保产品与品牌形象的高度一致。

（2）快速响应市场需求。通过与制造商的紧密合作，能够较快调整生产计划，响应市场需求变化。

（3）统一品牌形象。产品、销售和服务都由品牌商统一管理，保持一致的品牌形象和顾客体验。

（4）精简供应链环节。去除中间环节，降低成本，提高效率。

（二）无印良品 SPA 模式供应链结构

无印良品 SPA 模式供应链由多个环节组成，从产品的设计开发到终端零售，形成一个高度集中的供应链体系。

1. 产品设计与研发

无印良品的产品设计强调简约、自然和高质量。其研发团队位于日本总部，负责对市场趋势和消费者需求的研究，根据季节、流行趋势以及功能需求设计产品。产品开发周期相对较长，但通过精准的市场定位，确保产品具有较强竞争力。

例如，图 3-7 这款 MUJI 设计的厕纸收纳盒，不仅可以让厕纸在更加卫生的环境中保存，还可以让通过电池带动盒底的驱动马达，加快厕所的空气流通，让臭气早日排出。体现了无印良品对细节的关注和对生活品质的提升，同时更注重环保和健康。

图 3-7　厕纸收纳盒

资料来源：京东热卖（商品：muji 无印良品）。

2. 供应商与生产

无印良品采用全球化的生产网络，并与一些长期合作的供应商建立了紧密关系，要求供应商符合其严格的质量要求，需具备 ISO9001 等国际质量认证标准。虽然无印良品并不直接拥有工厂，但它通过与供应商的深度合作，掌控了生产过程。无印良品与供应商共同管理生产计划，通过信息共享提高生产效率，并实现较短的交货周期。

3. 物流与仓储

无印良品的物流网络以日本为中心，覆盖全球多个地区。产品从生产基地出发，通过运输和仓储环节，最终进入零售店销售。无印良品依赖于第三方物流公司进行货物运输，并通过集中仓储管理实现库存控制。

4. 零售与销售

无印良品的销售渠道包括实体零售店、在线商店以及第三方电商平台。无印良品的零售店通常采用统一的陈列风格和产品展示方式，确保顾客能够享受到一致的购物体验。由于其全球化的业务模式，无印良品在日本、中国、欧洲等多个地区设有分店，并积极拓展海外市场。

（三）供应链优化策略

尽管无印良品的 SPA 模式供应链具有较高的集成度和效率，但随着全球市场的变化以及消费者需求的多样化，其供应链管理仍然面临着一定的挑战。为了进一步提升供应链的效率与灵活性，以下五种优化策略值得关注：

1. 加快信息流与物流的同步

在 SPA 模式下，信息流与物流的高效同步至关重要。无印良品可以通过引入先进的信息系统（如 ERP 系统、供应链管理软件等），实现从产品设计到销售的全程信息流动和透明化。同时，加强物流系统的智能化管理，利用大数据和人工智能对库存进行预测和调配，减少库存积压和缺货问题。

2. 提高供应链的灵活性

当前市场变化迅速，消费者需求不断变化。无印良品可以通过优化生产网络，提高供应链的灵活性。例如，可以通过增加小批量生产，实现对消费者个性化需求的快速响应。同时，与更多的供应商建立合作关系，以减少对单一供应商的依赖。

3. 深化绿色供应链管理

无印良品一直强调环保理念，绿色供应链管理也是其品牌的一部分。无印良品可以通过选择环保材料、优化生产工艺、降低碳排放等措施，进一步提升品牌形象并符合消费者日益增长的环保意识。此外，加强与供应商的合作，共同实现可持续发展目标，推动绿色供应链的深化。

4. 数字化转型

随着技术的不断发展，数字化已成为提升供应链效率的关键手段。无印良品可以通过大数据分析、物联网、区块链等技术的引入，提升供应链的透明度和可追溯性。这不仅能够降低运营成本，还能提高消费者对品牌的信任度和忠诚度。

5. 优化全球化供应链布局

无印良品的全球化扩展是其成功的关键之一，但全球化供应链也带来了一定的挑战，尤其是在供应链风险管理方面。无印良品可以通过优化全球供应链布局，分散生产基地和仓储设施，降低因单一地区的政治、经济风险而带来的影响。同时，采用多元化的供应商策略，减少对单一供应商的依赖，提升供应链的抗风险能力。

（四）生产合作伙伴

1. 生产合作伙伴行为准则

无印良品对于其生产合作伙伴的行为准则又或者严格的要求（见图3-8），这些准则不仅确保了产品质量和供应链的稳定性，还体现了无印良品对环保、社会责任等方面的承诺，其中含有禁止使用童工和青年劳动、歧视、健康与安全等特色鲜明的人性化行为准则，并以日文、英文和中文制作，张贴在无印良品的网站上，并分发给受托制造工厂并进行说明，以确保他们充分了解本准则。通过与符合这些准则的供应商建立长期稳定的合作关系，无印良品在全球市场保持着良好的竞争力和影响力。

图3-8 无印良品生产合作伙伴行为准则

资料来源：官网网站。

2. 生产合作伙伴

广东金鹿陶瓷实业有限公司是无印良品在中国的重要合作伙伴之一（见图3-9），主要负责生产骨瓷产品，其在技术上不断创新，以"薄如纸，白如玉，声如磬"的实用价值和艺术价值享誉中外，在环保方面，使用进口天然骨粉和西班牙釉料，满足了无印良品对高品质产品的要求。

近期无印良品推出的骨瓷新产品在市场上受到了一定的关注，这些新品除了继续延续无印良品的美学理念之外，也具有较高的性价比，这种高性价比的产品有助于提升无印良品陶瓷产品的销量。

图 3-9 广东金鹿陶瓷实业有限公司官网

资料来源：金鹿官方网站。

3. 工厂监控

为了履行社会责任，良仁经济与其业务合作伙伴共同合作，依据"生产合作伙伴行为准则"对其委托制造工厂进行监督，要求工厂尊重员工人权、遵守相关劳动法律法规、改善工作环境。其中包括监控合作工厂、监控分包工厂，还有根据合作工厂的监控成果进行内部培训。通过涵盖供应商选择、生产计划、库存管理、质量控制、市场反馈、风险管理等多个方面细致的供应链监测，无印良品能够确保产品的质量和供应链的稳定，满足消费者需求并提高市场形象（见图3-10）。

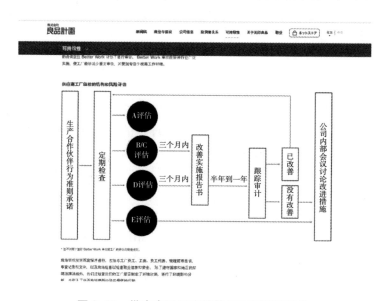

图 3-10 供应商工厂审核的结构和风险评估

资料来源：官方网站。

四、核心策略

（一）无中间商，高度集中管理

无印良品采用 SPA 模式的核心优势在于对全流程的全面掌控，取消了所有涉及生产和销售的中间环节。由迅销公司直接负责商品的原材料采购、设计开发、制造生产以及销售和售后等各个环节。尽管无印良品自身不直接参与生产制造，但通过与中国的代工厂合作，成功绕过了中间商。这种模式不仅减少了流通过程中的佣金成本，同时通过无退货销售机制降低了供应商的经营风险，使厂家无须担心退货问题。此外，这种精简的供应链模式也让产品能够以更低的价格进入市场，相较于竞争对手具有更高的价格竞争力，进一步提升了利润空间。

（二）日常化理念

（1）无印良品的产品以简约实用为特点，注重功能性而非过度装饰，无论是服装、家居用品还是食品，都能在无印良品找到，满足消费者多样化的日常需求，坚持精选材料、严格把控生产过程的同时价格亲民，秉承每件产品都能满足消费者期望的理念。

（2）无印良品强调自然、环保理念，倡导简约、朴素的生活方式，提供恰到好处的产品和服务，满足消费者的基本需求而不过度消费，充分体现了对消费者的理解和尊重。

（3）无印良品在不同的国家和地区，会根据当地消费者的需求和喜好进行本土调整，例如，在中国市场，无印良品会推出符合中国消费者口味的食品和适合中国家庭实用的家居用品，其一款水系衬衫，生产时减少了染色、漂白等许多不必要的工艺，面世 40 年来长期位居"值得入手 TOP10"榜单。

（三）联名系列

无印良品的联名系列通过与不同品牌和设计师的合作，包含运动品牌领域、电动车领域等，进一步强化了其简约、实用和环保的品牌理念。这些联名产品不仅满足了消费者对高品质生活的追求，也体现了无印良品对可持续发展的承诺。

无印良品与电动车品牌 Gogoro 合作，推出了 Gogoro VIVA MIX ME 与 Gogoro VIVA ME 两款联名车款。这两款车由国际设计师深泽直人配色，调制出原色棕与原色灰两款主色调，体现了无印良品一贯的简约风格。联名车款还率先采用再生 PP 材质打造部分车壳元件，如 Gogoro VIVA MIX ME 的脚踏板饰盖和 Gogoro VIVA ME 的后护盖饰盖，建立了友善循环、绿色制造的产业新典范。此外，该联名系列还包括 7 项骑乘风格配件，如置杯袋、收纳袋、遮阳裙等，外型充满质感又实用，充分展现了简约设计。

无印良品与锐步（Reebok）的首次战略合作推出了 MUJI x Reebok Club C

85联名产品（见图3-11），展现了该品牌价值重构的创新实践。合作以Reebok经典鞋款为蓝本，通过轻质植鞣皮革工艺、去除传统徽标、延续黑白双色体系，实现了材质、视觉与色彩的三重协同，体现了MUJI"无品牌化"的设计哲学。此次联名不仅强化了MUJI的"减法美学"调性，更为Reebok注入了文化附加值，开创了运动品牌与生活方式品牌价值共生的新模式，成为传统IP创新转化的典型案例。

图3-11　MUJI x Reebok Club C 85 联名板鞋

五、未来与发展

无印良品作为SPA模式的代表，通过自有品牌管理、紧密的供应商合作、智能化的物流和精益化的库存管理，供应链结构的高度集成性和灵活性使其能够迅速响应市场需求并保持竞争力。然而，面对市场变化和供应链管理的新挑战，如何进一步优化其供应链体系，提升效率与响应速度，仍然是无印良品在未来发展中亟须关注的问题。通过加强信息化建设、提高供应链灵活性、推动绿色供应链管理、进行数字化转型以及优化全球化布局，无印良品可以进一步提升供应链效率，巩固其在全球零售市场的领导地位。

📚 教学指导书

一、课程思政

通过案例教学，学生不仅能掌握可持续发展的供应链管理，还能从案例中学习到在全球范围内实施SPA模式时如何平衡全球化与本土化的需求。课程思政要点融入以下两点：

（1）无印良品在产品的原材料使用和生产环节中，不仅严格要求使用环境友好型原料，而且从包括包装等环节使用可循环再利用工艺，彰显了无印良品对环境保护的承诺，也为消费者提供了更多可持续的产品选择。引导学生深入思考"致力于循环利用地球资源和减少浪费"的理念。

（2）无印良品制定了一系列的生产伙伴行为准则，注重与供应商建立长期稳定的合作关系，通过公平贸易的方式确保供应商的利益得到保障，体现着"简单、自然、刚刚好"这种朴素而简约的品牌理念，引导学生思考在供应链管理中如何体现道德与诚信经营的商业道德风尚。

二、启发式思考题

（1）在市场需求高度多样化的背景下，无印良品的高度垂直整合供应链模式是否会限制其定制化能力？如何调整以实现标准化与定制化的动态平衡？供应链动态能力指出，企业可以通过模块化生产与弹性供应链设计实现标准化与定制化的平衡。无印良品可以通过引入模块化设计，标准化产品的核心部分，同时增加定制化组件，以满足消费者个性化需求。引入柔性制造系统可以进一步提高响应速度。

（2）在数字化转型的背景下，如何评估无印良品 ERP 系统的决策支持效果对其供应链全链路的优化程度？是否存在改进空间？数字化供应链和决策支持系统的概念，企业可以通过大数据和人工智能工具不断迭代优化 ERP 系统的决策支持功能。无印良品现有的 ERP 系统在库存预测和物流优化方面具有较高的应用价值，但在区域需求预测和个性化定制响应上仍有提升空间，可引入更多 AI 算法增强精准度。

📖 参考文献

［1］杨振杰，张伟．可视化需求不确定供应链管理：系统的科学计量学回顾［J］．运筹与管理，2024，33（7）：234-239.

［2］宋海静．电子商务环境下的跨区域供应链管理模式［J］．山西财经大学学报，2024，46（S1）：151-153.

［3］颉茂华，张家春，王艺茹，等．区块链技术在企业供应链管理中的应用路径及效果研究——以蒙牛乳业为例［J］．管理案例研究与评论，2024，17（2）：280-296.

［4］罗润一．新零售背景下现代物流与供应链管理的结合探究——评《新物流与供应链运营管理》［J］．科技管理研究，2023，43（17）：260.

［5］张钦红．以技术与供应链管理获取行业竞争优势——基于格林美案例的

研究［J］.系统管理学报，2024，33（3）：840-848.

　　［6］薛阳，李曼竹，冯银虎.制造业企业绿色供应链管理同群效应研究——基于价值网络嵌入视角［J］.华东经济管理，2023，37（3）：107-116.

　　［7］翟伟峰，张学文.供应链管理对制造业企业数字化投入的影响［J］.中国流通经济，2021，35（10）：82-92.

　　［8］Power D. Supply chain management integration and implementation：A literature review ［J］. Supply Chain Management：An International Journal，2005，10 （4）：252-263.

　　［9］Mentzer J T，DeWitt W，Keebler J S，et al. Defining supply chain management ［J］. Journal of Business Logistics，2001，22（2）：1-25.

第四章　供应链数字化与智慧化探索

案例 16　行云集团：以数字化供应链赋能全球品牌出海

案例内容

摘要： 本文聚焦于行云集团如何通过数字化供应链模式助力品牌国际化发展。作为数字供应链领域的领军企业，行云以"交易→履约→运营→风控"的全链路服务为核心，整合物流、商流、资金流和信息流，打造高效灵活的供应链体系。并以猫王音响在日本市场的成功探索为切入点，验证了行云供应链在产品本地化、柔性供应链及全渠道整合中的有效性。行云既帮助猫王解决了复杂的跨境物流和本地化挑战，又通过精准的市场调研和多渠道支持，实现了猫王产品的快速布局与热销。行云集团以其创新供应链体系，不仅为品牌出海提供了有力支持，也为全球跨境电商行业的未来发展提供了重要参考。

关键词： 行云集团；数字化供应链；跨境电商

2021 年初，国内知名音响品牌猫王音响决定进军日本市场。这是一家以复古设计和高音质而闻名的音响品牌，在国内市场上已经获得了大批忠实用户。然而，拓展日本市场并非易事。尽管日本消费者对设计精美、质量卓越的产品一向青睐，但要在这个对细节要求苛刻、竞争激烈的市场站稳脚跟，猫王音响面临诸多挑战。

猫王音响在进军日本市场时，面临诸多痛点和难点。例如，市场调研难以精准定位，无法快速了解日本消费者偏好；产品需要进行本地化设计以满足当地市场的高标准需求；跨境物流成本高企，清关、认证和税务合规流程复杂；日本市场线上线下渠道碎片化，难以同时进入主流电商和线下零售网络。此外，海外市场拓展需要大量资金投入，账期和现金流压力巨大。这些问题让猫王团队在初期步履维艰，急需专业供应链服务商的支持。

就在猫王音响焦头烂额之际，行云集团成为他们的转机。作为全球领先的数字供应链服务商，行云集团不仅在跨境电商物流方面拥有丰富经验，还在本地化服务和多渠道拓展方面有着显著优势。通过双方的合作，行云为猫王提供了一站式出海解决方案，帮助品牌成功打开了日本市场。

这使我们不禁要思考，供应链如何能够为中国品牌的国际化提供支持？数字化供应链系统如何帮助品牌更快、更经济地完成出海布局？行云的服务是否可以复制到其他品类或国家市场？

一、行云集团简介

行云集团的诞生正值全球跨境电商蓬勃发展的浪潮。随着全球化和数字化的加速，跨境电商已成为连接国际贸易的重要方式，但传统跨境供应链节点多、效率低、成本高等问题限制了行业发展。疫情的暴发使线下贸易停滞、线上消费激增，供应链的高效与灵活性需求达到了前所未有的高度。同时，消费市场的变化越发明显。国内消费升级推动进口商品需求增长，全球对"中国制造"的认可提升，中国品牌加速出海。然而，无论是进口商品还是品牌出海，企业普遍面临渠道分散、物流复杂以及合规要求等挑战。

在此背景下，行云集团于 2015 年成立，专注优化跨境供应链服务。通过数字化赋能，提供了高效便捷的解决方案。公司总部设立在深圳、中国香港、上海，并迅速拓展到全球 72 个国家和 1 个地区，构建覆盖全球的物流和商流网络。[1]并以技术创新为核心，于 2017 年推出"行云全球汇"供应链中台，将物流、商流、资金流和信息流整合为一体，显著提升跨境贸易效率。行云还开发了智能库存管理、数据驱动选品和本地化服务体系，满足企业复杂的跨境需求。到 2021 年，已服务 16 万多家零售商，提供 15 万种商品 SKU，并跻身《2021 年中国新经济独角兽 TOP100》，位列电商领域第 6，成为数字供应链领域代表性企业。[2]

秉承"让全球买卖更简单"的使命，行云通过技术与服务创新降低了供应链成本，提升了效率，为中国品牌全球化和全球消费者多样化需求提供了有力支持。

---

① 行云集团官网 https：//www.xingyungroup.com/。
② 艾媒咨询 https：//www.iimedia.cn/c400/79803.html。

二、行云集团的供应链革新之旅

行云集团以"交易→履约→运营→风控"的全链路服务框架为核心，贯穿供应链各关键环节。通过数字化平台优化交易流程，支持行云的各项创新模式，实现了供应链的高效协同和全面优化。

（一）去中间化：从批发商到零售商的直连

行云集团通过供应链的去中间化，重塑了跨境电商交易的流程和效率。在传统模式中，商品需经多个中间分销环节，从生产商到消费者的传递过程中成本不断累积，品牌方和零售商的利润空间被压缩。同时，层层分销还导致信息传递失真，商品价格与市场需求不对称，影响了市场反应速度。

行云集团采用数字化平台和行云货仓 App，直接连接批发商与零售商，去除了中间商角色。这一模式不仅简化了交易流程，还让交易价格更加透明，零售商能够以更低的成本获取商品，批发商也能更高效地拓展渠道。传统模式中每层分销商大约收取 10% 的交易成本，而行云仅向供货商收取约 2% 的服务费①，从而显著降低了供应链成本。此外，行云的中台系统通过实时数据分析和多对多订单处理，提升了供应链的运行效率。零售商和批发商的交易更加精准高效，同时消费者也能够享受到更经济的商品选择。

行云集团的去中间化模式不仅提升了行业效率，还为品牌方和零售商创造了更大的利润空间，成为跨境电商领域高效、透明的新型商业范式。

（二）一件代发：零库存模式

行云集团的一件代发模式通过优化库存管理，解决了传统供应链中零售商和品牌方面临的库存压力。传统模式下，零售商需提前备货，占用大量资金，还要承担滞销风险；品牌方则因库存分布不均，常出现供需失衡的困境。而行云的一件代发革新了这一流程：零售商无须预先储备商品，只需专注于销售，当消费者下单时，行云通过其全球仓储网络和 FBC 履单服务，将商品从最优仓储点直接配送至消费者。

FBC 履单服务在这一过程中提供了高效支持，包括订单处理、仓储调配和物流配送。行云的实时订单数据和动态仓储管理系统确保了货物流转快速且高效，大幅减少库存积压和浪费风险。品牌方也无须为多地备货而烦恼，通过行云的系统实现了统一管理和动态供应链调整，满足不断变化的市场需求。

这种模式不仅减轻了零售商的资金和库存压力，还优化了品牌方的供应链策略，提升了整体供应链效率。消费者也能更快收到商品，供应链成本和浪费则显

---

① 腾讯新闻 https：//news. qq. com/rain/a/20210422A02FSE00。

著降低。行云的一件代发模式为跨境电商行业树立了灵活、高效的标杆，真正实现了"让全球买卖变得更简单"的目标。

（三）柔性供应链：快速响应市场需求

行云集团的柔性供应链以快速响应市场需求为核心，通过实时数据驱动和动态调配，解决了传统供应链中反应迟缓、调整困难的问题。传统供应链从生产到销售通常需要长达 9 个月的周期，无法适应市场需求的快速变化，常导致库存积压或商品短缺。行云通过柔性供应链模式，将这一周期缩短至 3 个月，显著提高了供应链灵活性，使商品能够更快流向需求市场。①

这一模式的核心在于实时数据与智能化调控。行云的供应链系统通过实时监控订单、库存和市场需求的变化，快速调整库存分布和配送策略。例如，当某地区需求激增时，系统能够立即优化供应链响应，确保商品充足供应，避免错失销售机会。灵活的分销策略也帮助品牌方和零售商快速抓住市场机会。

柔性供应链特别适合跨境电商市场，因其需求变化频繁且地域差异明显。行云的模式帮助品牌和零售商更高效地应对复杂需求，同时减少库存风险和运营成本。这一模式不仅提升了商品流通效率，还增强了品牌和零售商的市场适应能力，让品牌以更低成本、更快速度满足全球消费者需求。

（四）四流合一：全链路整合

行云集团将"物流、商流、资金流和信息流"的四流合一模式整合了供应链中从采购到配送的所有关键环节，简化并优化了传统供应链的复杂流程。这个整合模式依托其强大的中台系统，实现了各环节的数字化协同，推动了供应链效率的全面提升。

1. 物流：高效的全球配送网络

行云集团在全球范围内布局了 160 多个仓储中心，覆盖 72 个国家，通过一件代发的模式实现高效的物流服务。无论是批发商还是零售商，行云的物流网络都能快速响应订单需求，将商品以最优路径配送到消费者手中。这种全球化的物流管理不仅加速了商品流通，还降低了运输和库存成本。

2. 商流：无缝的商品流通对接

行云通过其数字化平台——行云货仓 App，统一管理品牌方与零售商之间的交易需求。商流环节的数字化和无缝衔接，使商品从供货方到消费者的流通过程更加顺畅。这种商流整合不仅提高了交易效率，还帮助品牌方和零售商更精准地匹配供需，避免库存积压或商品短缺的问题。

---

① 《2020-2021 年全国供应链优秀企业及杰出个人白皮书》（第二部）。

3. 资金流：跨境支付与资金高效运转

行云集团与多家金融机构合作，提供从跨境支付、退税到资金结算的全链路服务。资金流的优化解决了跨境电商中常见的资金周转和结算效率问题，让品牌方和零售商能够更快地获得收益。此外，这种资金流管理还降低了跨境交易中的财务风险，提升了整个供应链的财务稳定性。

4. 信息流：实时数据驱动的精准决策

行云的中台系统通过实时收集和分析订单、库存、市场需求等关键数据，为品牌方和零售商提供动态的决策支持。信息流的高效整合让供应链中的每个环节都能基于最新数据调整策略，从而提升运营效率，减少错误和浪费。这种信息流管理还支持预测性分析，让品牌和零售商能够提前应对市场变化。

（五）全球本土化战略

行云集团深刻认识到本土化对跨境电商成功的重要性，并通过全球本土化战略构建强大的物流和服务网络，同时组建本地化服务团队，为品牌方和零售商提供精准、贴合市场需求的支持。

行云的本土化战略强调"因地制宜"，结合不同国家和地区的消费者习惯、市场特点以及法律法规，为品牌提供全链条支持。从产品选品到市场调研再到营销推广，本地化团队在每个环节都发挥着关键作用。例如，日本市场偏好高品质与设计感的商品，而东南亚市场更注重实用性和高性价比。行云通过本地团队分析这些差异，帮助品牌方调整产品策略，确保进入市场后精准触达目标消费者。

在物流和履约服务方面，行云通过全球仓储网络和高效配送系统缩短货物流转时间，提升物流效率。同时，本地团队协助提供报关清关、合规认证等服务，帮助品牌顺利进入目标市场，减少跨境运营中的障碍。这样的布局有效应对了跨境电商中的物流复杂性，确保货物及时、安全到达消费者手中。

此外，本地化团队还在品牌推广和渠道拓展中发挥重要作用。品牌推广不仅是广告投放，还需深度契合当地文化与消费习惯。通过整合当地资源，如合作电商平台、线下商超以及网红营销，为品牌制定精准营销方案，提升市场渗透率。

通过本土化战略，行云集团帮助品牌方解决了跨境运营中"水土不服"的问题，同时提升供应链灵活性和效率，为品牌在海外市场的成功打下了坚实基础。行云不仅是全球供应链服务的提供者，也是品牌出海过程中的"本地化伙伴"。

三、行云集团赋能品牌出海的核心能力

（一）数字化驱动的供应链能力

行云集团依托强大的中台系统，实现了供应链的数字化驱动，其技术核心在于整合物流、商流、资金流和信息流的四流合一。中台系统通过实时数据分析和智能化管理，优化了供应链的全链路流程，从库存管理到物流配送均实现了动态调控。其技术优势体现在高效履单处理、精准库存预测以及多对多订单协调能力上，大幅提升了供应链的反应速度和可靠性。这种技术驱动的模式，帮助品牌方和零售商降低了运营成本，同时确保供应链在复杂的跨境场景中保持高效运作。

（二）全渠道整合能力

全渠道整合能力覆盖了电商、线下商超和社交电商等多种销售渠道。通过行云货仓 App 和本地化服务网络，品牌方可以快速打通线上线下渠道，覆盖不同消费群体。行云的多渠道分销网络帮助品牌在不同平台上实现无缝衔接，同时提供数据分析支持，以优化渠道策略和资源分配。这种全渠道覆盖不仅提升了品牌曝光度，也增强了品牌应对不同市场需求变化的灵活性。

（三）风险管理与合规支持

在跨境电商领域中，风险管理和合规支持是品牌出海的核心挑战之一。行云集团提供全面的 ESG（环境、社会与公司治理）合规支持、财税管理和物流安全服务。通过数字化报关清关、退税以及资金结算服务，行云帮助品牌降低了跨境交易中的合规风险。此外，行云与多家金融机构合作，为品牌方提供资金周转支持，并通过智能监控系统确保物流链条的安全性。这些措施为品牌出海提供了稳固的保障，降低了国际化过程中的潜在风险。

（四）品牌支持与生态协同

行云通过生态协同，为品牌方提供从市场测试到运营的全链条支持。其低成本市场测试模式通过数据驱动策略，帮助品牌在目标市场快速验证产品的潜力和定位，降低了前期试错成本。在品牌运营与本地化营销方面，行云依托本地化团队，整合电商平台、网红资源和线下渠道，帮助品牌精准定位目标消费者，制定高效的市场推广方案。通过这些服务，行云不仅帮助品牌提升市场竞争力，还通过生态协同创造了更大的商业价值。

四、猫王音响在日本市场的成功探索

（一）市场背景分析

作为国内音响领域的领先品牌，猫王音响以其卓越的音质和设计在国内市场赢得了显著地位。随着品牌力的增强，猫王音响将目光投向了国际市场。日本市场以高质量和设计感的消费需求著称，消费者偏好知名品牌，对新品牌较为谨慎。同时，市场竞争激烈，国际大牌与本土企业占据主导地位。品牌进入日本需应对严格的合规要求和复杂的物流清关，同时满足消费者对快速配送和优质售后的高期待。因此，新品牌在日本市场中，需在产品设计、本地化运营和供应链效率上具备强竞争力，才能成功打开市场。

（二）供应链支持

行云集团在猫王音响进入日本市场的过程中提供了全面的供应链支持。从订单履约到本地化物流，行云的 FBC 履单服务为猫王建立了高效的供应链体系。通过实时数据分析，行云帮助猫王优化库存分布，确保商品能够从最优仓储点快速发货，满足日本消费者对配送速度的高要求。此外，行云的日本子公司为猫王提供了本地化服务，包括清关合规支持和分销渠道对接，这使猫王产品能够迅速进入日本市场。同时，行云集团的柔性供应链帮助猫王应对需求波动，高效补货，降低了库存滞销的风险，为其成功上市提供了强有力的保障。

（三）本地化运营与营销策略

猫王音响在日本市场的成功，得益于精准的本地化运营和营销策略。在进入市场之前，猫王通过详细的市场调研，深入了解日本消费者对音质和设计的高标准需求，优化了产品设计，确保与当地需求高度匹配。同时，行云集团的本地化服务团队协助猫王调整品牌形象和营销语言，使其更符合日本消费者的文化习惯和审美偏好。

在渠道拓展上，猫王采取了线上线下结合的策略，通过与日本本地电商平台合作，实现线上覆盖，同时将产品铺货到线下百货商场和实体店，以增强市场渗透率。行云集团在此过程中提供了精准的市场洞察和渠道对接服务，确保产品快速进入主要零售网络。此外，猫王利用本地网红和媒体资源开展定制化营销，借助高品质图文内容突出产品的独特设计与性能，迅速提升品牌知名度。同时，通过独家预售模式沉淀种子用户，为产品上市奠定了扎实的市场基础。

（四）猫王案例的关键成功要素

猫王音响在日本市场的成功是一场精准的数据驱动与高效运营的精彩演绎。最初，猫王凭借行云集团提供的详尽市场调研数据，对日本市场的消费特点有了深入的了解。消费者对高品质与独特设计的追求成为 Muzen Wild Mini 定位的关键参考点。基于这些洞察，猫王迅速调整了产品设计，将符合日本审美的图文内容融入营销中，让产品更贴近目标用户的喜好。预售阶段是猫王在日本市场的首次试水，结果却大大超出了预期。在行云支持下，猫王采用了独家预售的模式，既营造了稀缺感，又成功吸引了大量种子用户。最终，预售金额达到了预期目标的 915%[①]，这不仅验证了猫王在产品定位上的精准，更证明了数据驱动策略的显著效果。

行云的支持并未止步于预售阶段。从线上平台到线下商超，猫王在行云运营团队的协助下迅速实现了全面覆盖。在各大电商平台的线上以及线下百货商场和

---

① 行云集团：出海首战告捷！行云集团助力猫王音响引爆日本市场。

量贩店的上架过程中，行云本地化团队提供了从渠道对接到资源整合的全流程服务，确保了猫王产品能够顺利进入消费者的视线。此外，行云的柔性供应链能力进一步保障了猫王在销量激增时能够维持供应链的稳定性，避免了供货不足的风险。

五、行云集团未来发展的机遇与挑战

随着全球经济逐步回归疫情前的常态，跨境电商市场从爆发式增长转向稳健发展。消费者行为趋于理性，线下渠道复苏，促使跨境电商企业面临新一轮行业调整。消费者对供应链效率、产品质量和个性化服务的需求提升，品牌国际化竞争加剧。同时，新兴市场（如东南亚、中东和非洲）展现出强劲增长潜力，为跨境电商企业提供了重要机会。

新兴市场的快速发展可能为行云提供了新的增长点。东南亚、中东和非洲等地区对高性价比商品和数字化服务需求旺盛，行云可以依托其全球供应链网络和本地化团队深度布局，抢占市场先机。未来，行云需加强本地化运营能力，根据不同市场的消费习惯和文化特点提供精准服务。同时，通过提升 AI、大数据和智能库存管理等数字化能力，进一步巩固其供应链效率与服务优势，以满足国际市场的多样化需求。

教学指导书

一、课程思政

案例展现了行云集团如何在全球化背景下弘扬"中国制造"，助力民族品牌走向国际舞台。通过构建高效的跨境供应链体系，行云不仅提升了品牌出海效率，更展现了中国企业的创新实力和社会责任感。案例旨在引导学生思考如何在商业实践中体现爱国情怀与全球视野。课程思政要点融入以下两个方面：

（1）推动中国品牌全球化，彰显中国智慧。行云集团通过构建全球商品服务体系和高效的数字化供应链，不仅支持了中国品牌在国际市场上的崛起，还向全球传递了具有中国特色的"数字化贸易解决方案"。在案例教学中，可引导学生分析如何在经济全球化中以创新和技术为基础，传播"中国智慧"和"中国方案"，探索中国企业在国际舞台上的话语权与影响力。

（2）展现企业责任感，塑造中国企业形象。行云集团在供应链服务中注重ESG（环境、社会与治理）合规和本地化服务，体现了中国企业的社会责任感。其对可持续发展、贸易合规的重视不仅树立了良好的企业形象，也为国际社会树立了"负责任企业"的榜样。

二、启发式思考题

（1）跨境电商在不同经济体中发展路径是否一致？行云模式在东南亚、日本和欧洲市场能否成功复制？市场差异化认为经济体的消费结构、政策环境和文化等对商业模式的适配性有影响。行云模式的成功复制依赖于对市场需求、政策环境和物流网络的深刻理解。在东南亚，低成本和快速交付的需求驱动了模式复制，但在欧洲，可能需要更注重 ESG 合规与高端消费体验的适配性。

（2）柔性供应链能否完全替代刚性供应链？在什么样的市场或行业环境下，刚性供应链仍然具有优势？柔性供应链以市场需求为导向，强调快速响应和动态调整能力，能够根据需求变化优化供应链各环节，但常伴随较高运营成本和复杂性。刚性供应链以稳定性和成本控制为导向，对需求波动的应变能力弱。刚性供应链和柔性供应链各有优势，不能完全替代。柔性供应链适用于需求波动大且市场动态变化快的行业，而刚性供应链在高标准化、低波动市场（如基础消费品）中仍然占据成本优势。企业应根据市场特性和运营目标灵活选择或结合两种模式，打造适应性更强的供应链体系。

（3）从猫王音响案例来看，中国品牌如何利用数据驱动策略打入高度成熟的国际市场？是否存在本地化与数据驱动的矛盾？数据驱动与本地化冲突：数据分析可能倾向于普遍趋势，而忽略本地消费者的特定文化和情感需求，导致本地化不足。数据驱动能够提升产品设计与营销精准性，但需与本地化策略相结合以解决文化等冲突。猫王的成功在于行云帮助其数据分析与本地化团队协同，确保符合日本市场的文化与偏好。

参考文献

［1］张树山，谷城．企业数字化转型与供应链韧性［J］．南方经济，2024（8）：137-158.

［2］王莹，胡汉辉．中国式现代化进程中数字化转型赋能企业新质生产力——基于供应链韧性视角［J］．河海大学学报（哲学社会科学版），2024，26（4）：139-150.

［3］程子昂，方齐云，赵当如．供应链数字化建设如何赋能企业国际化——基于供应链创新与应用试点工作的准自然实验［J］．国际贸易问题，2024（8）：19-35.

［4］刘耀东．全球经济一体化背景下中小企业供应链整合机制研究［J］．商展经济，2024（7）：127-130.

［5］宋光，宋少华，施先亮．数字化对全渠道供应链整合的驱动机理及绩效

影响研究：基于供应链实践观视角 ［J］. 北京交通大学学报（社会科学版），2023，22（4）：126-136.

［6］热比亚·吐尔逊，蔡欣秀，曾志力，等. 数字化转型、供应链整合与企业创新绩效——基于农产品行业的实证研究 ［J］. 山西经济管理干部学院学报，2023，31（2）：17-25.

［7］Yuan Y, Tan H, Liu L. The effects of digital transformation on supply chain resilience：A moderated and mediated model ［J］. Journal of Enterprise Information Management，2023，37（2）：488-510.

［8］Liu Y, Song G. Factors affecting supply chain integration in omni-channel retailing ［J］. Sustainability，2024，16（8）：3445.

案例 17 马士基的区块链探索：驱动供应链变革与绿色转型

📚 案例内容

摘要： 马士基集团作为全球物流行业的领导者，通过与 IBM 合作，创建了基于区块链技术的 TradeLens 平台，以应对全球供应链中信息孤岛、效率低下及透明度不足的挑战。该平台通过数据实时共享、智能合约自动化和运输全程追踪，提高了供应链管理效率和可靠性。然而，受限于行业协作、利益分配及商业模式等因素，TradeLens 未能实现行业广泛采用，最终停止运营。本文从马士基的实践出发，探讨了区块链技术在供应链管理中的应用潜力和挑战，同时分析了其绿色发展战略如何通过技术创新推动供应链的可持续转型，为未来行业数字化与绿色发展提供了重要启示。

关键词： 马士基集团；区块链技术；供应链管理；TradeLens；数字化转型；绿色供应链

一、航运巨头——马士基集团的全球影响力

（一）马士基集团概况

马士基集团（A. P. Moller-Maersk Group）于 1904 年在丹麦哥本哈根创立。最初，马士基集团的业务主要集中在航运业，通过经营一艘小型的货船开始，逐步发展为全球航运业的领先者之一。随着全球贸易的增长和需求的多样化，马士

基通过收购和自我扩展，在国际航运和物流管理领域不断壮大。

马士基集团的业务范围广泛，涵盖了航运、能源、物流、供应链管理、港口设施等多个领域。集团的核心公司——马士基航运（Maersk Line）是全球最大的集装箱航运公司之一，提供遍布全球的海上运输服务。此外，马士基还经营着多个物流子公司，包括 Damco 和 Maersk Logistics，涉及全球货物运输、供应链管理和港口运营。

截至 2023 年，马士基集团拥有 65 个码头资产并运营超过 700 艘集装箱船舶[①]，集装箱总运力约为 400 万 TEU（标准箱），全球的员工超过 8 万。这是全球最大的集装箱船队之一。马士基的业务遍布全球，覆盖 130 多个国家，在全球各大港口和物流中心拥有强大的基础设施。受疫情和运价影响，2023 年营收为511 亿美元，实际息税折旧摊销前利润（Underlying EBITDA）达 98 亿美元[②]。

（二）马士基的数字化转型

马士基，这家全球航运巨头，正在经历一场数字化革命。从最初的航运服务商到如今的科技先锋，它用创新技术重新定义了整个行业。2016 年，马士基与IBM 携手推出了区块链平台 TradeLens，让全球供应链变得更加透明和高效。在大数据和人工智能的加持下，马士基能精准预测航运需求，优化航线和船舶调度，甚至通过智能集装箱实时监控货物状态，确保每次运输都精确无误。此外，马士基还引领了自动化技术在港口的应用，从无人驾驶集卡到智能吊车，每项创新都在减少人工干预，提升效率。马士基的数字化转型不仅让自己成为行业的领导者，也推动了全球航运业的变革，让世界的贸易变得更快、更智能、更绿色。

（三）绿色发展目标与挑战

在全球航运的浩瀚海洋中，马士基以绿色航运为航向，开始了一场关乎未来的航程。为了实现 2050 年零碳排放的宏伟目标，马士基在过去几年中通过引入绿色燃料、智能船舶设计和数字化航运平台等一系列创新举措，大幅度减少了碳排放并优化了船舶的燃料消耗。与此同时，马士基不断在技术创新上发力，使用绿色船舶和智能航线优化系统，让高效与环保并行不悖。尽管面临高效物流与环境保护之间的挑战，马士基始终坚定前行，借助风能、绿色氨等技术的不断突破，朝着航运业的碳中和目标迈进。在这场绿色革命中，马士基不仅为全球航运业树立了榜样，更为地球的未来航行奠定了坚实的基石。

---

① 重庆日报：物流巨头马士基集团看好新重庆：以现代物流助力更多"重庆造"出海。
② 搜狐网：A. P. 穆勒-马士基在艰难环境中业绩表现稳健。

二、全球供应链的变革与挑战

（一）全球供应链的复杂性

在不远的未来，全球供应链将迎来一场深刻的变革。从世界贸易组织（WTO）成立之日起，市场的边界不断被打破，企业跨越国界，寻求更广阔的资源与机会。这一全球化的进程推动了全球贸易的快速增长，过去 25 年全球贸易额增加了超过 300%，这一速度远远超出全球 GDP 的增长。[①] 然而，随之而来的是信息孤岛、法规变动和成本控制等一系列挑战，成为企业在激烈市场竞争中必须跨越的障碍。

（二）全球经济波动对供应链的影响

在全球经济的波涛中，经济波动犹如巨浪，将原本稳固的供应链推向了风口浪尖，企业纷纷陷入困境，面对前所未有的挑战。全球化的紧密联系让任何一个环节的断裂都能引发连锁反应，而信息孤岛、法规更新和市场不确定性则进一步增强了复杂性。

（三）数字技术驱动供应链升级

在全球供应链的浩瀚星海中，一系列挑战让全球供应链暴露出其脆弱的一面。然而，风暴中的供应链并非毫无出路。数字技术，尤其是大数据、人工智能、区块链和物联网，逐渐成为这场变革中的救生索。

未来，供应链将不再是单一脆弱的链条，而是一个灵活、智能且可持续的网络。企业不再仅仅依靠传统的管理方式，而是通过不断创新、拥抱数字化转型，才能在这场全球性变革中脱颖而出。那些能够灵活应变、善于利用数字技术的企业，将在全球市场的浪潮中稳健航行，引领着供应链走向更加高效、透明、可持续的明天。在这场深刻的变革中，创新已不再是选择，而是生存的必需。

三、马士基供应链管理的痛点与突破

（一）供应链的不透明性问题

在马士基的供应链管理中，信息的封闭与不透明曾是沉重的负担。海量的货物流转、跨国的贸易流程以及多个参与者之间的信息孤岛，使决策往往滞后于实际情况。例如，在全球航运网络中，由于信息缺乏实时共享，港口的繁忙程度、货物的实际到达时间、运输途中可能的延误等信息，往往不能及时传递给所有相关方。这导致了在关键时刻，企业无法快速做出反应，错失了调整战略的机会，进一步降低了运营效率。

---

① 世界贸易组织（WTO）：https：//www.wto.org/。

马士基通过引入更智能的信息共享系统，推动供应链各环节的透明化。借助区块链等技术，每次货物流转都能实时记录在一个分布式账本上，确保所有参与方能够同步获取数据，减少了信息不对称带来的决策延误和操作失误。

（二）跨境物流的复杂性

在跨国物流中，不同国家的物流政策、关税法规、交通状况、供应链节点的协调等都使跨境物流复杂度大大提升。尤其是在全球化的贸易环境中，这些因素的变化可能会导致货物运输的延误和成本增加。货物在跨境运输时，还会受到汇率波动和关税政策变化的影响，这增加了物流的成本和不确定性。例如，某些国际贸易协议或政策调整可能使运输成本急剧上升，从而影响到企业的利润。

随着数字化技术的引入，马士基能够通过区块链技术建立一个透明、安全的全球供应链平台，让各国监管机构可以实时共享货物的运输和清关数据，从而大大减小了关税和汇率波动的影响。数字化使多方协调更为顺畅，运营成本也随之降低。

四、区块链技术的革命性影响

在这个数字化时代，技术的创新已成为推动产业变革的引擎。其中，区块链技术的崛起，正带来一场关于透明度、效率与安全性的革命，尤其是在供应链管理领域。让我们来看一看区块链为什么可以悄然改变各行各业的运作方式。

1. 区块链的基本原理

区块链的核心概念其实并不复杂，它就像一本公开的账本，所有交易记录都被保存在"区块"中，并以线性结构连接成链条。这些"区块"被分布在网络中的多个节点，每个节点都保存着相同的信息，而任何一次交易都需要经过网络中的多数节点的验证才能得到批准。换句话说，区块链通过去中心化的方式消除了单一控制方，确保了数据的透明性与不可篡改性。

举个例子，想象一下你购买了一瓶可口可乐，而这瓶可乐从生产、运输到零售的整个过程都被记录在区块链上。无论是生产商、运输商，还是零售商，他们都能看到这瓶饮料的每个环节。通过区块链，消费者可以轻松追溯商品的来源，而任何篡改数据的行为都将立刻暴露出来。

2. 区块链的技术优势

区块链技术的最大优势在于它的去中心化和不可篡改性。这些特点使它特别适用于供应链管理。

传统的供应链管理依赖于单一的数据库或控制中心，数据容易受到黑客攻击或内部操控。而区块链的去中心化结构意味着没有任何单一实体可以控制或修改数据，极大地提升了数据的安全性。

区块链提供了完全的透明度，所有交易记录都公开且不可更改。供应链中的每个环节都可以追踪，确保从原材料到成品的每一步都能被实时监控。消费者可以随时查看产品的来源、流通路径和存储条件，增加了对品牌的信任。

区块链通过智能合约自动化执行交易，省去了传统供应链中大量人工操作、文书工作和中介环节。这种自动化不仅提高了效率，还节省了成本。

3. 区块链技术的应用

区块链技术的应用正在多个领域掀起一场革命，为各种行业带来了前所未有的机遇。在金融领域，区块链技术通过加密货币和智能合约，简化了交易流程，降低了交易成本，提高了支付和清算的效率。例如，摩根大通、瑞银等加入国际清算银行基于区块链的跨境支付改革计划。区块链技术在医疗行业中可以用于保护病人数据，确保数据的安全性和隐私性，同时便于数据共享和访问，以提高医疗服务的质量和效率。在供应链管理中，这样的技术也可以用于防止假冒伪劣产品的流通。如制药巨头辉瑞公司和默克制药等药企已经开始应用区块链技术来追踪药品的生产和运输，确保药品的安全性。此外，区块链技术在知识产权、食品安全、奢侈品等领域也被广泛应用。区块链技术在现实世界中的强大应用，正在改变记录、验证和交换信息的方式。未来，区块链技术无疑将在供应链管理中扮演着更为重要的角色，帮助企业提升效率、降低成本并增强消费者信任。

五、TradeLens 平台：航运业的数字化革命

（一）TradeLens 平台的创建

1. TradeLens 的初创：从愿景到现实

2017 年，马士基集团（Maersk）迎来了其数字化转型的元年。这家百年航运巨头立志突破传统海运行业的桎梏，不仅要提高运营效率，还要彻底重塑行业规则。海运业长期以来面临着高成本、复杂性、低效率以及运输延误等问题，尤其是对中小企业而言，这些挑战更为严峻。[①] 而在全球化贸易需求持续增长的背景下，这些问题逐渐成为行业发展的瓶颈。

马士基意识到，仅依靠传统的运营模式已无法应对这些挑战。作为回应，它选择联合 IBM，启动了一项名为"全球贸易数字化"（Global Trade Digitization, GTD）的计划。这个计划的目标是开发一个基于区块链技术的全新平台——TradeLens，旨在解决航运业长期存在的信息孤岛和多方协作低效的问题。

2018 年 12 月，TradeLens 平台正式上线。这一基于区块链技术的分布式账本系统，允许行业中的各方——包括海运公司、港口、货代、物流供应商和海关

---

① 知乎：突破传统，Domain 打造全新房地产生态系统，引领数字化转型！

等——实现实时信息共享和透明化运作。它不仅提供了更加高效、安全的数据交换模式，还成为行业生态系统的中立平台，致力于打破信息壁垒。

TradeLens 的主要功能涵盖三个方面：①实时信息共享，通过区块链技术，平台可以即时更新货运状态，减少信息滞后。②电子提单（eBL），通过数字化替代传统纸质提单，大幅度缩短了处理时间，显著降低了文件丢失或错误的风险。③事件追踪，从集装箱装载到目的地交付，全流程透明化追踪货物的状态。

2. 快速扩展：从初期参与者到全球网络

TradeLens 的影响力迅速扩大。2018～2022 年，平台已覆盖全球超过 300 家机构，包括 10 多家顶级航运公司、600 多个港口和码头以及大量海关、物流公司和内陆运输服务商。参与机构数量已超过 1000 家，覆盖了全球 2/3 的海运数据。[①] 平台的数据也呈现出惊人的增长。截至 2024 年，TradeLens 已处理超过 4200 万个集装箱货运纪录，生成了 22 亿次相关事件和 2000 万份数字文件。每份电子提单解决方案为客户节省约 120 美元，同时将文件处理时间从几天缩短到几小时。

这种快速扩展的背后，不仅是技术的驱动，还有行业参与者的积极响应。CMA CGM、MSC 等顶级航运公司陆续加入，不仅作为核心用户，还在区块链网络中担任验证节点，确保数据的透明性和实时性。

3. 中国市场的突破：全球化合作中的本地创新

在中国，TradeLens 与中国联通合作，通过数据直连技术实现了更高效的进出口流程。这一合作进一步简化了贸易手续，减少了不必要的延误，特别是在需要多方参与的跨境贸易中大幅提升了效率。对中国这一全球最大贸易国来说，这种创新极大增强了企业的国际竞争力。

（二）TradeLens 平台实践目标：数据共享与自动化

TradeLens 平台的数据共享与自动化功能，确实为全球供应链管理带来了显著的提升。通过区块链技术的引入，所有供应链参与方可以共享实时、不可篡改的数据，从而解决了传统供应链中信息传递缓慢、容易出错的问题。每次交易、每笔货物转运，甚至每份文件都会被系统自动记录在区块链上，确保数据的一致性和准确性。

具体来说，智能合约技术的应用，使平台能够自动执行常规供应链操作。例如，货物到达某个港口后，平台会自动生成并提交清关所需的文档，避免了人工干预。这一过程减少了人为错误的风险，同时加速了清关流程。在过去，清关文件通常需要通过邮件或传真传输，耗时且容易出现延误和错误。而 TradeLens 使

---

① 马士基官网 https：//www.maersk.com.cn/。

这一流程高度自动化，从而提升了跨境贸易的效率。

平台上最具亮点的功能之一是货物的实时追踪。无论货物从哪个港口出发，经过多少个中转站，最终到达目的地，所有相关信息都可以在平台上实时更新。例如，一批从中国发出的货物，经过多个港口转运，到达美国后，相关参与方可以实时查询货物的运输状态和具体位置。这种全程可视化的追踪功能极大地提升了供应链的透明度和安全性。更重要的是，所有数据都基于区块链技术进行加密和存储，这样可以使任何参与方都能确保信息的真实性。

（三）TradeLens 面临的挑战与退出

TradeLens 平台最初的目标是通过创新的区块链技术来打破全球航运供应链的低效和不透明问题。然而，尽管平台在技术上取得了显著进展，尤其是在实现实时数据共享、智能合约的自动执行以及提升供应链透明度方面，TradeLens 仍然面临巨大的挑战。最为突出的问题之一便是行业内参与者对数据共享的信任问题。

全球航运行业涉及众多参与者，从海运公司、港口、货运代理到政府机构，每个环节的数据和信息都是供应链中至关重要的一部分。然而，航运公司和其他行业参与者普遍对将敏感的业务数据共享到一个公共平台上心存疑虑。数据安全性、竞争风险和隐私保护等问题成为企业的主要担忧。例如，许多港口运营商和航运公司担心，一旦他们将信息上传到 TradeLens 平台，就可能暴露了自己业务的关键数据，进而影响竞争力。更重要的是，尽管区块链技术被认为能够确保数据不可篡改，但行业内并非所有公司都对这种新技术有充分的信任。

航运行业的多样性和全球化特点使利益协调和分配极为复杂。全球航运行业复杂且高度分散，涉及的参与方数量庞大。尽管 TradeLens 在初期得到了多个重要参与者的支持，并迅速扩展了平台的生态系统，但行业内的利益分配问题始终难以解决。每个行业参与者都有自己的利益诉求，且全球供应链的操作和法规差异使跨国协作充满了复杂性。此外，平台的广泛应用需要在全球范围内达成数据标准化的共识，而这一过程往往耗时且复杂。即使行业组织已采取措施推动数据标准化，但在短期内仍无法满足平台快速扩展的需求。

最后，商业模式的可持续性也是制约 TradeLens 发展的因素。TradeLens 的开发和运营成本高昂，尤其是在吸引新用户和维护技术基础设施方面。尽管平台在初期吸引了主要航运公司参与，但仍未能找到一个可持续的商业模式来支撑长期运营。平台的盈利模式主要依赖于交易数据的服务收费，这在短期内无法覆盖其研发和运营支出，收入来源有限。平台也未能有效吸引更多中小企业和其他生态系统参与者，从而未能形成强大的网络效应，市场推广受限。

因此，由于缺乏足够的行业支持，模式无法持续的盈利，2022 年 TradeLens

宣布将在 2023 年初关闭，这一决定反映了其在行业推广和商业化方面的失败。

（四）TradeLens 的失败与教训

TradeLens 的失败并非偶然，它为全球供应链行业带来了宝贵的教训。

首先，平台的失败暴露了供应链技术创新中"技术"和"合作"之间的巨大鸿沟。尽管区块链等技术为供应链的数字化转型提供了强有力的工具，但没有强大的行业支持和信任，单纯依靠技术是无法克服传统行业的根深蒂固问题的。虽然平台具备了透明、不可篡改、实时共享的技术优势，但行业参与者对这种新模式的接受度并不高，且许多公司在短期内并没有看到明显的商业利益。

其次，TradeLens 的失败也揭示了全球协作的重要性。在一个多元化且高度分散的全球供应链行业，要推动技术变革并非易事。TradeLens 试图将全球数百家不同背景的公司和组织整合到一个统一的平台中，而这种整合不仅需要技术上的创新，更需要各方利益的协调和法律法规的配合。缺乏强有力的政策引导和行业标准，使不同企业之间的合作成为一项艰难的任务，尤其是对于一些行业巨头而言，他们更倾向于保持现有的运营模式，而不是为一个新的平台做出改变。

再次，尽管 TradeLens 未能成功实现其全部目标，但平台的失败为未来的供应链技术创新提供了有价值的经验教训。技术创新需要伴随着产业生态的逐步成熟，尤其是在涉及跨国合作的领域，需要更强的信任机制和清晰的商业模式来支撑。供应链管理的数字化转型不仅是技术问题，更是一个复杂的协作和利益博弈过程。在未来的数字化转型中，平台不仅需要技术的创新，更要在商业可行性、合作模式以及市场接受度上做好充分的准备。

最后，TradeLens 的失败并不意味着区块链在供应链行业无用。相反，其经验表明，区块链仍然具有改变供应链管理方式的巨大潜力，只是在应用中需要更全面的规划与准备。通过在技术、协作和商业模式上的改进，未来或许会涌现出新的数字化平台，真正推动全球供应链行业的变革。

六、绿色发展与未来供应链管理的探索

（一）区块链与绿色供应链的结合

在全球应对气候变化的浪潮中，企业纷纷将绿色转型提上议程，而区块链技术正在这一变革中扮演关键角色。想象这样一个场景：一家国际物流公司正面临碳排放监管的重压，各国不同的法规让合规成本高企不下。然而，区块链技术的引入彻底改变了局面。每次货物运输，区块链都实时记录其碳足迹，生成透明且不可篡改的报告，帮助企业精准定位高排放源，从而调整能源使用。与此同时，智能合约在后台悄然运行，将运输支付与碳排放挂钩，只有达到低排放标准，系

统才会自动完成交易。这家公司甚至通过区块链追踪货物包装的使用和回收情况，将一次性材料浪费降到最低。最终，标准化的数据共享机制不仅帮助他们满足了国际合规要求，还节省了大量时间和成本。这不仅是技术的胜利，也是企业在追求可持续发展道路上的一次跨越式前进。

（二）马士基的下一步行动：技术与绿色发展并行

作为全球物流行业的领军企业，马士基正以坚定的步伐引领绿色转型。2040年实现净零碳排放的目标不仅是一个承诺，也是一场技术与绿色发展的深度融合。在全球航线的每个节点，区块链技术记录着绿色甲醇等可持续燃料的来源和使用路径，确保燃料的真实与合规。不仅如此，马士基还投资开发更加先进的数字化解决方案。面对客户对绿色物流日益增长的需求，马士基推出了"Eco Delivery"服务，通过区块链提供精准的碳排放追踪，助力客户构建可持续供应链。与此同时，马士基与政府和行业机构紧密合作，通过支持全球碳排放交易体系，共同推动绿色供应链的未来。这不仅是一次企业转型，也是对全球可持续发展的重要贡献。

教学指导书

一、课程思政

通过马士基案例教学，学生不仅能掌握现代物流与供应链管理的核心理论与实践，还能从案例中体会到技术创新对行业变革的推动作用，以及全球化背景下企业的社会责任和可持续发展的重要性。课程思政要点融入以下两个方面：

（1）马士基通过 TradeLens 平台解决供应链透明度和效率问题，并提出 2050 年实现零碳排放的绿色目标。强调企业在全球化背景下承担社会责任的必要性，特别是在应对气候变化和可持续发展方面。引导学生思考技术进步如何服务于全球共同利益，培养全球化视野和社会责任感。

（2）TradeLens 平台的行业协作问题，反映出不同国家、企业在文化、政策和利益上的差异。培养学生的团队合作能力，强调在全球化背景下跨文化合作的重要性。让学生认识到尊重多元文化、包容差异是推动行业协作的关键。

二、启发式思考题

（1）TradeLens 平台如何提升疫情期间的供应链韧性？供应链韧性理论强调供应链在面对突发事件时的适应性和响应能力。疫情期间，TradeLens 平台通过区块链技术实现货运信息的实时共享，帮助企业快速调整物流计划，减少延误和中断。此外，电子提单减少了传统文件传输的接触风险，加速了清关和运输流程，增强了供应链的弹性。

（2）马士基的区块链平台为何未能在供应链协作中形成强大的网络效应？如何从理论上优化其平台战略？网络效应指出用户数量增加将提升平台价值，但初始阶段需要克服"鸡与蛋"困境。平台经济关注双边市场中如何平衡不同用户群体的利益。TradeLens 未能有效吸引足够多的供应链参与者加入，原因包括数据共享信任不足、利益分配机制不明确，以及平台对中小企业价值的传递不足。优化平台战略可以从以下三个方面着手：①提供更高的加入激励（如初期补贴或免费试用）；②明确数据安全保障，构建参与者信任机制；③优化收益分配，确保各方都能获得可量化的经济利益。

（3）在"全球化逆流"背景下，区块链如何为供应链去中心化提供解决方案？去中心化供应链模式是指减少对单一节点或地区的依赖，提升供应链韧性。区块链通过去中心化网络，将供应链信息分散存储在多个节点中，减少对单一地区或企业的依赖。例如，当某地发生供应链中断时，区块链可快速协调其他节点接管，保证供应链的持续性。此外，去中心化平台提升了供应链的弹性和分布式协作能力。

参考文献

［1］李秋香，马草原，谢磊，等．区块链赋能供应链价值创造的机理与策略——质量信息不对称下的经济学分析［J］．管理世界，2024，40（8）：98-122.

［2］何涛，裴平，吴心弘．联盟链型供应链金融系统的构建、机制和应用［J］．西安交通大学学报（社会科学版），2024，44（4）：47-61.

［3］颉茂华，张家春，王艺茹，等．区块链技术在企业供应链管理中的应用路径及效果研究——以蒙牛乳业为例［J］．管理案例研究与评论，2024，17（2）：280-296.

［4］李秋香，马草原，黄毅敏，等．区块链赋能供应链研究动态：视角、脉络、争鸣与盲区［J］．系统工程理论与实践，2024，44（6）：1965-1986.

［5］鲁其辉，廖昌华．区块链技术及渠道权力对绿色供应链决策影响［J］．华东经济管理，2023，37（8）：12-22.

［6］Agi M A N, Jha A K. Blockchain technology in the supply chain：An integrated theoretical perspective of organizational adoption ［J］. International Journal of Production Economics, 2022（247）：108458.

［7］Moosavi J, Naeni L M, Fathollahi-Fard A M, et al. Blockchain in supply chain management：A review, bibliometric, and network analysis ［J］. Environmental Science and Pollution Research, 2021：1-15.

［8］Dutta P，Choi T M，Somani S，et al. Blockchain technology in supply chain operations：Applications，challenges and research opportunities ［J］. Transportation Research Part E：Logistics and Transportation Review，2020，142：102067.

［9］Queiroz M M，Telles R，Bonilla S H. Blockchain and supply chain management integration：A systematic review of the literature ［J］. Supply Chain Management：An International Journal，2020，25（2）：241-254.

［10］Cole R，Stevenson M，Aitken J. Blockchain technology：Implications for operations and supply chain management ［J］. Supply Chain Management：An International Journal，2019，24（4）：469-483.

［11］Wang Y，Han J H，Beynon-Davies P. Understanding blockchain technology for future supply chains：A systematic literature review and research agenda ［J］. Supply Chain Management：An International Journal，2019，24（1）：62-84.

案例 18 联合利华供应链体系的解读与优化策略研究

案例内容

摘要：联合利华是全球最大的消费品公司之一，拥有庞大的供应链体系。通过全球化采购、标准化生产、智能仓储和全渠道管理，构建了高效的供应链网络，强化了原材料采购的议价能力，确保了供应的稳定与质量。依托大数据与数字化技术，联合利华实现了精准的需求预测和灵活的生产调整，并推动绿色采购和环保生产。联合利华与电商平台及零售商的合作创新了供应链模式，提升市场覆盖与配送效率。同时，通过多元化供应商合作与安全库存策略，积极应对市场波动与风险。此案例为企业优化供应链和实现可持续发展提供了有益经验。

关键词：联合利华；供应链体系；集采模式；智能管理

一、企业介绍

（一）背景

联合利华（Unilever）成立于 1929 年，由英国的 Lever 公司和荷兰的 Margarine Unie 公司合并而成。经过近一个世纪的发展，联合利华已成长为全球最大的快速消费品公司之一。该公司在全球约 150 个国家和地区开展业务，拥有超过 57000 家供应商以及 280 多座运营工厂。联合利华旗下涵盖 400 多个品牌，其产品销往全球 190 多个国家和地区。截至目前，公司已完成约 2300 万个客户订单，业务范围覆盖食品、家庭护理和个人护理等领域。每天，全球有 34 亿消费者在使用联合利华的产品。[①]

（二）关于联合利华中国

联合利华在中国的发展历程丰富多彩，对中国市场有着深厚的承诺和深远影响。联合利华与中国的联系可以追溯到 20 世纪 30 年代，当时其前身利华兄弟公司在上海投资建立了中国肥皂有限公司，生产"力士"香皂等产品。

自 1986 年重返中国市场以来，联合利华在中国的投资已超过 30 亿美元。迄今为止，联合利华在中国市场推出了多个知名品牌（见图 4-1），包括多芬、力士、清扬、奥妙、中华、金纺、凡士林、路雪、梦龙、可爱多、沁园等，涵盖家庭及个人护理用品、食品等多个领域。联合利华在上海设立了全球第六大研发中心，致力于将中国传统科学中的天然成分引入产品配方，推动本地化创新。2022 年，联合利华在广州建设了中国首个全品类生产基地，并在合肥投产了美妆与健康业务品类工厂，展现了公司对未来发展的信心和战略定力。

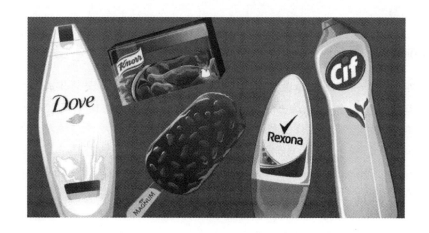

图 4-1　多彩的旗下产品

资料来源：联合利华官网。

联合利华通过在中国市场建立强大的业务网络，持续推动产品创新和可持续发展，积极履行企业社会责任，成为中国市场的重要参与者。

---

① 联合利华官网 https：//www.unilever.com.cn/。

二、联合利华供应链

（一）供应链运行模式概述

联合利华构建了一个精密高效、深度整合的全球供应链体系。通过全球化集采体系，集中调配原料与包装材料，统一标准筛选优质供应商，依托规模优势提升议价能力，以确保成本控制与质量保障。

在生产端，全球工厂遵循标准化流程与严格质量管控，借助数字化技术实时监控生产并灵活调整计划，以应对市场需求波动。在仓储管理方面，智能化仓储设施通过大数据优化库存布局，精准管理货物存储与调取。此外，联合利华还与顶尖物流伙伴合作，打造了海陆空多式联运，并通过物流追踪系统实现全程可视化，确保货物高效精准配送至各地市场。全渠道销售策略则结合线上直营、电商平台及线下经销商合作，借助数据共享打破壁垒，实现供应链信息无缝流转，快速响应消费者的多元化需求。

（二）强大的供应链系统

1. 全球协同采购

联合利华构建了全球化采购与生产体系，在原料和包装材料的获取上，实施全球统一调配策略。通过集采模式，联合利华整合需求，增强议价话语权，有效降低了采购成本。同时，凭借庞大的全球资源网络，联合利华能够筛选出优质的供应商，确保原材料质量优良且供应稳定。

在供应商管理维度，联合利华精心打造了面向全球的统一执行标准与专用管理系统（见图4-2）：根据合作关系的不同，将供应商进行分级。公司有一个跨部门的管理团队，每年会对不同级别的供应商进行审计，级别越高，联合利华对其的合作会越强，联合利华也会从技术方面对供应商提供指导。借助这一系统，联合利华简化了原材料检验流程，提高了效率。同时，对供应商的管理从由松散走向精细化，监管力度与执行效能显著提升。联合利华还建立了完备的质量档案体系，详细记录了每个合作环节。此外，联合利华强化了与供应商的协同合作，携手查找问题持续优化改进，全面巩固了优质供应商的管理基础。

2. 深度数据挖掘与需求分析

快速消费品行业的需求预测一直具有较高难度，其特点在于需求频次高、结构复杂，同时还充满诸多不确定性。例如，一个大客户的临时大量采购可能迅速导致超市货架被清空，而为此准备过多库存又会导致成本激增，得不偿失。在这一过程中，联合利华面临的挑战是如何在避免错失市场机会的同时，又能避免盲目备货，避免资源浪费。解决这一问题的关键在于精准的需求预测，通过准确把握市场动态和科学的预估，实现库存的合理管控。通过这一方法，能够在应对临时大订单和确保货架充足之间找到最佳平衡点。

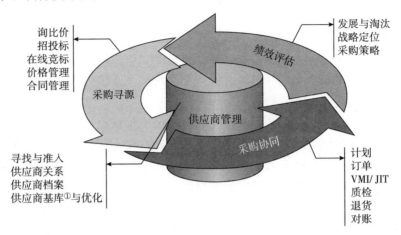

图 4-2　联合利华供应商管理

资料来源：搜狐财经论坛数商云②。

为此，联合利华构建了一个强大的大数据管理平台，能够实时采集、处理、存储、查询和展示数据，并配备数据智能引擎以提升数据资产管理效率，支持业务场景的优化与数字化运营（见图 4-3）。销售人员每日巡店后会将相关数据上传至该平台。此外，公司还与沃尔玛等大型零售商的 POS 系统以及经销商的库存管理系统实现直接对接，从而实时掌握超过 1 万家零售门店的当日销售情况，而其余 7 万多家销售终端的数据则以周为单位更新。在此基础上，联合利华将16 个品牌的产品类型划分为四大业务品类，并为每个品类组建专业团队，专注预测各类产品的销售趋势。

这些专业团队不仅依靠复杂的大数据模型和算法，还会结合市场部门的促销活动力度和宣传策略等因素进行全面评估，以便更准确地预测未来的销售走势。这一体系为制定合理的生产和采购计划提供了可靠依据，使企业在动态变化的市场中实现更高效的运营与资源配置。

在供应链精细化管理的进程中，联合利华设立了"货架有货率"（On-Shelf Availability，OSA）这一关键指标，旨在实现产品从工厂到货架再到消费者手中的无缝衔接，确保供应的高效与稳定。

为了将这一指标切实落地，联合利华组建了一支专业的客服团队，其中特别

---

① 供应商基库一般是用于帮助企优化供应商选择和管理的工具，会记录供应商的详细信息，包括供应商数量、合作范围、能力特色、地理位置等，以便做出数据驱动的采购决策。

② https：//m. sohu. com/a/455699842_100041230/？ pvid=000115_3w_a.

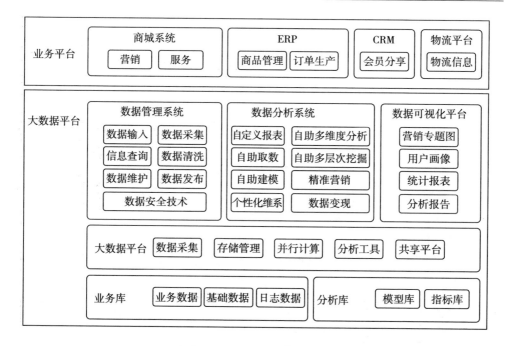

图 4-3　联合利华数据管理平台结构

资料来源：搜狐财经论坛数商云①。

派驻了经验丰富的 OSA 专家，并由客服小组组长牵头，专职对接各大主要超市的货架事宜。他们每日追踪联合利华旗下各类产品在合作超市里的全流程数据，从入库的第一时间起便开启严密监控，详细记录产品何时、以何种数量进入超市仓库，上架环节更是重点关注，精准把握每瓶洗发水、每盒牙膏等产品何时被摆上货架、摆放在何处，同时结合销售数据进行动态分析，不放过任何一个细微环节。

当遭遇货架缺货问题时，这支专业团队迅速展开"诊断"行动，凭借海量数据与实地观察，抽丝剥茧般深挖背后成因。在精准锁定"病因"后，联合利华团队立刻开出"药方"，实施精准改进措施。倘若根源在于库存管理不善，他们将为超市门店的仓储管理人员量身定制系统且实用的培训课程，从货物分类的基本原则，到摆放布局的优化技巧，再到库存盘点的高效方法，事无巨细、手把手教学，助力门店构建起一套科学合理、井然有序的库存整理模式。

通过持之以恒地对症下药、精耕细作，联合利华产品在超市货架上的满足率实现了质的飞跃，不仅减少了消费者因缺货而产生的失落感，更稳固了市场供应的根基，强化了品牌在零售终端的影响力与竞争力。

---

①　https：//m. sohu.com/a/455699842_100041230/？pvid=000115_3w_a.

3. 全渠道融合创新

（1）传统经销商渠道管理。联合利华在全国设有 9 个销售大区，并建立了 B2B 经销商渠道管理系统，借助数字化手段加强对传统经销商渠道的管理，实现与经销商之间端到端的供应链管理。通过该系统，联合利华能够实时洞察市场动态，掌握渠道库存情况，精准推行促销策略，并与业务部门、生产部门、物流部门等及时沟通协调，确保产品能够在合适的时间、地点，以合适的数量供应到市场，满足消费者的需求。

（2）与电商平台合作。近年来，联合利华与阿里巴巴零售通、京东新通路等 B2B 分销平台展开合作，共同探索供应链创新模式。借助电商平台的大数据和物流配送优势，联合利华进一步拓展了销售渠道，提高了产品的市场覆盖率和配送效率，同时也能够更好地满足消费者日益多样化和个性化的购物需求。

（3）直营渠道建设。联合利华还致力于搭建自己的直营渠道，包括网站、app、微信小程序、朋友圈等。例如，2020 年"618"购物节活动（见图 4-4），京东助力联合利华直播"带货"成交额同比增长超过 60%。通过这些直营渠道，联合利华能够直接触达消费者，减少中间环节，更好地了解消费者的需求和反馈，提升消费者的购物体验，同时也有助于企业树立品牌形象，增强品牌忠诚度。

图 4-4　2020 年"618"购物节产品直播

资料来源：联合利华官网。

4. 生产制造环节的优化

联合利华打造了多座"灯塔工厂"，通过引入先进的生产技术和设备，如人工智能、数字孪生、自动化生产线等，提升了敏捷制造的能力和新品上市的速度，实现了生产过程的智能化、高效化和可持续化。以联合利华太仓冰激凌工厂为例，其作为全球冰激凌行业的首家"灯塔工厂"，建立了人工智能模型、数字孪生智能化生产线以及全程自动化操作的黑灯工厂，大大缩短了创新期。

5. 仓储物流环节的智能化

联合利华借助 5G 技术赋能物流智能化，打造"多方协同，智能高效"的智慧物流园区。其 WMS 仓库管理系统实现了仓储物流管理的规范化、标准化，对企业仓储物流的高效运营管理发挥了重要作用。该系统具有库存管理、订单管理、人力管理、财务管理和报告、风控管理等多种功能，不仅能够提高仓库的管理效率、管理透明度和准确性，降低成本，还能够实现仓配一体化，即时报告仓库中货品配备的实时信息，当面临销售订单变化时，能及时反馈到各个环节，满足企业一体化监管的需求。

6. 可持续发展的融入

（1）采购环节。联合利华与供应商合作，共同制定减少碳排放的目标，并在茶叶等原材料采购方面，要求供应商采用可持续的种植和加工方法，减少化肥和农药的施用，优化加工过程中的能源消耗。

（2）生产环节。联合利华通过建设绿色生产基地，如联合利华太仓冰激凌工厂，采用清洁能源、优化能源管理系统、减少废弃物产生等方式，降低生产环节的环境影响。

（3）包装环节。联合利华致力于减少包装废弃物，采用可回收、可重复使用或可堆肥的包装材料，设计更环保、更轻量化的包装，减小包装对环境的影响，同时通过包装上的碳标签等信息，向消费者传递产品的可持续性特点，引导消费者做出绿色选择。

（4）物流环节。联合利华与菜鸟等物流企业合作，探索绿色低碳解决方案，如绿色包装、绿色运输、碳资产管理数字化等，推动物流环节的可持续发展。

7. 风险管理与应对

（1）需求波动风险。通过大数据分析和精准预测，提前调整生产和库存计划，以应对市场需求的波动。同时，与供应商建立灵活的合作关系，能够在需求变化时快速调整原材料的供应。

（2）供应中断风险。对供应商进行多元化管理，降低对单一供应商的依赖。此外，建立安全库存和应急响应机制，当出现供应中断时，能够及时调配资源，保障生产和销售的连续性。

（3）质量风险。在采购环节严格把控原材料质量，加强对供应商的审核和监督。在生产过程中，实施严格的质量控制体系，确保产品符合高标准的质量要求。

（4）合规风险。关注全球各地的法律法规和政策变化，确保供应链的运营符合相关要求。对供应商进行 ESG 评估，推动整个供应链的可持续发展和合规运营。

三、强化供应链实现双赢合作

（一）支持1号店发展

联合利华与1号店建立了长期、稳定的合作伙伴关系，在共同利益的基础上形成互信互认，携手构建快速响应、灵活高效的电子商务供应链。双方不仅在订单和物流等关键环节展开深度协作，还提出了"四步走"战略以实现双赢局面：

（1）推行直供模式。通过减少中间环节，直接向1号店供货，提高供应链效率。

（2）开通绿色通道服务。为特殊订单和紧急需求提供优先处理服务，提升客户体验。

（3）客户联合促销计划。协同制定促销策略，实现销售增长和客户满意度的提升。

（4）"紧急需求满足"项目。快速响应突发订单需求，确保高效供货。

尽管电子商务对供应链提出了较高的挑战，但1号店与联合利华通过"四步走"战略，显著提高了客户订单的满足率和对紧急需求的响应能力。这种合作模式不仅为双方带来了实质性收益，也为其他电子商务供应链提供了宝贵的参考价值。

（二）"联沃"双赢模式

联合利华在追求公司规模扩大的同时，始终致力于减少对环境的不利影响，坚持可持续发展目标。基于这一理念，联合利华与秉持相同价值观的沃尔玛在供应链领域深化合作，在系统联通、联合预测补货计划以及物流协作等多个方面取得了显著成效。双方的合作建立在仓储集中化、订单电子化和回程物流等创新项目基础之上，推动了供应链的高效与可持续发展。

（1）天津仓储项目。双方在沃尔玛天津仓库进行联合仓储，运输距离缩短至100米，并推行带板运输，大幅提升了物流效率。

（2）冷链物流合作。借助沃尔玛的冷链优势，为联合利华冰激凌等产品提供快速补货服务。与2014年相比，旺季订单满足率提升14%，有货率提高12%，库存天数显著缩短，销量实现双位数增长。双方还通过端到端走访，使用无线射频温度记录芯片追踪温控问题，明确改进措施并制定标准。

（3）回程物流合作。打破传统三点运输模式，扩展为工厂、双方仓库和门店之间的四点协同运输，进一步优化物流资源利用。

（4）专人零距离协作。联合利华派驻专人与沃尔玛补货人员紧密协作。

2014~2015 年，这种零距离的合作模式使因主数据问题造成的订单损失减少了 5%，降低了工作负担，优化了促销管理，预测准确性提高了 6%。此外，新店的有货率突破 99%。

联合利华的供应链运营展现出了强大的韧性与活力，通过全球范围内的资源整合与先进技术的应用，实现了高效的采购、生产和配送。在供应商管理方面，联合利华与众多优质供应商建立了长期稳定的合作关系，确保了原材料的稳定供应和高质量。其生产环节的精益化管理，也使得产品能够高质量产出，还能有效控制成本。在物流配送上，通过广泛运用大数据和智能规划，优化了配送路线，减少了配送时间和成本，提高了客户满意度。

四、未来机遇与挑战

（一）科技发展下的机遇

在消费多元、科技革新的浪潮下，联合利华的供应链迎来了新的发展机遇。通过全球布局，联合利华稳固了供应链的根基，同时借助数字化技术赋能和绿色发展浪潮的推动，为联合利华开辟更广阔的增长空间。

（1）新兴市场增长潜力大。新兴市场的中产阶级不断壮大，消费需求从基础型向品质型、多样化转变，联合利华丰富的产品线能够很好地满足这些需求。而且，新兴市场的城市化进程加快，零售基础设施不断完善，电商的发展也为其产品销售提供了更广阔的渠道，有助于联合利华进一步扩大市场份额。

（2）可持续发展备受关注。随着消费者环保和健康意识的不断提高，对绿色、天然、可持续产品的需求日益增加。联合利华早已推行可持续发展战略，在原料采购、生产环节、产品包装等方面都积极践行环保理念，这不仅符合市场趋势，还能提升品牌形象和消费者的忠诚度，进而开拓新的市场空间。

（3）数字化转型助力。借助大数据、人工智能、物联网等数字化技术，联合利华能够实现精准营销，深入了解消费者需求，推出更贴合市场的产品。同时，数字化技术还能优化供应链管理，降低运营成本，提高生产效率，从而提升企业的整体竞争力。

（二）面临的挑战

联合利华供应链搭乘数字化等机遇快车，但前行之路不乏荆棘。市场波动频繁、环保准则严苛、竞争白热化，挑战重重。

（1）市场竞争激烈。在快消品领域，联合利华面临着来自同行的激烈竞争。一方面，宝洁等老牌竞争对手在核心品类上不断发力，争夺市场份额；另一方面，新兴的本土品牌凭借对本土市场的深入了解和灵活的营销策略，在细分市场中迅速崛起，给联合利华带来了较大的竞争压力。

（2）原材料问题。联合利华的原材料多为农产品、化工原料等，其供应和价格受自然气候、地缘政治、贸易政策等因素的影响较大。原材料价格的波动和供应的不稳定，可能导致企业生产成本的增加，影响生产计划的正常进行，这对企业的供应链管理和成本控制提出了更高的要求。

（3）法规监管严格。各国政府对消费品的环保标准、成分安全、广告宣传等方面的法规监管越来越严格。联合利华需要投入大量的人力、物力来确保产品符合不同国家和地区的法规要求，稍有不慎就可能面临巨额罚款、产品召回等风险，这对企业的合规管理能力是一个巨大的考验。

（三）未来发展预设

机遇在前，挑战在侧，联合利华供应链恰似航船于风浪间，既有动力，也有阻碍，展望未来，路径该如何铺就？

（1）持续创新与品牌建设。联合利华将继续加大在研发和创新方面的投入，推出更多满足消费者个性化、多元化需求的新产品。同时，强化品牌建设，提升品牌的知名度和美誉度，巩固其在全球市场的地位。

（2）深化新兴市场拓展。进一步挖掘新兴市场的潜力，通过本地化策略，推出符合当地特色的产品和营销活动，加强与当地企业的合作，提升在新兴市场的份额和影响力。

（3）加强数字化与可持续发展融合。将数字化技术深度融入可持续发展战略中，通过数字化手段实现更高效的环保生产、更精准的绿色营销，提升企业的可持续发展能力和市场竞争力，以满足消费者对环保产品的需求。

（4）优化业务布局与成本控制。联合利华可能会继续对业务进行优化调整，剥离非核心业务，集中资源发展优势业务。同时，加强成本控制和供应链管理，提高运营效率，应对原材料价格波动和市场竞争带来的压力。

教学指导书

一、课程思政

联合利华作为全球知名企业，其供应链蕴含丰富的思政教育元素，对教学指导书进行剖析可挖掘多元价值导向。课程思政要点融入以下两个方面：

（1）"全球协同与本土融合"特色鲜明。联合利华扎根各国，供应链整合全球资源同时契合本土需求。思政层面，能培养学生跨文化交流意识、开放包容心态，认识到立足本土、放眼全球是现代商业成功之道，理解多元文化碰撞融合对供应链韧性、市场适应性塑造的积极意义，树立合作共赢、胸怀世界的职业观，为投身国际经贸物流等领域筑牢思想根基。

（2）"创新驱动"是关键亮点。其不断优化供应链布局，利用数字化、智能化技术实现精准生产配送，如"灯塔工厂"借助新技术降本增效。教学时可激发学生创新精神，领悟科技赋能传统产业价值，鼓励突破思维定式，在专业学习中探索前沿技术应用，提升解决复杂供应链问题能力。

二、启发式思考题

（1）联合利华如何优化冷链物流，保障冰激凌产品品质与供应时效？冷链物流涵盖制冷技术、温控仓储、高效运输及全程监控等。联合利华或采用先进蓄冷材料、多温区冷藏车精准控温，在仓储上分区管理不同冰激凌品类。借助物联网传感器，从工厂、中转库到门店全程监控，一旦温度异常立即预警、启动应急预案，调整运输路线或设备。同时，与专业冷链物流商深度合作，整合资源，依市场淡旺季灵活调配运力，旺季增加配送频次、拓展临时仓储，确保产品新鲜送达消费者手中。

（2）联合利华如何管理供应商，实现原材料可持续供应与质量把控双目标？供应商管理含筛选评估、合作关系维护、质量监督体系搭建、ESG 可持续评估标准等。联合利华可参考 ESG 对供应商设严格环保、质量准入门槛，定期审查。在可持续上，助供应商改良种植、生产工艺达环保标准，如助农户绿色种植原料，对供应商分级管理，优质者给更多订单、技术扶持；对质量，抽检、驻场检验结合，依反馈优化质检流程，协同供应商保障原料持续、优质供应。

📚 参考文献

［1］李箭飞，朱洪宝，肖翮. 市域供应链体系建设规划的理论探索与实践——以广州为例［J］. 城市规划学刊，2023（5）：54-61.

［2］陈弢. 技术引进与本土供应链体系的生成——桑塔纳轿车横向国产化问题考察（1985-1991）［J］. 上海经济研究，2022（11）：116-128.

［3］王微，李汉卿. 论加快国际物流供应链体系建设畅通国内国际双循环［J］. 北京交通大学学报（社会科学版），2022，21（3）：25-33.

［4］张建军，赵启兰. 现代供应链体系视域下的我国经济高质量发展机理研究［J］. 当代经济管理，2019，41（8）：15-20.

［5］Sana S S. A structural mathematical model on two echelon supply chain system［J］. Annals of Operations Research，2022，315（2）：1997-2025.

［6］Gao N，Han D，Weng T H，et al. Modeling and analysis of port supply chain system based on Fabric blockchain［J］. Computers & Industrial Engineering，2022（172）：108527.

［7］Song H，Vajdi A，Wang Y，et al. Blockchain for consortium：A practical paradigm in agricultural supply chain system ［J］. Expert Systems with Applications，2021（184）：115425.

［8］He X，Jiang J，Hu W. Cross effects of government subsidies and corporate social responsibility on carbon emissions reductions in an omnichannel supply chain system ［J］. Computers & Industrial Engineering，2023（175）：108872.

案例 19　京东跨境物流桥头堡——智慧海外仓

案例内容

摘要：京东的智慧海外仓是其跨境电商物流战略的重要组成部分，旨在通过智能化仓储系统提升跨境物流效率，降低物流成本，支持全球化发展。随着跨境电商市场的快速扩展，传统物流模式已无法满足全球消费者日益增长的需求，京东通过智慧海外仓的建设，应用大数据、云计算、物联网等技术，实现了仓储、配送、库存管理等环节的自动化与智能化。这一系统不仅优化了库存管理，提升了库存周转率，还通过智能化分拣、预测算法等方式缩短了配送时间，降低了成本。同时，智慧海外仓的全球布局和本地化运营，使京东能够更灵活高效地满足不同市场的需求。通过这一创新举措，京东在推动跨境电商物流智能化、提升供应链效率方面取得了显著成效，进一步巩固了其在全球市场中的竞争力。

关键词：京东；跨境物流；智慧海外仓；智能化管理

一、跨境电商和国际物流的时代背景

随着全球电商行业的快速发展，跨境电商已逐渐成为国际贸易的重要组成部分。近年来，跨境电商市场规模呈现爆发式增长，物流效率和客户体验已成为企业竞争的核心要素。消费者对商品配送速度和售后服务质量的需求日益增加，而传统的跨境物流模式因运输周期长、成本高等问题，已无法充分满足市场的需求。在此背景下，海外仓作为一种创新的物流解决方案，成为推动跨境电商发展的关键因素。

海外仓通过在目标市场预先储存商品，实现前置库存管理，完成订单后通过本地配送进行交付。这一模式显著缩短了运输时间，并大幅降低了物流成本。例如，在欧美市场，海外仓能够实现本地化的"次日达"或"隔日达"服务，极

大地提升了消费者的购物体验。此外，海外仓还为跨境电商企业提供一系列增值服务，如退换货处理、商品重新包装、产品检测等，帮助企业优化供应链管理，提升整体运营效率，从而增强市场竞争力。

截至 2022 年底，中国的海外仓数量已超过 2000 个，总面积超过 1600 万平方米，覆盖了北美、欧洲、亚洲等主要市场，且约 90% 的海外仓集中在这些地区。随着"一带一路"倡议的不断推进以及东南亚等新兴市场的崛起，海外仓的布局逐渐从欧美传统市场向其他区域扩展。尤其是在东南亚市场，海外仓的数量增速尤为显著，增幅达到 91.55%，总面积已突破 100 万平方米。这些海外仓不仅为中国跨境电商企业提供了快速进入国际市场的渠道，也为全球消费者提供了更加高效、便捷的购物体验，为中国跨境电商的全球化布局提供了强有力的支持。

近年来，在政策层面，中国政府持续加大对跨境电商和海外仓发展的扶持力度，涵盖税收优惠、资金支持以及跨境电商综合试验区的建设等多个方面。这些政策的积极推动，有效促进了海外仓的快速发展与升级。展望未来，海外仓不仅将是跨境电商的重要物流节点，更将成为全球供应链管理的核心环节，为国际贸易的发展注入新的动力。

二、跨境电商与海外仓的兴起

跨境电商的崛起促使全球物流需求发生变化，尤其是国际物流时效性和客户体验成为竞争的关键因素。海外仓作为跨境电商物流的一项核心基础设施，成为连接中国卖家与全球市场的重要桥梁。

（一）海外仓的定义与发展历程

海外仓是指电商企业将货物预先储存于海外仓库，通过当地配送网络完成"最后一公里"的交付。这种模式的核心优势在于提高物流时效性，优化全球供应链，尤其是在跨境电商物流时效性和客户体验等方面发挥了重要作用。

（1）1.0 时代。海外仓在初期发展阶段，主要以基础仓储功能为核心。此时，海外仓主要提供集货、仓储和基础物流服务，帮助跨境电商卖家完成商品存储和配送。这一时期的海外仓功能较为单一，主要解决了跨境电商初期的物流时效性差、运输周期长等问题。尽管如此，海外仓的建立大大提高了跨境电商的物流效率，为国际市场的开拓提供了强有力的支持。

（2）2.0 时代。随着跨境电商行业的不断发展，海外仓逐步进入了多功能服务的阶段。这个阶段的海外仓不仅提供传统的仓储和配送服务，还开始增设如退换货、逆向物流和货物包装等增值服务。这些功能的扩展帮助电商企业更好地应对客户的需求，提高了消费者的购物体验，同时也使商家的供应链管理变得更加灵活和高效。

（3）3.0时代。随着技术的进步和市场需求的变化，海外仓进入了智能化与定制化服务的阶段。在这一阶段，海外仓不仅提供基础的物流服务，还开始借助先进的智能仓储管理系统和个性化定制服务，如定制包装、个性化配送、贴标等，满足了越来越多品牌商品和高价值商品的需求。智能化的管理系统提高了仓储管理的精度与效率，降低了运营成本，为跨境电商企业提供了更为灵活的解决方案。

（二）京东海外仓的发展历程

京东海外仓的建设经历了从单一仓储功能到智能化、定制化全链条服务的演变（见图4-5）。在初期，京东海外仓主要提供基础的仓储与物流配送服务，帮助商家解决跨境物流的时效性问题，并提升了整个物流链条的效率。随着跨境电商业务的拓展，京东逐步丰富了海外仓的功能，增加了退换货、逆向物流、包装等增值服务，极大地提升了商家和消费者的体验。

图4-5　京东物流

资料来源：新浪财经①。

---

① 海外网．"京东打造出海新基建　中国商品48小时通全球．"新浪财经．［2021-10-14］．https：//t.cj.sina.com.cn/articles/view/3057540037/b63e5bc502001aqi1．

在海外仓逐步发展到智能化与定制化服务阶段时，京东通过创新的物流技术与运营模式，进一步提升了跨境电商业务的整体效率。通过引入大数据、物联网和人工智能技术，京东实现了仓储管理、运输调度和配送过程的智能化，提高了仓库运作的灵活性和精确度。此外，京东还根据不同市场的需求，提供定制化的服务，如定制化包装、个性化配送等，满足了更多品牌商的需求。

京东海外仓的不断发展，不仅推动了京东自身跨境电商业务的增长，也为全球跨境电商行业的物流模式创新提供了示范。京东的海外仓战略表明，随着电商业务的全球化发展，海外仓的功能将更加多元化、智能化，并在全球供应链管理中发挥越来越重要的作用。

三、京东跨境物流体系的建设与发展

2007 年起，京东物流经过发展与积累，已经逐渐成为全球领先的跨境电商物流服务商。京东不仅在国内市场构建了强大的物流网络，同时也在全球范围内积极布局海外仓和物流基础设施，推动全球跨境电商业务的拓展和物流服务的升级。

（一）京东物流的全球布局

京东物流通过建设海外仓，将中国商品直接与全球消费者连接，显著提升了跨境电商的物流效率。截至 2024 年上半年，京东物流已在全球范围内建立了近 100 个保税仓库、直邮仓库和海外仓库，总管理面积接近 100 万平方米。京东物流的海外供应链网络覆盖了全球主要国家和地区，国际快递服务几乎覆盖欧美主要市场，并能够实现最快 3 日送达的高效物流服务。

根据规划，京东物流计划到 2025 年底将全球海外仓的总面积翻倍增长，同时进一步扩展保税仓和直邮仓的建设布局。未来三年，京东物流还计划新增多条国际航线，包括中马、中韩、中越、中美及中欧航线，不断提升全球物流网络的广度与效率，为跨境电商提供更加全面和高效的物流解决方案。

在"一带一路"倡议的推动下，京东物流加速在东南亚和拉丁美洲等新兴市场的布局，特别是在东南亚，通过建立海外仓和跨境电商基础设施，京东为当地消费者提供了更便捷的跨境购物体验。这不仅促进了中国商品在全球市场的流通，也推动了全球物流体系的互联互通。

（二）京东物流的技术驱动与智能化转型

在技术驱动方面，京东物流通过大数据、物联网和人工智能等先进技术的广泛应用，不断优化仓储管理、运输路线和配送效率，提升了物流服务的智能化水平。以澳大利亚悉尼的海外仓为例，京东引入了 AGV（自动导引车）机器人技术，实现了货到人的自动化处理，大幅提升了仓储作业效率，缩短了订单处理

时间。

此外，京东物流还应用大数据分析对全球供应链进行实时监控和调度，确保了库存管理的精确性和运输效率的最大化。在智能化转型过程中，京东还在部分海外仓内部署了智能分拣系统，利用人工智能技术对货物进行精准分拣和高效配货，进一步优化了跨境电商物流的整体效率。

（三）京东跨境物流的绿色发展

除了智能化与技术驱动以外，京东物流在跨境电商物流的绿色发展方面也做出了积极探索。京东在全球范围内推广绿色物流解决方案，包括使用环保材料包装、优化运输路线以减少碳排放以及采用新能源物流车辆等措施。这些绿色发展策略不仅有助于减少跨境电商物流的碳足迹，也推动了全球物流行业的可持续发展。

例如，在欧美市场，京东物流与当地合作伙伴联合开发了零排放的配送方案，使用电动配送车和绿色仓储管理系统来降低物流运输过程中的环境影响。此外，京东还通过物联网技术对仓储能耗进行实时监控和管理，进一步提高了能源使用的效率，推动了绿色供应链的建设。

四、京东智慧海外仓的运营模式与优势

京东智慧海外仓的成功不仅源于多年的技术积累，更在于其独特的运营模式与优势，使其在跨境电商物流中占据了重要地位。京东智慧海外仓凭借高效的运营模式和创新的技术应用，为全球消费者和跨境电商卖家提供了强有力的物流支持，推动了全球供应链的优化。

（一）自动化与智能化管理

京东智慧海外仓通过引入自动化分拣系统、智能库存管理系统以及 AGV 机器人等技术，显著提高了仓储和订单处理的效率。例如，京东在澳大利亚悉尼的海外仓采用了"货到人"技术，通过 AGV 机器人实现了货物自动分拣和运输，极大提高了仓库的运作效率，缩短了处理时间，并且减少了人工操作的错误率。通过这些智能化手段，京东实现了高效的库存管理、精确的订单分拣和灵活的配送调度，确保了订单交付的及时性和准确性。

（二）灵活多样的物流服务

京东海外仓不仅提供传统的跨境电商物流服务，还根据不同卖家的需求提供灵活多样的增值服务。服务类型涵盖了 B2C 小件配送、B2B 大宗货物运输、仓内贴标、产品包装、产品质检、退换货处理等。这些服务使京东能够满足不同规模和类型卖家的需求，从初创小型商家到大型企业，都可以根据自身需求选择定制化的物流方案，进一步增强了商家与消费者之间的互动体验。

（三）快速响应与客户体验

随着跨境电商市场逐步向精品化和品牌化发展，客户对物流服务的要求越来越高。京东智慧海外仓特别注重优化客户体验，保证从订单生成到货物交付的每一个环节都快速、准确、高效。通过建立全球覆盖的仓储网络和高效的配送体系，京东能够在欧美、澳洲等主要市场实现次日达或隔日达，确保顾客满意。特别是在退换货等售后服务方面，京东的海外仓提供了便捷的解决方案，缩短了消费者的等待时间，提高了消费者整体的购物体验。

（四）数据驱动与精准预测

京东智慧海外仓不仅通过自动化技术提升运营效率，还通过大数据和人工智能技术对市场需求和库存进行精准预测。利用智能算法，京东能够根据消费者需求和市场趋势动态调整库存和物流计划，从而实现库存优化和资源合理配置。这种数据驱动的运营模式不仅帮助京东减少了库存积压和物流成本，也提高了订单处理的响应速度，为跨境电商的快速发展提供了强有力的保障。

五、典型海外仓布局与实践

随着全球消费市场对跨境商品需求的日益增长，消费者对跨境物流的时效性、便捷性及服务质量提出了更高要求。京东国际跨境电商平台涵盖了智利红酒、澳洲牛奶、法国化妆品、美国牛肉、泰国乳胶枕和德国机油等多样化的全球产品。这些商品通过京东的 B2C 和 B2B 平台进入全球市场，而作为核心物流基础设施的海外仓，已成为支撑京东国际物流和跨境电商业务的关键环节。

海外仓在物流体系中发挥了"货源地的点、国际运输的线、全球信息链的网"的核心作用，缩短了物流时效，优化了国际供应链的全流程。以下以中国香港海外仓和印度尼西亚海外仓为例，分析其在跨境电商物流中的重要作用与特色布局。

（一）京东物流（中国香港）海外仓

中国香港海外仓是京东国际物流网络的重要节点，凭借其优越的地理位置和多功能设施，成为连接中国内地与全球市场的关键枢纽（见图4-6）。中国香港仓面积近1万平方米，配备恒温区、高值区及专门的奢侈品打包台等设施，SKU数量超过10万，涵盖母婴、个护、3C、家居、时尚、食品等多个品类。仓库的管理与运营严格按照京东国内仓储标准执行，能够支持包括医药产品在内的多种特殊存储需求，为跨境电商提供高效的物流服务。

中国香港仓的物流网络具有显著的区位优势，距离中国香港码头和深圳湾大桥仅30分钟车程，可通过海运和陆运实现快速货物转运。仓库配备自主研发的仓储供应链系统，结合大数据分析优化仓储流程，有效提高整体效率。在2021

图 4-6　京东物流中国香港仓

资料来源：Cobb. "海外仓布局全球，京东物流让世界触手可及"，知乎．[2020-05-15]. https://zhuanlan. zhihu. com/p/141026283.

年两次大促销中，中国香港仓履行了超过 6 万张订单，充分展示了其在高峰期处理大量订单的能力。京东物流供应链中国香港产业基地在 2024 年"618"大促前的入库单量同比增长超过 10 倍，再次印证了其高效物流网络的强大支持力和市场适应能力。

此外，中国香港仓吸引了沃尔玛、莎莎、屈臣氏等国际品牌入驻，通过统一存储、调拨和分拣，优化了全球商品的流通效率。这些商品不仅能够快速送达中国内地，还可以通过香港仓转运至东南亚及欧美市场，形成覆盖广泛的国际供应链网络，为京东跨境电商平台的高效运营提供了有力支撑。

（二）京东物流（印度尼西亚）海外仓

京东于 2016 年在印度尼西亚成立了 JD. ID，标志着京东在东南亚市场战略布局的关键起点。到 2019 年底，印度尼西亚电商用户数已达到 6800 万人次（见图 4-7），到 2020 年初，JD. ID 服务的用户数量接近 6000 万，占印度尼西亚电商用户总数的 80% 以上。JD. ID 凭借强大的物流履约能力，为消费者提供了优质的购物体验。官方数据显示，JD. ID 的全站单日订单履约率高达 85%，而在大雅加达〔大雅加达通常是指以雅加达为核心的都市圈，官方称为"Jabodetabek"，由雅加达及其周边城市名称缩写组合而成，包括雅加达特区（Jakarta）、茂物市（Bogor）、德波市（Depok）、坦格朗市（Tangerang）、勿加泗市（Bekasi）五个区域〕地区，98％的包裹能够在 24 小时内完成配送。虽然京东在印度尼西亚市场的规模不如一些本地电商平台，但凭借迅猛的发展速度和卓越的用户体验，京东已赢得了印度尼西亚消费者的广泛认可。以用户为中心的服务理念以及持续的市场拓展，使 JD.ID 成为印度尼西亚消费者最为满意的电商平台之一（见图 4-8）。

图 4-7　京东物流印度尼西亚仓

资料来源：Cobb. "海外仓布局全球，京东物流让世界触手可及"，知乎．［2020-05-15］. https：//zhuanlan. zhihu. com/p/141026283.

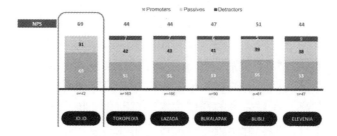

图 4-8　印度尼西亚人民心中最满意的电商平台

资料来源：Cobb. "海外仓布局全球，京东物流让世界触手可及"，知乎．［2020-05-15］. https：//zhuanlan. zhihu. com/p/141026283.

为满足印度尼西亚市场的多样化需求，京东在印度尼西亚建立了自建仓储与物流体系。京东在印度尼西亚拥有 10 个仓库，总面积达 29122 平方米，覆盖包括雅加达、泗水、坤甸、棉兰等主要城市。这些仓库通过合理布局，显著缩短了商品配送时间，实现了"今日下单、次日达"的服务理念，极大地提升了用户的购物体验。

京东还在印度尼西亚自建了覆盖全国的物流网络，包括上万辆摩托车、上千辆面包车、上百辆卡车和超过100个物流站点，确保从城市到偏远地区的商品配送稳定可靠。强大的仓储和物流能力为京东在印度尼西亚市场的成功奠定了坚实基础，同时也为中国卖家进入东南亚市场提供了重要支持。

六、京东海外仓对国际贸易与物流合作的影响

京东智慧海外仓的建设不仅大大推动了跨境电商的发展，也在国际贸易和全球物流体系中发挥了重要作用。通过战略布局海外仓，京东为全球市场提供了一体化的供应链解决方案，不仅优化了物流效率，还促进了国际贸易的流畅发展，并推动了全球物流合作的深化。

1. 提升国际贸易效率

海外仓的建设为跨境电商提供了更为高效的物流支持，通过缩短配送周期和优化库存管理，极大地提升了国际贸易的效率。京东的海外仓网络覆盖全球主要市场，借助智能化仓储和配送系统，跨境电商商家能够以更低的成本和更短的交货周期将商品送达全球消费者。这种快速响应的物流模式减少了商品滞留时间和运输成本，从而有效提高了贸易流通速度和国际市场的竞争力。尤其在欧美、东南亚等重要市场，京东的智慧仓储系统显著降低了运输环节的时间成本和风险，使企业能够快速响应市场需求，提升了整个国际贸易链条的效率。

2. 促进全球物流合作

京东通过与全球各地的物流服务商、航运公司以及当地仓储设施的合作，整合了全球物流资源，建立了高效的跨境物流网络。京东的智慧海外仓不仅提升了商品的运输效率，也促进了不同国家和地区之间的物流协同。通过与本地物流企业合作，京东能够实现"最后一公里"的高效配送，增强了全球供应链的协同能力，优化了不同区域之间的物流衔接。此外，京东海外仓的建设还促进了物流技术的传播与共享，通过先进的仓储技术、自动化分拣系统及大数据预测，推动了全球物流技术标准的提升，进一步加速了全球物流合作的深度融合。

3. 促进区域经济一体化与全球化供应链发展

京东海外仓的建设不仅促进了国际贸易效率的提升，还对区域经济一体化和全球供应链的优化起到了积极作用。通过在"一带一路"倡议下的海外仓布局，京东在东南亚、非洲和拉美等新兴市场的快速发展，推动了区域经济的互联互通。例如，京东通过在东南亚的仓储和物流网络建设，增强了中国产品在这一地区的市场渗透力，同时促进了当地跨境电商生态系统的发展。这样的布局不仅提升了中国产品在全球市场的竞争力，也促进了相关区域内外的经济一体化，推动了全球供应链更加紧密的协作与发展。

4. 赋能本地产业和消费者

京东的海外仓不仅为跨境电商企业提供了物流支撑，也为本地产业和消费者带来了切实的利益。通过建立在海外的本地仓储设施，京东将产品存储与配送服务本地化，使消费者能够更快地收到商品，同时提供更加个性化的服务。这种服务模式对于提升消费者体验、促进本地经济发展以及推动本地就业具有重要意义。京东海外仓还通过提供多样化的增值服务，如商品包装、质检、退换货等，帮助本地商家提升产品附加值和竞争力，推动了本地电商产业的成长。

七、京东智慧海外仓的挑战与未来发展

京东智慧海外仓的建设是跨境电商物流领域的重要创新，带来了高效、智能的物流解决方案。然而，随着全球化和市场竞争的加剧，京东在继续扩展其海外仓网络和物流服务时，面临一系列挑战。同时，京东在这一过程中积累的成功经验和发展方向，也为未来的发展提供了宝贵的参考。

（一）面临挑战

尽管京东智慧海外仓取得了显著的成绩，但在全球扩张和跨境电商发展中，仍面临着一系列挑战，尤其是在全球化布局、技术创新和政策合规方面。

1. 全球化布局的挑战

随着跨境电商市场的竞争日益激烈，京东在全球化布局上面临着多重挑战。京东需要在已有的欧美等成熟市场保持优势，并进一步拓展至东南亚、拉丁美洲等新兴市场，这些市场的特点和需求与成熟市场存在较大差异。新兴市场的物流基础设施相对薄弱，配送时效和成本控制成为主要挑战。与此同时，全球各地的消费者需求多样化，京东必须提供灵活的解决方案以满足不同地区的消费者需求。此外，国际市场的政策环境和法规差异化也为全球布局带来了复杂性，尤其是关税政策、跨境支付和进出口法规等方面的差异。为了应对这些挑战，京东必须不断调整其物流模式，确保能够在不同市场之间实现高效、低成本的物流配送。

2. 技术创新的持续要求

随着全球物流行业智能化、自动化技术的不断进步，京东需要保持技术创新的领先地位。仓储管理、订单处理和物流配送的自动化水平对于提升运营效率至关重要。在高需求季节，如何应对订单量激增以及如何提高仓库的处理能力，仍是京东面临的技术挑战。此外，京东还需要开发更加智能的库存管理和需求预测系统，减少库存积压、提高周转效率，并实现更精准的商品配送。随着电商业务规模的增长，未来几年，如何进一步提升物流自动化，成为京东继续引领行业发展的关键。

3. 政策变化与国际合规风险

跨境电商涉及多个国家和地区，不同国家之间的政策差异对京东海外仓的运营造成了不小的挑战。各国的贸易政策、税收政策、进口限制等都可能影响京东的跨境物流布局。例如，欧盟和美国在关税、跨境支付和数据保护方面有严格的法规要求，这可能导致额外的运营成本和合规风险。此外，全球各国对数据隐私和消费者保护的法律监管日益严格，特别是 GDPR 等严格的数据保护规定，要求京东加强其全球数据管理能力，以避免法律风险。面对这些政策变化，京东需要与各国政府加强合作，确保其跨境电商业务的合规性。

（二）成功经验

尽管面临多重挑战，京东海外智慧仓在扩展全球物流网络的过程中积累了丰富的成功经验，这为未来的发展奠定了坚实的基础。

1. 全球化布局的持续推进

京东通过持续扩大海外仓网络，并在全球主要市场和物流节点城市布局自营仓储设施，提升了跨境电商的配送效率。特别是在欧美等成熟市场，京东加强了保税仓和直邮仓的建设，确保了从下单到交付的快速响应。在新兴市场，京东通过与本地物流企业的合作，逐步构建了灵活的仓储和配送网络，有效解决了新兴市场物流基础设施薄弱的问题。此外，京东还加强了与全球顶尖物流公司合作，通过资源整合优化跨境物流链条，提高了整体供应链的协同性。

2. 智能化与自动化技术的应用

京东通过引进 AGV 机器人、自动分拣系统和智能库存管理技术，提升了海外仓的运作效率。通过智能化管理，京东在海外仓实现了货物的快速分拣、精准配送，并在大宗订单和高峰期能够高效处理。大数据和人工智能的应用，使京东在需求预测、库存管理和物流配送方面实现了更高的准确性。此外，京东在多个海外仓推广 AGV 机器人技术，使货到人、自动化处理的模式成为可能，大幅提升了仓储效率和服务水平。

3. 灵活的物流服务模式

京东的海外仓提供了多样化的服务，包括 B2B 大宗货物运输、B2C 小件配送、仓内贴标和增值服务等，满足了不同客户群体的需求。京东通过灵活的物流服务，能够针对不同市场需求提供个性化的解决方案。例如，针对欧美市场，京东加强了仓储设施的覆盖，缩短了配送时间；而在东南亚等新兴市场，京东通过定制化的仓储和配送服务，提高了消费者的购物体验。通过这些灵活的服务模式，京东不仅提升了消费者满意度，还为跨境电商平台提供了高效的物流支持。

（三）未来发展方向

京东海外智慧仓将继续扩展其全球物流网络，同时深化技术创新和优化供应链管理，以应对不断变化的市场需求。

1. 进一步扩展全球布局

京东计划继续加大在东南亚、非洲、拉丁美洲等新兴市场的布局，逐步完善跨境电商物流的全球覆盖。通过建设更多的保税仓和直邮仓，京东将在这些地区提供更为高效的物流服务，缩短跨境电商商品的交付周期。同时，京东还将进一步加强在欧美成熟市场的仓储设施建设，提升现有物流网络的运力和覆盖能力。

2. 推动技术创新与智能化转型

京东将在智能化仓储和自动化物流方面继续加大投入。重点加强人工智能、大数据、机器学习等技术的应用，提升库存管理、订单处理和物流配送的精准度和效率。同时，京东还将在"最后一公里"配送领域引入无人机、无人车等新兴技术，提高配送速度并降低成本。进一步推动物流的智能化和自动化，将使京东在未来的全球物流竞争中占据更有利的位置。

3. 应对政策与法规的挑战

京东将继续加强与全球各国政府和地方政府的合作，确保跨境电商业务符合不同国家的合规要求。特别是在面对跨境贸易政策、关税调整和数据隐私法规等方面，京东需要灵活应对，调整其全球物流网络和运营策略。此外，京东还将加强全球数据隐私保护能力，确保符合国际市场的法律要求，保障客户数据的安全和隐私，避免合规风险。

📚 教学指导书

一、课程思政

京东智慧海外仓作为跨境电商物流领域的创新代表，不仅推动了京东全球化布局的进程，也展示了中国企业在全球供应链中的战略地位。通过引入大数据、云计算等现代科技，京东在跨境物流中实现了效率提升、成本降低和服务优化。这一案例不仅为学生提供了一个生动的企业创新实践范例，也为他们理解中国企业如何在国际市场中获取竞争优势提供了参考。课程思政要点融入以下三方面：

（1）弘扬中国特色社会主义经济模式的优势。京东智慧海外仓的建设反映了中国特色社会主义经济模式在全球化时代的优势，特别是在物流和跨境电商领域的独特优势。通过对京东案例的分析，学生可以理解国家政策如何为国内企业提供支持，如何促进国内市场与全球市场的互动，特别是在"一带一路"倡议框架下的经济合作。课程思政可通过引导学生认识到中国企业如何在国家政策的引领下，实现自我创新和全球化布局，进一步增强学生对中国特色社会主义道路的自信。

（2）促进跨境电商与全球合作。京东通过智慧海外仓推动了跨境电商物流的智能化转型，这不仅是企业发展的需要，也符合中国在全球化背景下推动国际合作与开放的战略目标。教学中可通过分析京东如何借助跨境电商平台连接世界，向学生展示中国如何在全球合作中发挥越来越重要的作用。在此过程中，学生能够深入思考中国企业如何在全球范围内参与并推动国际贸易和经济合作，从而更好地理解国家在全球经济中的角色与责任。

（3）培养国际化视野与责任感。通过京东案例的教学，学生可以在了解企业发展的同时，增强国际视野与全球责任感。京东的全球化战略不仅是企业层面的成功，也是中国在全球经济合作中责任担当的体现。课堂上引导学生思考如何将企业发展与国家战略结合，认识到自身作为新时代青年应承担的历史责任，培养学生在未来的工作中既要有全球视野，也要有为国家和社会作出贡献的责任感。

二、启发式思考题

（1）京东智慧海外仓如何通过智能化配送系统提升跨境物流的效率与客户体验？客户体验理论认为，智能化配送系统通过优化配送路径、提高配送速度和精准度，能够提升客户的满意度和忠诚度。网络效应理论指出，跨境电商平台通过不断完善智能化系统，可以增强平台间的网络效应，从而实现规模化效益。京东智慧海外仓利用智能化配送系统，根据消费者的需求实时调整配送路径与仓储资源，从而在保证快速配送的同时，减少不必要的成本和资源浪费。例如，通过使用自动化仓储和机器人技术，京东能够在不同国家和地区实现更为精准的库存管理和产品配送，提升了客户的购物体验并缩短了物流周期。

（2）京东如何通过智慧海外仓实现全球供应链的数字化转型？数字化转型理论认为，企业通过应用数字化技术可以提升效率、降低成本，并增强市场响应速度，从而最终实现供应链的优化。供应链整合理论指出，全球供应链的整合依赖于信息共享和数据分析，智能化系统能够促进信息流、物流和资金流的高效协同。京东智慧海外仓通过大数据、云计算、人工智能等技术，实现了全球供应链的数字化转型。系统能够实时分析全球不同市场的需求、库存、订单等信息，及时调整供应链策略，优化库存配置和配送路线。这种数字化的供应链管理模式不仅提升了物流效率，也增强了京东对全球市场变化的快速响应能力，从而推动了跨境电商的全球化发展。

（3）京东如何通过智慧海外仓在跨境电商领域实现绿色物流与可持续发展？可持续发展理论认为，企业在运营过程中应平衡经济效益、社会效益与环境效益，通过绿色物流减少碳足迹，实现长期的可持续发展。环境经济学理论指出，通过应用绿色技术，企业不仅能提升资源利用效率，还能减少环境污染，推动社会责任的履行。京东智慧海外仓通过优化物流流程、提高运输效率、降低能源消耗，推动了绿色物流的实施。例如，京东通过智能化仓储系统和绿色运输工具的应用，减少了运输过程中对环境的负面影响。同时，京东还采取了节能减排措施，在仓储和配送中使用可再生能源，力求降低整体碳排放，推动跨境电商在全球范围内的可持续发展。

参考文献

［1］京东物流官网：https：//www.jdl.com/.

［2］京东物流科技：https：//www.jdl.com/en/technology.

［3］京东物流国际业务：https：//www.jdl.com/en/.

［4］汪旭晖，谢寻．数字科技创新引领物流业绿色低碳转型的机制与路径——基于京东物流的案例研究［J］．经济与管理研究，2024，45（5）：21-40.

［5］王煜昊，马野青，承朋飞．跨境电商赋能企业供应链韧性提升：来自中国上市公司的微观证据［J］．世界经济研究，2024（6）：105-119+137.

［6］刘宪立，杨蔚．跨境电商供应链韧性影响因素的作用机制［J］．国际商务研究，2024，45（3）：16-29.

［7］杨胜刚，谢晋元，成程．跨境电商、供应链优化和企业国际化——基于大数据文本分析的经验证据［J］．国际贸易问题，2023（10）：1-18.

［8］杨继军，艾玮炜，范兆娟．数字经济赋能全球产业链供应链分工的场景、治理与应对［J］．经济学家，2022（9）：49-58.

［9］付帅帅，陈伟达，王丹丹．跨境电商物流供应链协同发展研究［J］．东北大学学报（社会科学版），2021，23（1）：52-60.

［10］庞燕．跨境电商服务供应链与服务集成商能力的提升［J］．中国流通经济，2019，33（9）：64-72.

［11］Zhang H，Jia F，You J X. Striking a balance between supply chain resilience and supply chain vulnerability in the cross－border e－commerce supply chain［J］. International Journal of Logistics Research and Applications，2023，26（3）：320-344.

［12］Zhou L，Wang J，Li F，et al. Risk aversion of B2C cross－border e－commerce supply chain［J］. Sustainability，2022，14（13）：8088.

［13］Liu Z，Li Z. A blockchain-based framework of cross－border e－commerce supply chain［J］. International Journal of Information Management，2020（52）：102059.

案例 20　信利康供应链：电子产业链服务的智慧化探索

📖 案例内容

摘要：本文旨在通过分析深圳信利康供应链管理有限公司在电子产业链服务领域的智慧化探索，探讨其在供应链管理中的特色实践、取得的成效与影响以及面临的挑战与应对措施。信利康供应链作为国内供应链行业的龙头企业，通过创新"平台+基地"模式，为电子信息领域企业提供一站式供应链服务，有效提升了企业运营效率，降低了成本，促进了产业链上下游的协同发展。

关键词：信利康；电子产业链；供应链

一、电子行业的发展背景

近年来，我国高度重视电子行业发展，已相继出台《国务院办公厅关于深化电子电器行业管理制度改革的意见》《电子信息制造业 2023–2024 年稳增长行动方案》等政策措施，落实电子行业促进举措。工信部数据显示，2022 年前三季度我国电子信息制造业生产稳定增长，电子行业整体营收和利润稳步提升，消费电子、工业电子、汽车电子、医疗电子和通信电子等细分领域呈现增长趋势。随着人工智能、物联网、区块链、5G 通信等技术的快速发展，电子行业正朝着智能化、网络化、集成化的方向迈进，消费需求的日益增长有效促进了电子行业市场规模的扩大，同时也推动了电子产品迭代升级，满足消费者日益增长的个性化需求。如今电子行业通过强化供需联动、完善创新政策体系、发展产业互联网平台等措施，有效促进了行业上下游企业的紧密合作和协同发展。电子行业的快速发展对供应链的服务提出了新的要求，供应链管理已成为企业核心竞争力的重要组成部分，高效、精准的供应链管理对于提升企业竞争力、降低运营成本、保障产品质量具有重要意义。[①②] 相比于传统供应链在反应速度慢、交易成本高、信息共享程度低等方面的缺点，电子供应链大大提升了反应速度、降低了交易成

---

① 国务院办公厅关于深化电子电器行业管理制度改革的意见［EB/OL］.（2022 – 09 – 23）. www. gov. cn/zhengce/content/2022–09/23/content_5711385. htm.

② 电子信息制造业 2023 – 2024 年稳增长行动方案［EB/OL］.（2023 – 09 – 05）. https：// wap. miit. gov. cn/zwgk/zcwj/wjfb/tz/art/2023/art_6ec44841d92a49729b9c04a91b5f89f9. html.

本、信息实现实时共享，深圳信利康供应链管理有限公司（以下简称"信利康供应链"或"信利康"）作为该领域的佼佼者，通过不断探索和实践，逐步形成了具有鲜明特色的智慧化供应链服务模式，为行业树立了标杆。

二、信利康企业简介及业务服务概述

（一）信利康企业简介

深圳市信利康供应链管理有限公司成立于2003年11月，是中国供应链行业的领军企业之一，同时也是中国500强企业之一。自2003年11月成立以来，该公司保持了年均32%的复合增长率，现已发展成为一家集供应链服务、智慧园运营及小额贷款业务于一体的综合性电子产业链服务企业。信利康专注于为电子信息领域的高科技企业提供服务，拥有超过20000家合作伙伴，其资源整合能力覆盖了电子、通信、光电、智能装备及制造等多个行业。信利康通过整合品牌企业、物流商、金融机构及增值服务商等各方资源，构建了一个跨界整合、协同共享、互利共赢的"供应链+智慧园"电子生态圈。该生态圈以深耕电子信息产业供应链服务为核心，为客户提供包括一站式进出口代理、VMI仓储及供应链金融等在内的综合供应链服务解决方案。同时，信利康还以建设智慧产业园为长期战略，深入研究电子产业链企业的实际需求与痛点，并为其提供全链条、全生命周期的生产经营服务，致力于打造全国领先的电子信息产业智慧园。[①]

目前，信利康已在深圳、东莞、惠州等地布局了九大智慧园区，专注于为高科技电子信息产业链提供优质服务。信利康计划在全国范围内继续建设并运营百亿级电子产业高地，旨在推动中国制造向中国创造的转型升级，并为我国电子信息产业的繁荣发展贡献力量。

（二）业务范围与服务特点

在全球贸易环境复杂多变的背景下，信利康供应链坚持创新驱动发展战略，通过优化供应链流程、提升信息化水平、拓展金融服务等手段，不断提升服务质量和效率。公司主营业务涵盖代理进口、代理出口、国内采购和国际分销四大板块，[②] 为国内外客户提供全方位的供应链解决方案。同时，信利康还积极构建"平台+基地"智慧供应链生态圈，聚合品牌企业、物流商、金融机构等各方资源，实现互利共赢。

---

① 信利康集团．集团简介［EB/OL］．（2023-06-16）．https：//mp.weixin.qq.com/s/BY_HH1RM7UwMA5-TeLXVGw.

② 信利康集团．信利康供应链介绍［EB/OL］．（2024-07-12）．https：//mp.weixin.qq.com/s/GKh-wejIXncJ9h0LZ5Qv-9gs.

（1）信利康供应链的服务范围。信利康供应链在电子产业链中的服务范围涵盖了从采购到物流配送的多个环节，具体包括以下三个方面：

1）在采购方面。作为供应链服务商，通过与客户建立长期合作关系，根据客户需求，协助其进行原材料的采购，从而帮助客户降低采购成本，提高采购效率。

2）在库存管理方面。通过提供 VMI（Vendor Managed Inventory）服务，实时监控库存情况，确保库存水平处于合理范围内，避免库存积压或缺货现象的发生，同时提供库存分析及预测服务，帮助客户更好地掌握库存情况，提供更加科学的库存策略，实现库存的优化管理。

3）在物流配送方面。在拥有完善的物流配送体系的基础上，为客户提供定制化物流服务，通过优化物流路线、提高物流效率，保证货物按时、按量、按质送达，满足客户对于国内配送及国际物流的服务需求。

（2）信利康供应链的服务特点。信利康供应链的服务特点主要体现在以下四个方面：

1）一站式服务。能够提供从采购、库存管理到物流配送的一站式服务，降低客户的运营成本，提高运营效率，增强市场竞争力，帮助客户实现供应链的全程管控。

2）智能化管理。通过运用现代信息技术，如大数据、云计算等，构建智能化的供应链管理系统，该系统能实时监控供应链的各个环节，提供数据分析和预测服务，帮助客户更好地掌握市场动态和供应链状况。同时，信利康还通过智慧园区建设，将智能化服务延伸到园区内，为入驻企业提供更加便捷、高效的服务体验。

3）定制化服务。无论是大型企业还是中小企业，信利康都能基于其业务特点和需求，量身定制最适合的供应链解决方案，满足客户需求，提高客户满意度和忠诚度。

4）供应链协同共享。信利康通过整合品牌企业、物流商、金融机构及增值服务商等各方资源，构建了一个协同共享、互利共赢的供应链生态圈。在这个生态圈中，各方能够共享资源、信息和经验，实现优势互补和协同发展，同时这种模式也能够降低整个供应链的成本和风险，提高行业整体竞争力。

三、智慧化探索的具体实践

（一）e-SCM 系统的引入与整合

信利康公司凭借自主研发的供应链管理信息系统（e-Supply Chain Management，e-SCM），巧妙运用信息技术手段，成功搭建起电子供应链各节点企业间信息沟通的桥梁。该系统集信息收集与处理、信息共享与协同作业、资源配置优化及客户满意度提升等多重功能于一体，展现出卓越的信息化管理效能。

在电子供应链管理中，信利康引入 e-SCM 系统后，实现了对采购、生产、库存、物流及销售等关键环节数据的集中高效管理。该系统不仅能够实时共享信息，促进各环节间的协同作业，还能够自动接收并处理客户的订单信息，主要涵盖订单确认、生产计划编排及原材料采购等全过程。同时，e-SCM 系统具备强大的订单执行情况监控功能，确保订单能够准时交付，满足客户需求。

在库存管理方面，e-SCM 系统更是展现出其精准控制的优势。系统能够实时更新库存数据，提供库存预警及补货建议，助力企业有效降低库存成本，提升库存周转率。此外，在与物流服务系统的对接上，e-SCM 系统实现了物流信息的实时共享与精准跟踪，使与信利康合作的企业能够实时掌握货物运输情况，及时获取物流动态信息。

更为值得一提的是，信利康借助 e-SCM 系统，成功搭建了涵盖资金流、商流、物流、信息流及技术流的全方位供应链平台。该平台为客户提供垫付采购资金、垫付进口税款、信用证办理、保函出具、美元支付与结算、企业信用融资及抵押融资等一系列金融服务，充分满足客户在供应链中的资金需求。

通过 e-SCM 系统的自动化与智能化处理方式，信利康在电子供应链领域展现出了更为强劲的竞争实力。该系统不仅显著提升了供应链的流转效率，优化了资源配置，还极大地增强了客户的满意度。在满足市场需求的同时，信利康也成功赢得了更为广阔的市场份额，为企业的发展注入了强劲动力。

（二）"平台+基地"模式的应用

一方面，信利康所践行的"平台+基地"模式，在电子供应链的智慧化探索旅程中发挥了重要作用。具体而言，信利康通过精心构建综合性的供应链服务平台，并有效利用线上到线下（Online To Offline，O2O）电商服务模式，成功实现了线上交易流程与线下实物交接的无缝衔接。该平台不仅为中外贸易型企业及生产型企业提供了高效、便捷且精准的综合服务，还确保了平台能够实时且精确地为相关客户传递货物动态、物流信息等关键内容，进而实现了电子供应链各节点的全面可视化。

另一方面，信利康在深圳、上海、北京、成都等国内重要城市均设立了多个运营平台，形成了华南营运中心辐射珠三角区域、华东营运中心辐射长三角区域、华北营运中心辐射环渤海区域以及西南营运中心布局"一带一路"倡议的多元化业务发展格局，这一全国性的供应链网络布局，已初步趋于完善。

此外，信利康还积极投身于信利康·乐创城智慧工业园与信利康·乐创汇5G智慧园两大项目的建设之中。其中，信利康·乐创城智慧工业园选址惠州，项目分南北两个地块，各占地 10 万平方米，将分阶段进行建设，预计年产值将超过 200 亿元。该工业园旨在引入 100 家电子信息行业的优质企业，并依托"平台+基地"模式，全力打造"供应链+电子产业"双百亿级产业高地。而信利康·乐创汇 5G 智慧园则聚焦于 5G 产业及其供应链管理服务，深入探索 5G 基础设施的构建、5G 技术的多元应用场景，以及 5G 技术驱动下的新媒体、人工智能、区块链、新能源及智能制造等新兴产业的创新应用范畴。该项目致力于成为惠州市范围内供应链与 5G 产业融合发展的标志性新典范。

这些工业园不仅配备了优质的厂房及完善的配套设施，还通过整合区域交通、经济、产业等多方资源，为入驻企业提供了更加便捷、高效的运营环境。通过智慧工业园的建设，信利康将进一步整合上下游资源，优化电子产业链布局，从而提高产业链的协同效率与整体竞争力。

四、智慧化探索的成效与挑战

（一）智慧化探索的成效

通过智慧化技术的应用，信利康电子供应链的运营效率得到了显著提升。在传统模式下，订单的处理可能需要数天时间，而在智慧化系统上线后，订单处理时间大幅缩短，实现了快速响应和高效执行。同时，智慧化库存管理体系的构建，有效提高了库存周转率，减少了库存冗余，从而优化了资金配置。

在成本控制领域，智慧化探索同样展现出了显著成效。通过优化电子供应链物流配送路径与车辆调度策略，物流成本得到了有效控制。此外，智慧化供应链金融平台的搭建也为中小企业提供了更为便捷且成本更低的融资途径，进一步降低了融资成本。这些智慧化探索的举措共同助力信利康电子供应链在成本控制方面取得显著进步，提升了企业的盈利能力。

智慧化服务的实施不仅提升了运营效率，还显著增强了客户满意度。与信利康合作的上下游企业客户对电子供应链服务的响应速度、准确性及透明度给予了高度评价。智慧化系统的应用使得客户能够实时掌握订单状态、库存情况等关键信息，从而提高了供应链的透明度和可追溯性，也为决策的执行与优化提供了有力借鉴。

智慧化服务还可为客户提供更加个性化的解决方案与相应的增值服务，进一步增强了客户黏性。在智慧化探索的过程中，信利康电子供应链不断创新业务模式，积极拓展市场，通过构建跨境电商平台与一体化金融平台，成功实现了线上线下融合，为客户提供了一站式、全方位的供应链服务。这些创新业务模式不仅提升了信利康的市场竞争力，还为企业开辟了新的增长点。

信利康供应链的成功实践为行业树立了标杆，推动了电子供应链管理服务的创新发展。通过智慧化技术的广泛应用，信利康推动了行业的转型升级，提高了整个电子供应链的效率和竞争力。同时，信利康还积极与上下游企业开展合作，共同推进行业的智慧化发展，助推电子产业链上下游企业的协同并进，有利于打造具备核心竞争优势的"供应链+产业链+智慧园"生态圈。

（二）智慧化探索面临的挑战与应对措施

1. 面临的挑战

随着信息技术的迅猛进步，新型供应链管理系统、大数据分析平台及物联网技术等层出不穷，技术迭代速度日益加快，这对信利康供应链的智慧化转型提出了更为严苛的要求。技术快速迭代可能导致现有系统迅速被淘汰，要求企业不断投入资源以对系统进行升级与维护，进而增加企业运营与时间成本。

在智慧供应链体系中，数据作为核心要素，其安全性风险也随之攀升。在这些风险中，数据泄露、非法侵入及篡改等安全隐患可能对供应链的稳定运行及客户信任带来重大冲击。此外，数据安全风险可能导致供应链断裂、客户隐私外泄、经济损失等严重后果，甚至损害企业的品牌形象与长远发展。

2. 可采取的应对措施

为应对技术迅速迭代的挑战，信利康电子供应链需持续加大研发投入力度，紧密追踪最新技术动态，积极引入并应用前沿技术。组建专业研发团队，与高等院校、科研机构等建立合作关系，共同开展前沿技术探索；定期对现有系统进行评估，制定科学合理的升级规划，确保系统始终具备先进性。

为确保数据安全，信利康供应链应构建全面的数据安全防护网络，从多个维度加大数据保护力度。采用先进的加密技术、防火墙及入侵检测系统等安全措施，确保数据传输与存储的安全性。建立健全数据安全管理制度，明确数据访问权限，定期开展数据备份与恢复演练。同时，加强员工的数据安全意识培训，提升员工对数据安全的重视程度与防范技能。

为进一步提升智慧化水平，信利康供应链可致力于构建智慧供应链生态系统，实现与供应商、合作伙伴及客户等各方的深度连接与协同作业。搭建智慧供应链平台，促进数据共享与协同工作；深化与供应商的合作，共同推动供应链的数字化与智能化转型；通过数据分析为客户提供更加精准的服务方案与解决方案。

智慧化探索是一个持续演进的过程，信利康供应链应不断优化与改进现有系统与服务，以适应不断演变的市场需求与技术环境。建立有效的反馈机制，广泛收集客户与使用者的意见与建议；定期对系统性能与服务质量进行评估，制定切实可行的改进方案；持续关注并研究新技术，为未来系统的升级与扩展奠定坚实基础。

五、结论

在科技迅猛发展的背景下，电子产业链服务正经历深刻变革。人工智能、大数据和物联网等前沿技术推动了生产效率的提升与供应链的智能化，降低了运营成本并实现了供应链的透明化。消费者的多元化需求也促使企业向定制化服务转型，通过柔性生产线和智能制造满足个性化的需求。

信利康供应链通过引入先进的 e-SCM 系统和"平台+基地"模式，提升了供应链效率、降低了成本，并加强了上下游资源融合。其智慧化实践不仅促进了企业发展，还推动了电子产业链的转型升级。未来，信利康将继续加大技术创新投入，拓展国际市场，提升全球竞争力。

信利康的成功经验为行业提供了智慧化转型的典范，展现了高效、协同、可持续的供应链服务模式，为电子产业链的持久发展奠定了基础，推动了产业向更高效与更可持续的方向发展。

教学指导书

一、课程思政

在当今全球电子产业链竞争日益激烈的背景下，我国企业如何通过智慧化转型提升国际竞争力，成为一个备受瞩目的议题。我们深入剖析了信利康供应链在电子产业链服务领域的智慧化探索。课程思政要点融入以下两个方面：

（1）信利康供应链作为国内供应链行业的领军企业，不仅通过创新"平台+基地"模式，为电子信息领域企业提供一站式供应链服务，更在智慧化供应链管理的道路上取得了显著成就。在这一过程中，信利康供应链不仅展现了强大的技术创新能力和敏锐的市场洞察力，更体现了中国企业在面对全球化挑战时的责任担当和不懈追求。

（2）通过本案例的学习，我们不仅能够了解到智慧化供应链管理的核心要素与实践，更能够深刻体会到中国企业在国际竞争中不断追求卓越、勇于创新的精神风貌。同时，我们也应该思考如何将这种精神融入我们的学习和工作中，为推动我国电子产业链的高质量发展贡献自己的力量。

二、启发式思考题

（1）智慧化供应链管理的核心要素与实践有哪些？智慧化供应链管理涉及多个核心要素，包括信息技术应用（如大数据、云计算）、流程优化、金融服务整合等。这些要素共同作用于供应链的各个环节，提升运营效率，降低成本。信利康供应链通过自主研发 e-SCM 系统，实现了对采购、生产、库存、物流及销售等关键环节的智慧化管理。同时，通过"平台+基地"模式，整合了品牌企业、物流商、金融机构等资源，构建了协同共享的供应链生态圈。

（2）技术迭代与数据安全在智慧化转型中的挑战与应对策略有哪些？随着信息技术的快速发展，技术迭代迅速，对智慧化供应链系统的持续升级和维护提出了高要求。同时，数据安全成为智慧化转型中的重要挑战，需要构建全面的数据安全防护体系。信利康供应链在技术迭代方面，持续加大研发投入，紧密追踪最新技术动态，并积极引入前沿技术以升级系统；在数据安全方面，采用了先进的加密技术、防火墙及入侵检测系统等安全措施，并建立了健全的数据安全管理制度，确保数据传输与存储的安全性。

（3）智慧化转型对企业及产业链的影响有哪些？智慧化转型不仅能提升企业自身的运营效率和市场竞争力，还能促进产业链上下游企业的紧密合作和协同发展，推动整个产业链的升级和转型。信利康供应链的智慧化探索显著提升了运营效率，降低了成本，并增强了客户满意度；同时，通过构建协同共享的供应链生态圈，促进了产业链上下游企业的紧密合作，推动了电子产业链的升级和转型，为行业发展树立了标杆。

📚 参考文献

［1］山红梅，程梦珍，王晓燕，等．平台生态系统赋能供应链协同机制研究——以恒盛集团为例［J/OL］.北京交通大学学报（社会科学版），1-10［2024-12-02］. https：//doi. org/10. 16797/j. cnki. 11-5224/c. 20241124. 003.

［2］刘伟华，袁超伦，黄艳娇．我国产业链供应链安全发展的逻辑、障碍与路径［J/OL］.中国流通经济，1-10［2024-12-02］. http：//kns. cnki. net/kcms/detail/11. 3664. F. 20241118. 1520. 002. html.

［3］张庆龙，方汉林．数智化企业司库管理信息系统平台构建［J］.财会月刊，2022（15）：33-40.

［4］杨寅，赵健，吕晓雷．中国企业智能财务应用现状及发展趋势分析——基于调查问卷数据的例证［J］.财会通讯，2021（11）：140-146+151.

［5］工业和信息化部，财政部．关于印发电子信息制造业2023-2024年稳增长行动方案的通知［EB/OL］.（2023-08-10）［2024-12-02］. https：//wap. miit. gov. cn/zwgk/zcwj/wjfb/tz/art/2023/art_6ec44841d92a49729b9c04a91b5f89f9. html.

［6］施曼．人工智能、新质生产力与产业链供应链安全［J/OL］.新疆社会科学，1-13［2024-12-02］. http：//kns. cnki. net/kcms/detail/65. 1211. F. 20241125. 1738. 006. html.

后　记

　　《跨境物流与供应链管理：教学案例》的编纂，源于对跨境领域实践与理论融合的持续追问。成书之际，回望历程，深感这一领域的广博与精微，远非一册教材所能穷尽。在此略陈编写心路，并表谢忱。

　　跨境物流与供应链管理的复杂性，不仅在于其多维度交织性，更在于其理论与实践的高度异步性。然而，教材付梓之际，部分案例的实践背景已生变数，这让我们深刻体悟：在跨境领域，"时效性"需与"开放性"共生。

　　尽管本书力图呈现跨境供应链的多元图景，却深知其仅为宏大叙事中的一帧切片。RCEP深化对东盟供应链的重构、地缘政治催生的"近岸外包"趋势、碳中和目标倒逼的绿色物流革命……这些议题仍在持续发酵，亟待更深入的研究。

　　案例教学的终极价值，不在于复刻成功路径，而在于锤炼批判性思维与动态适应力。书中案例反复印证一个命题：供应链的竞争力源于对"变"与"恒"的辩证把控。"变"的是技术工具与市场环境，"恒"的是对物流时效的极致追求、对突发风险的弹性储备、对可持续伦理的底线恪守。这种"在湍流中锚定稳态"的能力，恰是未来人才的核心素养。

　　囿于编者视野，书中难免存在局限。如果某些案例的分析未能触达本质，或某些观点的表述未尽周全，那么恳请读者海涵并指正。

　　至此，希望您能从中获益，谢谢！

2025 年 2 月